MP3付

書き込み式
スペイン語文法ノートブック

Cuaderno de ejercicios de gramática española

Eugenio del Prado　髙橋 睦　仲道 慎治　著

SANSHUSHA

●音声ダウンロード・ストリーミング

本書の付属 CD と同内容の音声がダウンロードならびにストリーミング再生でご利用いただけます。PC・スマートフォンで本書の音声ページにアクセスしてください。

https://www.sanshusha.co.jp/np/onsei/isbn/9784384057744/

本書付属の MP3 ディスクについて

■本書付属の CD は，MP3 データを入れたディスクです。パソコン、MP3 対応 CD プレーヤーなどで再生できます。通常のオーディオ CD プレーヤーでは再生できませんので、ご注意ください。

■本書の ▶▶▶ CD001 マークの箇所のスペイン語音声（単語・例文・会話など）を収録しています。日本語は収録されていません。CD マークの数字は音声ファイルのナンバーに対応しています。
全 158 ファイル，180 分の音声を収録しています。

■吹込者
Concha Moreno García（コンチャ　モレノ　ガルシア）
Luis Carlos Garrido Díaz（ルイス　カルロス　ガリード　ディアス）

・本書付属の MP3 入り CD を権利者の許諾なく賃貸業に使用することや，収録されている音声データを複製，およびインターネット等電子メディアへ無断転載することを禁じます。

・ディスクに汚れが生じた場合は，市販の CD 用クリーナー剤をご使用ください。

はじめに

本書は，スペイン語を初めて学習する方，既にスペイン語の学習を始めているが体系的に文法を理解したい方，ある程度までは学習したが更に前へ進みたい方などに向けて書かれた自律学習用のスペイン語の参考書です。1課から70課までで文字と発音から接続法過去完了，命令表現まで学習できます。補遺では条件文，譲歩文をまとめています。やや難しい時制，法，動詞活用形の使用例のまとめとして参照していただくのも良いでしょう。巻末には規則動詞，不規則動詞の動詞活用表があります。

本書の特徴

1課から3課は文字と発音の入門です。4課から文法の学習が始まります。4課から70課はすべて，文法説明は左のページ，練習問題は右のページにあります。見開きですっきりして見やすく使いやすくなっています。まとまった文法項目が2ページごとに完結していることは構成上の最大の特徴です。つまり，練習問題を解きながら理解できない箇所は，左にある文法ページですぐに確認できるようになっています。また確認したい文法事項を目次からピンポイントで参照することで疑問点を簡潔に復習することができます。

では，文法ページと練習問題のページの特徴や使い方を説明しましょう。

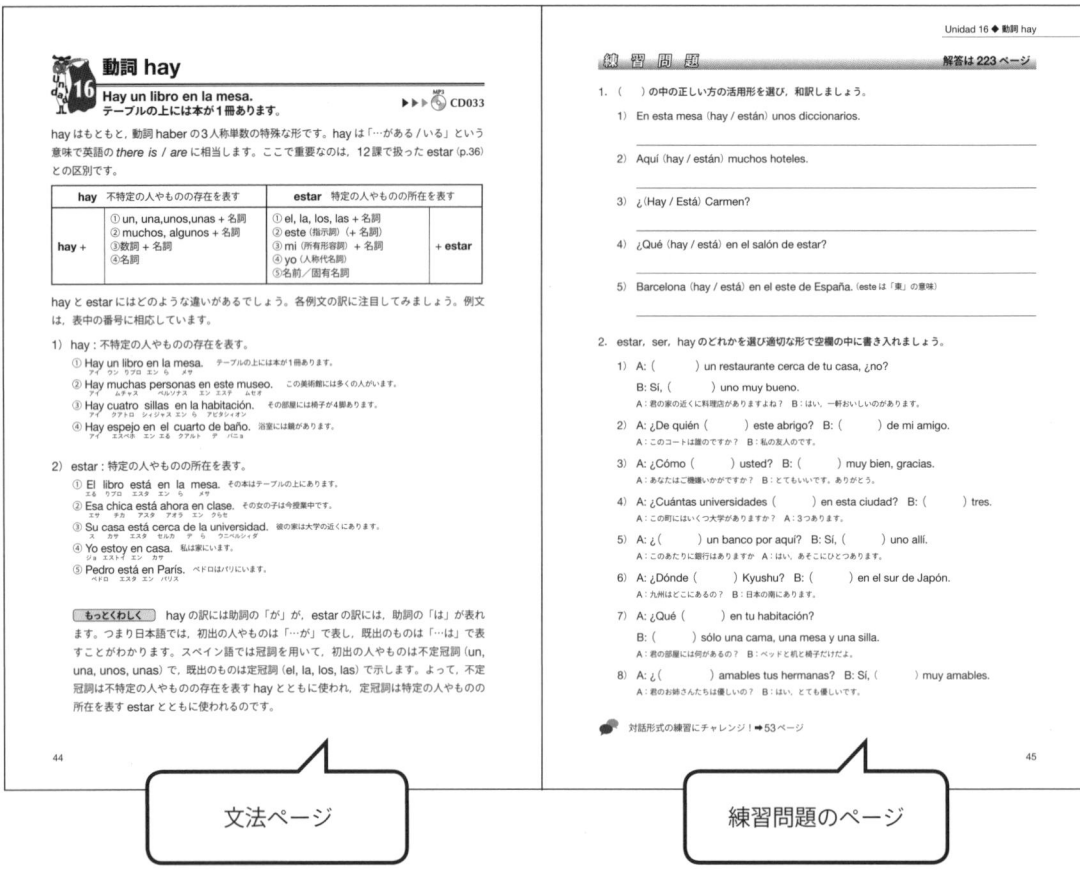

■文法ページ

文法はなるべく分かりやすく説明し，例文は日常会話でよく使われる実用的な表現を使用しています。文法は説明文をよく読み理解しながら進めてください。動詞の活用などは紙に書いたり，声に出して繰り返し練習しましょう。例文はコミュニケーションを意識して作成されていますので，どのような場面で対話されているかを想像して読んでいくと理解も深まります。CD を聞きながら発話していくとその効果は更に高まるでしょう。

また，文法だけでなく，外国語学習には単語の習得が欠かせません。各課ごとに新しい単語が出てきますので意識して少しずつ覚えましょう。本書では，使用頻度の高い単語は繰り返し例文に出てくることで，覚えやすくしています。

■練習問題のページ

本ページの特徴は，書き込み式だということです。実際に書き込みながら，学習を進めていくことができます。右の練習問題のページは，左の文法ページの文法項目の学習が終わったら，どのくらい理解できたかを問題を解きながら確認してください。練習問題は単に解くだけでなく各文を和訳することも重要です。またほとんどの課の練習問題には，スペイン語作文の問題があります。学習した文法項目を使って実際にスペイン語で文を作ってみましょう。作文を作れるようになるとスペイン語でのコミュニケーションの可能性が膨らみます。

対話形式の練習にチャレンジ！〈1〉 →解答は 224 ページ

Unidad 4 次の対話文を読み, 訳しましょう。　▶▶▶ CD034
(en la oficina)
García: 　Hola, buenos días, **señor** Velázquez.
Velázquez: Hola, buenos días, **señorita** García.

Castillo: 　Buenas tardes, señor Velázquez. ¡**Cuánto tiempo sin verlo!**
Velázquez: Buenas tardes, **señora** Castillo.
(en casa)
Lucía: 　Buenas noches, papá.
Luis: 　Buenas noches, Lucía.

Notes señor…—氏, —さん　señora…—さん, —夫人　señorita…—さん, お嬢さん（それぞれ英語の Mr. Mrs. Miss に相当）　¡Cuánto tiempo sin verlo! お久しぶり！（あなたに会わないで何てたくさん時間（が過ぎたのでしょう））

Unidad 5 次の対話文を読み, 訳しましょう。　▶▶▶ CD035
(en la oficina)
Luis: 　**Hasta luego**, Marisa.
Marisa: 　Hasta luego, Luis.

Castillo: 　Hasta luego, señor Velázquez.
Velázquez: **Hasta pronto**, señora Castillo.

Velázquez: Adiós, señorita García.
García: 　Hasta mañana, señor Velázquez.

Marisa: 　Adiós.
Luis: 　Adiós, hasta mañana.

Notes hasta …まで　Hasta pronto それではまた後ほど, またすぐ

Unidad 6 次の対話文を読み, 訳しましょう。　▶▶▶ CD036
(en la oficina viendo una foto)
Marisa: 　Señor Velázquez, **mire**, la familia **de** Luis.
Velázquez: La **mujer**, ¿**no**?
Marisa: 　Sí, la mujer Elena y el hijo Pablo, Luis y la hija Lucía.
Velázquez: ¿Los abuelos?
Marisa: 　Sí, los padres de Luis, Francisco y Mercedes.
Velázquez: Y el **perro**.
Marisa: 　No, la **perra**, Bambi. **Muy graciosa**.
Velázquez: ¡**Qué bien!** La familia **al completo**.

Notes mire (動詞 mirar の usted に対する命令表現) 見てください　de …の (英語の前置詞 of に相当)　mujer 妻, 妻さん (「女性」の意味もあります)　¿no? …ですよね？ (文末で付加疑問文と同等)　perro オス犬　perra メス犬　muy 非常に, とても (英語の副詞 very に相当)　gracioso/a 可愛らしい, 愛嬌がある　¡Qué bien! 何て素晴らしいのでしょう！　al completo 全員で

Unidad 7 次の対話文を読み, 訳しましょう。　▶▶▶ CD037
(en la cafetería)
Juan: 　Hola, **me llamo** Juan, ¿y tú?
Cristina: 　Cristina.
Juan: 　¿Y vosotros?
Carla: 　¿Nosotros? **Pues**, él, Antonio, ella, Asunción, y yo, Carla.

> 意味を確認した後は、
> CD を繰り返し聞いて練習しましょう

■ 5つのブロック

本書は，①1〜16課，②17〜35課，③36〜48課，④49〜58課，⑤59〜70課の5つのブロックに大きく分けられており，それぞれのブロックの間には，補足的な対話形式の練習問題と，ブロック全体のまとめ練習が復習として用意されています。

1) 対話形式の問題にチャレンジ！

各課に相当したまとまった対話のやり取りがあり，自然なコミュニケーションを学ぶことができます。文法ページの例文は基本的に対話で表されていますが，対話文のページではある程度の量がありますので，リーディングの練習にもなりますし，会話の流れや受け答えの表現などを学ぶことができます。意味を確認した後，CD を繰り返し聴いて，会話のイントネーションやリズムも覚えましょう。本書の対話文には頻繁に登場する人物が何人もいます。彼らのストーリーを追いながら物語を楽しんでください。

16課までのまとめ *enfoque comunicativo*   解答は226ページ

1. 下線部に定冠詞か不定冠詞を書き入れ，矢印で左の文と右を結び付け，和訳しましょう。
   例) 1) Lilian estudia en **una** escuela de idiomas. → f) La escuela se llama García Lorca.
   訳：リリアンはある語学学校で勉強しています。→その学校はガルシア・ロルカという名です。
   1) Lilian estudia en _____ escuela de idiomas.   a) ¿_____ libros son japoneses?
   2) Roberto es _____ amigo de Risa.   b) _____ pueblo se llama Lorca.
   3) Aquí hay _____ libros de kárate.   c) _____ cafetería está en Alcalá.
   4) Cristina vive en _____ pueblo de Granada.   d) _____ amigas de Risa viven con ella.
   5) Lilian y Sandra son _____ amigas de Risa.   e) ¿Es _____ famoso amigo inglés?
   6) Sandra trabaja en _____ cafetería.   f) _____ escuela se llama García Lorca.

2. 下線部に適切な主格人称代名詞を書き入れ，和訳しましょう。
   1) A: ¿De dónde sois _____?
      B: Somos franceses.
   2) A: ¿De dónde es _____?
      B: Es italiana.
   3) A: ¿De dónde son _____?
      B: Somos alemanes. / Somos de Alemania.
   4) A: ¿De dónde son _____?
      B: Son españoles.

3. 下の日本語の文章に合うように，表の中の単語を用いて文を完成させましょう。

   | ama de casa | alto / altos | ingeniero | simpática |
   | charlatana | guapos | trabajador | baja | vagos | serio |

   やあ，私の名前はリサです。ここで君たちに私の家族を紹介します。私の父はパブロという名で，エンジニアです。彼は背が高くて，真面目で，勤勉です。私の母はメルセデスという名です。彼女は主婦です。感じがよくて背が低いですが，とてもおしゃべりです。私の兄弟のダビドとホルへは高校で勉強しています。背が高くてとてもハンサムですが，少し怠け者です。全く勉強しません。

   Hola, me llamo Risa y aquí os presento a mi familia. Mi padre se llama Pablo y es 1)_____, Él es 2)_____ y 4)_____. Mi madre se llama Mercedes. Ella es 5)_____. Es 6)_____, 7)_____, pero muy 8)_____. Mis hermanos David y Jorge estudian en el instituto. Son 9)_____ y muy 10)_____, pero un poco 11)_____. No estudian nada.

4. 下の日本語の文章に合うように，ser, estar, hay から適当な動詞を選んで正しい形にし下線部に書き入れましょう。

   私のお気に入りの部屋は勉強部屋（書斎）です。それは広くて陽当たりが良いです。ときどきちらかっていますが，その部屋には窓，木製の机，椅子，パソコン，プリンター，本棚，2つの洋服ダンスとベッドがあります。窓は，（入って）部屋の左にあり，ベッドは右にあります。窓の横には机があります。机の上にはいつも多くのもの，紙，雑誌，本，があります。椅子は壊れていて，机の前にあります。パソコンとプリンターはその机と本棚の間にあります。本棚は本でいっぱいです。洋服ダンスは古くてドアの正面にあります。

   Mi habitación favorita 1)_____ el estudio. 2)_____ una habitación amplia y luminosa. Aunque a veces 3)_____ desordenada. En la habitación 4)_____ una ventana, una mesa de madera, una silla, un ordenador, una impresora, una estantería, dos armarios y una cama. La ventana 5)_____ a la izquierda de la habitación y la cama a la derecha. Al lado de la ventana 6)_____ la mesa. Encima de la mesa siempre 7)_____ muchas cosas: papeles, revistas y libros. La silla 8)_____ rota y 9)_____ delante de la mesa.
   El ordenador y la impresora 10)_____ al lado, entre la mesa y la estantería. La estantería 11)_____ llena de libros. Los armarios 12)_____ viejos y 13)_____ enfrente de la puerta.

まとめ問題でしっかり復習

2）まとめの問題（コミュニケーション・アプローチ）

まとめの練習問題は，復習のために各課の練習問題とは異なった形式で提示され，よりコミュニカティヴで統合的な問題になっています。ある程度まとまった課を対象としているので，各課の練習問題とは全く違った内容になっています。コミュニケーションの統合的な問題に楽しみながら挑戦してみましょう。

■発音のふりがな

初習者がはじめにスペイン語に親しみやすいようにふりがなをふっています。ただ，ふりがなはあくまでも日本語ですので，スペイン語の発音とは少し異なります。CDをよく聞いて何度も繰り返し声に出して発音しましょう。現在時制まではふりがなをふっていますが，ふりがなに頼りすぎるとなかなかスペイン語の発音に慣れることはできないので，過去時制からはふりがなはつけていません。ふりがなは，基本的にカタカナで表記されていますが，ひらがなで表記されている箇所は"r"ではなく"l"の発音を明示するためのものです。特に"l"の発音には注意しましょう。

では，楽しみながらスペイン語の世界を旅してください！
¡Buen viaje!（良い旅を！）

著者一同

目　次

はじめに 3

1 文字と発音 (1) 10
　　1. アルファベット 10
　　2. スペイン語特有の音と綴り 11
　　3. アクセント3つの法則 12
2 文字と発音 (2) 13
　　1. 母音 13
　　2. 子音 14
3 文字と発音 (3) 17
　　1. 音節の分け方 17
　　2. イントネーション 18
4 名詞の性 20
5 名詞の数 22
6 定冠詞と不定冠詞 24
7 主格人称代名詞 26
8 直説法現在─規則動詞 (1)（-ar 動詞）..........28
9 直説法現在─規則動詞 (2)（-er 動詞，-ir 動詞）（疑問文と否定文の作り方）..........30
10 形容詞の性と数 32
11 動詞 ser 34
12 動詞 estar 36
13 指示詞 38
14 所有形容詞（前置形）..................................40
15 疑問詞 42
16 動詞 hay 44
　　■ 対話形式の練習にチャレンジ！〈1〉〔4課〜16課〕..........46
　　■ 16課までのまとめ（enfoque comunicativo）..........54

17 基数 (1) (0-31) 58
18 時刻の表現 60
19 直接目的格人称代名詞（を格），接続詞 y (e) と o (u) 62
20 間接目的格人称代名詞（に格）....................64
21 直説法現在─不規則動詞 (1)（tener）..........66

22	直説法現在―不規則動詞 (2) (ir)	68
23	1人称単数不規則動詞 (1) (dar, ver)	70
24	1人称単数不規則動詞 (2) (hacer, poner, salir traer)	72
25	基数 (2) (30-1000)	74
26	1人称単数不規則動詞 (3) (saber, conocer)	76
27	語根母音変化動詞 (1) (e→ie)	78
28	語根母音変化動詞 (2) (o→ue)	80
29	語根母音変化動詞 (3) (e→i)	82
30	不定詞 (1) (querer, poder, saber, pensar, empezar a + 不定詞)	84
31	不定詞 (2) (tener que, hay que, deber, soler, acabar de, hacer, dejar + 不定詞)	86
32	前置詞	88
33	前置詞格人称代名詞と序数	90
34	動詞 gustar	92
35	gustar 型動詞 (encantar, importar, doler, parecer, faltar 他)	94
	■ 対話形式の練習にチャレンジ！〈2〉〔17課〜35課〕	96
	■ 35課までのまとめ (enfoque comunicativo)	109
36	直説法現在―不規則動詞 (3) (venir)	112
37	直説法現在―不規則動詞 (4) (decir, oír)	114
38	再帰動詞 (1)	116
39	再帰動詞 (2)	118
40	再帰受身と無人称文	120
41	現在分詞と進行形	122
42	不定語と否定語	124
43	所有形容詞 (後置形)	126
44	基数 (3) (1000以上)	128
45	比較表現 (1) ―比較級	130
46	比較表現 (2) ―最上級，tan と tanto	132
47	絶対最上級と中性冠詞の lo と -mente	134
48	過去分詞と直説法現在完了	136
	■ 対話形式の練習にチャレンジ！〈3〉〔36課〜48課〕	138
	■ 48課までのまとめ (enfoque comunicativo)	148

49	直説法点過去―規則動詞 (1) -ar 動詞	152
50	直説法点過去―規則動詞 (2) -er 動詞と -ir 動詞	154
51	直説法点過去―不規則動詞 (1) (u 型, i 型)	156
52	直説法点過去―不規則動詞 (2) (j 型, その他の不規則動詞)	158
53	直説法線過去―規則動詞	160
54	直説法線過去―不規則動詞 (ser, ir, ver)	162
55	直説法過去完了	164
56	関係詞	166
57	過去分詞を用いた表現	168
58	感嘆文	170
	■ 対話形式の練習にチャレンジ!〈4〉〔49課〜58課〕	172
	■ 58課までのまとめ (enfoque comunicativo)	178
59	直説法未来―規則動詞	182
60	直説法未来―不規則動詞	184
61	直説法過去未来	186
62	直説法未来完了, 直説法過去未来完了	188
63	接続法現在 (1) 名詞節	190
64	接続法現在 (2) 形容詞節, 接続法現在完了	192
65	接続法現在 (3) 副詞節	194
66	接続法現在 (4) 独立文	196
67	接続法過去	198
68	接続法過去完了	200
69	命令表現 (1)	202
70	命令表現 (2)	204
	■ 対話形式の練習にチャレンジ!〈5〉〔59課〜70課〕	206
	■ 70課までのまとめ (enfoque comunicativo)	215

練習問題解答	219
補遺1　動詞時制まとめ	256
補遺2　条件文, 譲歩文まとめ	256
動詞活用表	258

文字と発音（1）

スペイン語のアルファベットを読んでみましょう！

1 アルファベット

文字	読み方		発音上の注意
A a	a	ア	日本語の「ア」とほとんど同じ
B b	be	ベ	日本語の「ベ」とほとんど同じ
C c	ce	セ	スペインでは舌をかむ英語のthの音，中南米では舌をかまない「セ」
D d	de	デ	日本語の「デ」とほとんど同じ
E e	e	エ	日本語の「エ」とほとんど同じ
F f	efe	エフェ	「フェ」は英語のように下唇をかむ音
G g	ge	ヘ	のどの奥から息を出す「ヘ」
H h	hache	アチェ	hは無音
I i	i	イ	日本語の「イ」とほとんど同じ
J j	jota	ホタ	「ホ」はのどの奥から息を出す音
K k	ka	カ	日本語の「カ」とほとんど同じ
L l	ele	エれ	「れ」は舌先を上の前歯のつけ根につけて発音
M m	eme	エメ	日本語の「エメ」とほとんど同じ
N n	ene	エネ	日本語の「エネ」とほとんど同じ
Ñ ñ	eñe	エニェ	日本語の「エニェ」とほとんど同じ
O o	o	オ	日本語の「オ」とほとんど同じ
P p	pe	ペ	日本語の「ペ」とほとんど同じ
Q q	cu	ク	日本語の「ク」とほとんど同じ
R r	erre	エレ	「レ」は舌先で歯茎のやや後ろをはじく，つまり日本語の「レ」もしくは巻き舌
S s	ese	エセ	日本語の「エセ」とほとんど同じ
T t	te	テ	日本語の「テ」とほとんど同じ
U u	u	ウ	唇を丸くし，前に突き出すようにして日本語のウよりも強く発音
V v	uve	ウベ	「ウ」は唇を丸くし，「ベ」は英語と違って下唇をかまない
W w	uve doble	ウベ・ドブれ	「ウベ」はVと同じ，「ドブれ」の「れ」は舌先を上の前歯のつけ根につけて発音
X x	equis	エキス	「エキス」と発音
Y y	ye	ジェ	「ジェ」と発音
Z z	zeta	セタ	スペインでは舌をかむ英語のthの音，中南米では舌をかまない「セ」

Unidad 1 ◆ 文字と発音 (1)

注意点

1. a, e, i, o, u は母音字といい，日本語のア，エ，イ，オ，ウと同じ発音です。ただウ (u) だけは唇を丸くし，前に突き出すようにして日本語のウよりも強く発音します。
2. C は［セ］という発音ですが，スペインでは舌をかんで，英語の th の音です。中南米やスペイン南部では，舌をかまない［セ］の発音です。Z も同じで，「セタ」の「セ」の部分はスペインでは舌をかみ，中南米・スペイン南部では舌をかまない発音です。
3. F は［エフェ］と発音しますが，［フェ］の部分は英語と同じように下唇をかみます。
4. G は［ヘ］に近い音ですが，のどの奥から息を出す［ヘ］です。CD をよく聴いて練習しましょう。息を強く出すと，この音を出しやすくなります。
5. J［ホタ］の［ホ］も同様に，のどの奥から息を出す［ホ］です。
6. L と R は，表記が［エれ］と［エレ］になっています。L の［れ］の部分は舌先を前歯の後ろにつけて発音しますが，R の［レ］は舌先が上の前歯の歯茎のやや後ろを，はじいて発音します。つまり，日本語の［レ］と同じです。巻き舌になる時もあります。

本書では，L と R の音を区別するために，L にはひらがなの［れ］，R にはカタカナの［レ］を用いています。

▶1994年に ch (che), ll (elle) はアルファベットから削除されましたが，ch, ll を一文字とする古い辞書もあるので注意してください。

スペイン語特有の音と綴り　ここが重要　

スペイン語は基本的にローマ字と同じように発音すればよいのですが，いくつか注意しなければならない音については，初めに覚えましょう。特に注意しなければならないのは，［エ］［イ］の列です。

	ア	エ	イ	オ	ウ
カ 行	ca カ	**que** ケ	**qui** キ	co コ	cu ク
サ 行	za サ	**ce** セ	**ci** シィ	zo ソ	zu ス
ガ 行	ga ガ	**gue** ゲ	**gui** ギ	go ゴ	gu グ
グァ行	gua グァ	**güe** グェ	**güi** グィ	guo グォ	—
ハ 行	ja ハ	**je = ge** ヘ	**ji = gi** ヒ	jo ホ	ju フ

注意点

1. カ行は que と qui の発音だけ注意しましょう。スペイン語では，que は［クェ］ではなく［ケ］と，qui は［クィ］ではなく［キ］と発音します。

2 サ行はまず、スペイン語では za は［ザ］ではなく［サ］の発音だと覚えてください。スペインでは舌をかむ英語の th［サ］の音で、中南米やスペイン南部では舌をかまない［サ］の音です。

3 ガ行は gue と gui の発音だけ覚えれば大丈夫です。gue は［グェ］ではなく［ゲ］と、gui は［グィ］ではなく［ギ］と発音します。

4 グァ行も güe と güi だけに注意すれば大丈夫です。この2つは初級ではほとんど登場しませんが、突然出てくると驚きますので、確認だけしておきましょう。u の上に ¨ が付いていたら u を発音すると覚えてください。つまり、3の gue と gui は［ゲ］［ギ］と発音しましたが、güe と güi は u を発音するので、［グェ］［グィ］と発音するわけです。

5 ハ行での注意点は ja は［ジャ］ではなくのどの奥から息を出す強い［ハ］の発音だと覚えましょう。大きな声でくしゃみをする「ハクション」の［ハ］の音に近いと思ってください。ハ行は j のほか、ge と gi も［ヘ］［ヒ］と発音し、ハ行の仲間です。

練習1 読んでみましょう。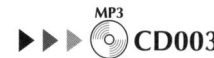

① ca ② jo ③ gui ④ gi ⑤ ce ⑥ zu ⑦ que ⑧ güe
⑨ ju ⑩ ge ⑪ gue ⑫ za ⑬ qui ⑭ güi ⑮ ci

3 アクセント3つの法則　ここが重要

アクセントには基本となる3つの法則があります。この3つを覚えれば、多くの単語のアクセントの位置は特定できるようになります。スペイン語では、アクセントのある音節を強く発音します。

1 母音または -n, -s で終わる語：後ろから2番目の音節にアクセント
　　amigo［アミゴ］友人　　　　semana［セマナ］週
　　examen［エクサメン］試験　　pantalones［パンタロネス］ズボン
2 -n, -s 以外の子音で終わる語：最後の音節にアクセント
　　hotel［オテル］ホテル　　　mejor［メホル］より良い
　　papel［パペル］紙　　　　　profesor［プロフェソル］先生
3 アクセント符号のある語：符号のついた音節にアクセント
　　inglés［イングレス］英語　　música［ムシカ］音楽
　　teléfono［テレフォノ］電話　número［ヌメロ］番号

練習2 アクセントのある母音に下線をつけましょう。

① plaza　② color　③ feliz　④ máquina　⑤ universidad
⑥ zumo　⑦ bandera　⑧ azul　⑨ estación　⑩ tarifa

文字と発音（2）

母音と子音を学びましょう！

1 母　音

❶ 単母音：a e i o u

日本語の「アエイオウ」に近い音ですが，前述のように，u［ウ］だけは唇を丸めて突き出して発音します。

❷ 二重母音　**ここが重要**

「アクセント3つの法則」を覚えることで，かなり多くの単語のアクセント位置を特定できますが，それだけでは十分ではありません。二重母音を知れば，ほぼ全ての単語のアクセント位置が特定できるようになるのです。二重母音のメカニズムはやや難しいのですが，二段階に分けて理解していきましょう。

まず，**iとuは弱母音**（弱く発音される母音）と覚えてください。残りの母音（a, e, o）は強母音といいますが，ここでは弱母音が特定できれば大丈夫です。

次に，**二重母音を定義**します。**母音が2つ並んでいて，少なくともそのうち1つが弱母音**の場合を二重母音といい，**1つの母音**とみなします。以下に，2つの母音の組み合わせを整理します。（下線部は最も強くなる母音を表しています）

a) 弱母音（i, u）+ 強母音（a, e, o）の組み合わせ：上昇二重母音

　　piano［ピアノ］ピアノ　　　bueno［ブエノ］良い
　　agua［アグア］水　　　　　cambio［カンビオ］変化

b) 強母音（a, e, o）+ 弱母音（i, u）の組み合わせ：下降二重母音

　　causa［カウサ］原因　　　　deuda［デウダ］借金
　　aire［アイレ］空気　　　　 Europa［エウロパ］ヨーロッパ

c) 弱母音 + 弱母音の組み合わせ：上昇二重母音，すなわち後ろの弱母音を強く発音します。

　　ruina［ルイナ］遺跡　　　　viuda［ビウダ］未亡人
　　triunfo［トリウンフォ］勝利　Luis［るイス］ルイス

練習　アクセントが最も強くなる母音に下線をつけましょう。　

① gracias　② nueve　③ idea　④ euro　⑤ veinte
⑥ ciudad　⑦ estudio　⑧ neutro　⑨ antiguo　⑩ farmacia

❸ 三重母音：［弱母音 + 強母音 + 弱母音］の組み合わせを三重母音といい，1つの母音として扱います。

　　cambiáis［カンビアイス］変える（直説法現在）
　　continuéis［コンティヌエイス］続ける（接続法現在）

▶下線が三重母音です。1つの母音とみなすので，素早く読んでください。よくCDを聴いてみましょう。

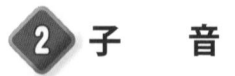 

2 子音

比較的やさしい子音から慣れていきましょう。CDを聴き，実際に発音してみましょう。

① 比較的やさしい子音

b=v	[b]	日本語のバ行の音。vは［ヴ］ではなくbと同じです。
	boda [ボダ] 結婚式	banco [バンコ] 銀行
	nuevo [ヌエボ] 新しい	verano [ベラノ] 夏
ch	[tʃ]	チャ行の音。
	chica [チカ] 女の子	chocolate [チョコラテ] チョコレート
	coche [コチェ] 車	muchacho [ムチャチョ] 青年
d	[d]	ダ行の音。
	dinero [ディネロ] お金	domingo [ドミンゴ] 日曜日
	deporte [デポルテ] スポーツ	dato [ダト] データ
	語末ではほとんど無音。	
	Madrid [マドリ] マドリッド	universidad [ウニベルシダ] 大学
f	[f]	英語と同じように，上の歯を下唇に軽くあてて発音するファ行の音。
	teléfono [テレフォノ] 電話	fiesta [フィエスタ] パーティ
	foto [フォト] 写真	café [カフェ] コーヒー
k	[k]	カ行の音。外来語に用います。
	Tokio [トキオ] 東京	Kioto [キオト] 京都
	kilogramo [キろグラモ] キログラム	kilómetro [キろメトロ] キロメートル
m	[m]	マ行の音。
	mesa [メサ] テーブル	médico [メディコ] 医者
	amor [アモル] 愛	música [ムシカ] 音楽
n	[n]	ナ行の音。
	vino [ビノ] ワイン	número [ヌメロ] 番号
	nada [ナダ] 何もない	animal [アニマる] 動物
ñ	[ɲ]	ニャ行の音。
	niña [ニニャ] 少女	señorita [セニョリタ] お嬢さん
	mañana [マニャナ] 明日	español [エスパニョる] スペイン語
p	[p]	パ行の音。
	mapa [マパ] 地図	película [ぺりくら] 映画
	padre [パドレ] 父	pepino [ペピノ] キュウリ
s	[s]	サ行の音。
	sol [ソる] 太陽	semana [セマナ] 週
	sábado [サバド] 土曜日	sistema [シィステマ] システム・体系
t	[t]	タ行の音。ta (タ), te (テ), ti (ティ), to (ト), tu (トゥ) と発音。
	partido [パルティド] 試合	patata [パタタ] ジャガイモ
	estudio [エストゥディオ] 勉強	total [トタる] 全体

w	[w]	ワ行の音。外来語に用います。バ行の音になるときもあります。
	whisky [ウイスキ] ウイスキー	Washington [ワシントン] ワシントン

② 注意を要する子音 ▶▶▶ CD009

c	[k]	ca [カ], co [コ], cu [ク] はカ行の音。
	cosa [コサ] もの, こと	carta [カルタ] 手紙
	barco [バルコ] 船	curso [クルソ] 講座, 学年
	[θ/s]	ce, ci はスペインでは舌をかむ英語の th の音。中南米では舌をかまない「s」の音。
	cine [シィネ] 映画	cena [セナ] 夕食
	centro [セントロ] 中心	cita [シィタ] デート（会う約束）
g	[g]	ga [ガ], gue [ゲ], gui [ギ], go [ゴ], gu [グ] はガ行の音。
	gusto [グスト] 好み	gato [ガト] 猫
	guerra [ゲラ] 戦争	guitarra [ギタラ] ギター
	[x]	ge [ヘ], gi [ヒ] はのどの奥から息を出すハ行の音。
	gente [ヘンテ] 人々	gigante [ヒガンテ] 巨人
	girasol [ヒラソル] ひまわり	agenda [アヘンダ] 手帳
	[gw]	güe [グェ], güi [グィ] はグァ行の音。
	lingüística [リングィスティカ] 言語学	bilingüe [ビリングェ] バイリンガル
	pingüino [ピングィノ] ペンギン	vergüenza [ベルグェンサ] 恥
h	[無音]	無音。
	hotel [オテル] ホテル	hora [オラ] 時間
	huevo [ウエボ] 卵	historia [イストリア] 歴史, 物語
j	[x]	j はのどの奥から息を出すハ行の音。語末ではほとんど発音されません。
	Japón [ハポン] 日本	joven [ホベン] 若者
	jamón [ハモン] ハム	reloj [レロ] 時計
l	[l]	舌先を上の前歯のつけ根につけて発音。英語の l よりもはっきりした音です。
	lengua [レングァ] 言語	leche [レチェ] ミルク
	español [エスパニョル] スペイン語	película [ペリクラ] 映画
ll	[ʎ]	lla は [ジャ][リャ] または [ヤ] の音に近い音です。舌面を上げて口の天井につけて発音します。本書では、ジャ行で表記します。
	ella [エジャ（エリャ）] 彼女は	calle [カジェ（カリェ）] 通り
	llave [ジャベ（リャベ）] 鍵	paella [パエジャ（パエリャ）] パエリャ
q	[k]	que [ケ], qui [キ] と発音します。q は que, qui 以外ありません。
	esquí [エスキ] スキー	queso [ケソ] チーズ
	aquí [アキ] ここ	parque [パルケ] 公園

Unidad 2 ◆ 文字と発音（2）

r	[r] 語中では舌先で上の歯茎のやや後ろを，はじいて発音します。日本語のラ行に近い音です。	
	cara [カラ] 顔	pero [ペロ] しかし
	sombra [ソンブラ] 陰	amor [アモル] 愛
	[r̃] 語頭とl, n, sの次にあるrは，巻き舌のラ行の音。	
	radio [ラディオ] ラジオ	rosa [ロサ] ばら
	sonrisa [ソンリサ] ほほえみ	Israel [イスラエる] イスラエル
rr	[r̃] 巻き舌のラ行の音。	
	perro [ペロ] 犬	Inglaterra [イングらテラ] イギリス
	correo [コレオ] 郵便	torre [トレ] 塔
x	[ks] [クス] と発音します。	
	exacto [エクサクト] 正確な	taxi [タクシィ] タクシー
	examen [エクサメン] 試験	éxito [エクシィト] 成功
	[s] 子音の前や語頭では [ス] と発音されることが多い子音です。	
	experto [エスペルト] 専門家	extranjero [エストランヘロ] 外国（人）
	excusa [エスクサ] 口実	xenofobia [セノフォビア] 外国人嫌い
	[x] まれに，のどの奥から息を出すjのハ行の音になることがあります。	
	México [メヒコ] メキシコ	mexicano [メヒカノ] メキシコ人
	Oaxaca [オアハカ] オアハカ	
y	[j] ジャ行，またはィヤ行で発音します。本書ではジャ行で表記します。	
	ayer [アジェル（ァィェル）] 昨日	yen [ジェン（ィエン）]（通貨単位）円
	ya [ジャ（ィヤ）] もう	mayo [マジョ（ァィョ）] 5月
	[i] 接続詞 y（そして）と語末にくるyは [イ] と発音します。	
	hoy [オイ] 今日	y [イ] そして
	Paraguay [パラグアイ] パラグアイ	rey [レイ] 王，国王
z	[θ/s] スペインでは舌をかむ英語のthの音。中南米では舌をかまない「s」の音。	
	zoo [ソオ] 動物園	corazón [コラソン] こころ，心臓
	zapatos [サパトス] 靴	vez [ベス] 回

二重子音：rまたはlの前に，次のような子音があるときは1つの子音として扱い，素早く発音します。二重子音の間に母音を入れないように発音しましょう。

　子音 +l：bl cl fl gl pl
　子音 +r：br cr fr gr pr dr tr

　　　　blusa [ブるサ] ブラウス　　　　cliente [クリエンテ] 客
　　　　flor [フろル] 花　　　　　　　iglesia [イグれシィア] 教会
　　　　fruta [フルタ] 果物　　　　　　promesa [プロメサ] 約束
　　　　cuadro [クアドロ] 絵　　　　　otro [オトロ] 他の

文字と発音（3）

スペイン語の単語を声に出して読んでみましょう！

1 音節の分け方

音節とは，単母音あるいは二重母音や三重母音が，子音を伴って作る単位です。前述のように，二重母音や三重母音は1つの母音として扱います。また，二重子音と ch, ll, rr も1つの子音として扱います。

① 母音の間に子音が1つある場合，その子音は後の母音につきます。　**母音＋[子音＋母音]**

amigo [アミゴ] 友人 → a / mi / go：ami の部分は母音＋[**子音＋母音**] となるので，a / mi のように音節を分けます。igo の部分も同様に i / go と分けることができますね。

mañana [マニャナ] 明日 → ma / ña / na

cosa [コサ] もの・こと → co / sa

cuadro [クアドロ] 絵 → cua / dro

② 母音間に子音が2つある場合は，前後2つに分かれます。　**[母音＋子音]＋[子音＋母音]**

hermano [エルマノ] 兄弟 → her / ma / no：erma の部分は [母音 + 子音]+[子音 + 母音] と分けられます。つまり，前の子音は前の母音にくっつけ，後ろの子音は後ろの母音にくっつけるので，er / ma と音節を分けます。

costa [コスタ] 海岸 → cos / ta

tango [タンゴ] タンゴ → tan / go

cultura [クるトゥラ] 文化 → cul / tu / ra

③ 母音間に子音が3つある場合は，前の2つの子音が前の母音に，残りの3つ目の子音が後の母音につきます。　**[母音＋子音＋子音]＋[子音＋母音]**

circunstancia [シィルクンスタンシィア] 環境 → cir / cuns / tan / cia：この単語はかなり長いですね。下線部を見ると [母音 + 子音 + 子音]+[子音 + 母音] になっているとわかり，uns / ta のように音節を分けます。

instrumento [インストルメント] 楽器 → ins / tru / men / to

tr は二重子音なので，1つの子音とみなします。

constitución [コンスティトゥシィオン] 憲法 → cons / ti / tu / ción

monstruo [モンストゥルオ] 怪物 → mons / truo

❷ イントネーション　　　▶▶▶ CD11

平叙文：文末は下降イントネーションです。

Yo hablo español.↘ 私はスペイン語を話します。
ジョ　アブロ　エスパニョる

疑問詞のない疑問文：文末は上昇イントネーションです。

¿Hablas español?↗ 君はスペイン語を話しますか？
　アブらス　エスパニョる

疑問詞のある疑問文：文末は下降または上昇イントネーションです。

¿Qué leguas hablan ellos?↘（　↗　）彼らは何語を話しますか？
　ケ　れングアス　アブらン　エジョス

付加疑問文：文末は上昇イントネーションです。

Eres español, ¿verdad?↗ 君はスペイン人ですよね？
エレス　エスパニョる　　ベルダ

マドリッドの街並

グエル公園からの眺め、バルセロナ

Unidad 3 ◆ 文字と発音 (3)

練習問題
※1課から3課までの確認練習です。
解答は**219**ページ

1. 発音して覚えましょう（国名）。　▶▶▶ CD012

   1) Japón 2) China 3) Corea 4) España 5) Italia
   6) Inglaterra 7) Alemania 8) Francia 9) Portugal 10) México
   11) Argentina 12) Colombia 13) Bolivia 14) Panamá 15) Chile
   16) Ecuador 17) Guatemala 18) Uruguay 19) Venezuela 20) Cuba
   21) Honduras 22) Nicaragua 23) El Salvador 24) Paraguay 25) Perú
   26) Costa Rica

2. 発音して覚えましょう（四季 / 曜日 / 月名）。　▶▶▶ CD013

   a) 四季： primavera（春）　verano（夏）　otoño（秋）　invierno（冬）

   b) 曜日： lunes（月曜日）　martes（火曜日）　miércoles（水曜日）　jueves（木曜日）
   viernes（金曜日）　sábado（土曜日）　domingo（日曜日）

   c) 月名： enero（1月）　febrero（2月）　marzo（3月）　abril（4月）
   mayo（5月）　junio（6月）　julio（7月）　agosto（8月）
   septiembre（9月）　octubre（10月）　noviembre（11月）　diciembre（12月）

3. 音声を聴いて，発音練習しましょう。　▶▶▶ CD014

   1) hospital 2) camarero 3) geografía 4) apellido
   5) guitarra 6) zoo 7) pingüino 8) exposición
   9) museo 10) violín 11) mañana 12) supermercado
   13) yoga 14) pijama 15) quince 16) paella
   17) juguete 18) agencia 19) mexicano 20) diccionario

4. 音声を聴いて，書き取ってみましょう。　▶▶▶ CD015

   1) _____ 2) _____
   3) _____ 4) _____
   5) _____ 6) _____
   7) _____ 8) _____
   9) _____ 10) _____

名詞の性

¡Hola! Buenos días. やあ，おはよう。

スペイン語のすべての名詞は，男性名詞と女性名詞に分けられます。

1) **自然の性のある名詞**：padre（父）が男性名詞，madre（母）が女性名詞であることは確認しなくてもわかります。このような名詞を「自然の性のある名詞」と呼びます。

   a) 語尾が -o で終わる男性名詞と語尾が -a で終わる女性名詞のグループ

男性名詞	niño ［ニニョ］男の子	hijo ［イホ］息子	hermano ［エルマノ］兄弟
女性名詞	niña ［ニニァ］女の子	hija ［イハ］娘	hermana ［エルマナ］姉妹
男性名詞	esposo ［エスポソ］夫	tío ［ティオ］叔父	amigo ［アミゴ］（男性の）友人
女性名詞	esposa ［エスポサ］妻	tía ［ティア］叔母	amiga ［アミガ］（女性の）友人

   b) 男性形と女性形が -o と -a の組み合わせにならない名詞のグループ

男性名詞	padre ［パドレ］父	hombre ［オンブレ］男性	profesor ［プロフェソル］（男性の）先生
女性名詞	madre ［マドレ］母	mujer ［ムヘル］女性	profesora ［プロフェソラ］（女性の）先生
男性名詞	rey ［レイ］王	actor ［アクトル］男優	señor ［セニョル］殿方，…氏
女性名詞	reina ［レイナ］女王，王妃	actriz ［アクトリス］女優	señora ［セニョラ］ご婦人，…夫人

   c) 男女同形の名詞のグループ： -ista と -ante は男女同形です。

   　　pianista ［ピアニスタ］ピアニスト　　　estudiante ［エストゥディアンテ］学生

   　　futbolista ［フットボリスタ］サッカー選手　joven ［ホベン］若者　　guía ［ギア］ガイド

2) **自然の性のない名詞**：男性名詞と女性名詞の性を区別して覚えましょう。

   語尾が -o の名詞は男性名詞，-a, -ción, -sión, -dad の名詞は女性名詞が多いです。

男性名詞	libro ［リブロ］本	banco ［バンコ］銀行	dinero ［ディネロ］お金
	café ［カフェ］コーヒー	hotel ［オテル］ホテル	coche ［コチェ］車
女性名詞	casa ［カサ］家	mesa ［メサ］机	semana ［セマナ］週
	gente ［ヘンテ］人々	ciudad ［シィウダ］都市	estación ［エスタシィオン］駅

   ここがポイント　-o で終わる名詞と -a で終わる名詞はそれぞれ男性名詞と女性名詞なので，例外の他は，性の区別は考えなくてよいでしょう。それ以外の名詞は，定冠詞（p.24）を付けて覚えることをお勧めします。男性名詞 café は **el café**，女性名詞 gente は **la gente** と覚えましょう。新出の名詞は辞書で性を確かめます。

- 例外1：-a で終わる男性名詞，-o で終わる女性名詞があります。

  男性名詞：día ［ディア］日　mapa ［マパ］地図　女性名詞：mano ［マノ］手　foto ［フォト］写真

- 例外2：-ma で終わるのは男性名詞が多いです。

  男性名詞：idioma ［イディオマ］言語　problema ［プロブレマ］問題　clima ［クリマ］気候

練習問題

解答は220ページ

1. 単語を男性名詞（m）か女性名詞（f）か正しい方に○を付け，意味を記入しましょう。

	文法上の性	意味		文法上の性	意味
hija	m・f	娘	coche	m・f	
amigo	m・f		ciudad	m・f	
casa	m・f		estación	m・f	
hombre	m・f		día	m・f	
banco	m・f		foto	m・f	

2. 次の職業を表す表を完成させましょう。男女同形のものもあります。

意味	男性	意味	女性
看護師（男）	enfermero	看護師（女）	
先生（男）		先生（女）	profesora
男優	actor	女優	
ウエイター	camarero	ウエイトレス	
ピアニスト（男）		ピアニスト（女）	pianista
秘書（男）		秘書（女）	secretaria
タクシー運転手（男）	taxista	タクシー運転手（女）	
歌手（男）	cantante	歌手（女）	

3. あいさつを発音して，覚えましょう。

Hola. やあ。　　　　　　　　Buenos días.　おはよう。
Buenas tardes.　こんにちは。　Buenas noches.　こんばんは。おやすみなさい。

4. 数を発音して，覚えましょう。

0 cero　　1 uno　　2 dos　　3 tres　　4 cuatro　　5 cinco
6 seis　　7 siete　　8 ocho　　9 nueve　　10 diez

 対話形式の練習にチャレンジ！➡46ページ

名詞の数

Adiós. Hasta mañana. さよなら。また明日。　▶▶▶ CD019

英語と同じようにスペイン語の名詞にも，複数形があります。単数形を複数形にする基本形には，次の2つがあります。しっかり覚えましょう。

1) 母音で終わる名詞には，s をつけます。　母音 +s

  amigo［アミゴ］友人→ amigo**s**　　　hermana［エルマナ］姉妹→ hermana**s**
  día［ディア］日　　→ día**s**　　　　　mesa［メサ］机　　　→ mesa**s**

2) 子音で終わる名詞には，es をつけます。　子音 +es

  ciudad［シィウダ］都市→ ciudad**es**　　rey［レイ］王　　　　→ rey**es**
  hotel［オテル］ホテル　→ hotel**es**　　profesor［プロフェソル］先生→ profesor**es**

注意しなければならない3種類の複数形を理解しましょう。

〔1〕単複同形の名詞があります。

   cumpleaños［クンプれアニョス］誕生日→ cumpleaños
   viernes［ビエルネス］金曜日　　　　　 → viernes

〔2〕-z で終わる名詞は，-z を -c に替えて es をつけます。

   z + es　→　c + es
   vez［ベス］回，度 → ve**c**es　　lápiz［らピス］鉛筆 → lápi**c**es

〔3〕複数にすると，アクセント符合が変化する名詞があります。

  a) 複数形になるとアクセント符号がなくなる名詞。
   estaci**ó**n［エスタシィオン］駅→ estaciones
   japon**é**s［ハポネス］日本人　→ japoneses
  b) 複数形になるとアクセント符号が現われる名詞。
   examen［エクサメン］試験　→ ex**á**menes
   joven［ホベン］若者　　　 → j**ó**venes

　もっとくわしく　　複数形になってもアクセントの位置は変化しません。

a) estaci**ó**n の複数形のアクセント符号がなくなる理由は，アクセントの3つの法則（p.12）と二重母音によります。アクセントの法則「母音と n, s で終わる語は最後から2番目の音節にアクセント」なので，estaciones の io の上にアクセントがあります。さらにこの io は二重母音（i は弱母音，o は強母音）で o の上にちょうどアクセントがくるため，アクセント符合は不要になります。

b) examen は a の上にアクセントがあります。複数の es をつけてもアクセントの位置をずらさないためには，アクセント符号を追加しなければなりません。a) も b) も n, s で終わる単語に注意しましょう。

Unidad 5 ◆ 名詞の数

練 習 問 題

解答は **220** ページ

1. 次の単語を複数形にし，意味を記入しましょう。

単数形	複数形	意　味	単数形	複数形	意　味
libro			joven		
hermana			estación		
profesor			viernes		
casa			mujer		
vez			estudiante		

2. 次の単語を単数形にし，意味を記入しましょう。

複数形	単数形	意　味	複数形	単数形	意　味
cantantes			exámenes		
hoteles			cumpleaños		
bares			jóvenes		
taxistas			días		
lápices			japoneses		

3. 別れのあいさつを発音して，覚えましょう。

 **CD020**

Adiós.　さよなら。

Hasta mañana.　また明日。

Hasta luego.　また後で。

Hasta el lunes.　また月曜日に。

 対話形式の練習にチャレンジ！➡46ページ

マドリッドの街中

定冠詞と不定冠詞

Un café, por favor.　コーヒー1杯お願いします。　▶▶▶ CD021

定冠詞と不定冠詞があります。名詞の前に置かれ，名詞の性・数に一致して変化します。

1) **定冠詞**：英語の *the* に相当します。すでに話題に出たものや，何を指すか聞き手に特定できるものに使います。

	単　数	複　数
男　性	**el**［エる］	**los**［ロス］
女　性	**la**［ら］	**las**［らス］

定冠詞はアクセントがないので，その後の単語に続けて発音しましょう。

el chico（その男の子）　　los chicos（その男の子たち）
エる　チコ　　　　　　　　ロス　チコス

la chica（その女の子）　　las chicas（その女の子たち）
ら　チカ　　　　　　　　らス　チカス

> **もっとくわしく**　定冠詞の単数形で「…というもの（総称）」を表すこともできます。例えば，el perro は「その犬」のように特定の1匹を指すことができますが，「犬というもの」のように犬全体を指すこともできます。

2) **不定冠詞**：英語の *a / some* に相当します。不定冠詞は，初めて話題として出るものや，その名詞が何を指すかを聞き手が特定できないものに使います。

　スペイン語の「1」は uno といいます。uno の o を取ると男性単数の un に，語尾を a に変えると女性単数の una になります。un, una は，日本語では「ある」とか「1つの」という意味合いになります。

　英語の不定冠詞は単数だけですが，スペイン語では英語の *some* に相当する複数形があります。複数形の作り方は，男性複数は uno に s をつけて unos に，女性複数は una に s をつけて unas にします。

	単　数	複　数
男　性	**un**［ウン］	**unos**［ウノス］
女　性	**una**［ウナ］	**unas**［ウナス］

不定冠詞は強勢語です。強く発音しましょう。

un libro（1冊の本 / ある本）　　　　unos libros（数冊の本）
ウン　リブロ　　　　　　　　　　　ウノス　リブロス

una universidad（1つの大学 / ある大学）　unas universidades（いくつかの大学）
ウナ　ウニベルシィダ　　　　　　　　　　ウナス　ウニベルシィダデス

▶unos+数, unas+数のときは，「約，およそ」の意味を表します。

unos veinte estudiantes（約20人の学生）　unas cincuenta horas（およそ50時間）
ウノス　ベインテ　エストゥディアンテス　　ウナス　シンクエンタ　オラス

Unidad 6 ◆ 定冠詞と不定冠詞

練　習　問　題

解答は 221 ページ

1. 定冠詞を付けて，意味を書きましょう。

定冠詞	意　味	定冠詞	意　味
_____ hermana		_____ tíos	
_____ hombres		_____ esposa	
_____ casa		_____ horas	
_____ mesas		_____ ciudades	

2. 不定冠詞を付けて，意味を書きましょう。

不定冠詞	意　味	不定冠詞	意　味
_____ café		_____ mujeres	
_____ días		_____ vez	
_____ libros		_____ coche	
_____ niña		_____ hijas	

3. 音声を聴いて，書き取ってみましょう。　▶▶▶ **CD022**

1) _____

2) _____

3) _____

4) _____

5) _____

6) _____

7) _____

8) _____

9) _____

10) _____

 対話形式の練習にチャレンジ！➡47ページ

主格人称代名詞

Un tinto, ¿y tú? 私は赤ワイン，で君は (何にする) ? CD023

1) **主格人称代名詞**：主語となる人称代名詞のことです。

	単　数	複　数
1人称	yo [ジョ] 私は	nosotros [ノソトロス] 私たちは nosotras [ノソトラス] 私たちは (女性形)
2人称	tú [トゥ] 君は	vosotros [ボソトロス] 君たちは vosotras [ボソトラス] 君たちは (女性形)
3人称	él [エる] 彼は ella [エジャ] 彼女は usted [ウステ] あなたは	ellos [エジョス] 彼たちは ellas [エジャス] 彼女たちは ustedes [ウステデス] あなた方は

① スペイン語では，動詞の語尾で主語がわかるため，主語を省略することがよくあります。
② 英語の you に相当するのは，tú (君は) と usted (あなたは)，vosotros, vosotras (君たちは) と ustedes (あなた方は) があります。tú と vosotros, vosotras は親しい間柄の相手 (家族や友人や同僚など) に用い，usted と ustedes は初対面や目上の人，距離を置かなければならない人などに使います。また，usted と ustedes は文法上3人称で扱われ，動詞も3人称になります。
③ usted は Ud. (Vd.)，ustedes は Uds. (Vds.) と略字が使われることもあります。
④ nosotros, nosotras や vosotros, vosotras など複数形で男性形と女性形の区別がある場合は，全員が女性であるときにだけ，女性形を使います。
⑤ 中南米では vosotros, vosotras は用いず，代わりに ustedes を用います。

2) **国名と国籍**

国　名	国　籍	
	男性形	女性形
Japón [ハポン] 日本	japonés [ハポネス] ①〔名〕日本人 (男)　②〔名〕日本語 ③〔形〕日本 (人, 語) の	japonesa [ハポネサ] ①〔名〕日本人 (女) ②〔形〕日本 (人, 語) の
España [エスパニャ] スペイン	español [エスパニョる]	española [エスパニョら]
México [メヒコ] メキシコ	mexicano [メヒカノ]	mexicana [メヒカナ]
Inglaterra [イングらテラ] 英国	inglés [イングれス]	inglesa [イングれサ]
Alemania [アれマニア] ドイツ	alemán [アれマン]	alemana [アれマナ]
Francia [フランシィア] フランス	francés [フランセス]	francesa [フランセサ]
China [チナ] 中国	chino [チノ]	china [チナ]
Corea [コレア] 韓国	coreano [コレアノ]	coreana [コレアナ]
Estados Unidos [エスタドス　ウニドス] 米国	estadounidense [エスタドウニデンセ]	estadounidense [エスタドウニデンセ]

国名は大文字で，国籍は小文字で書き始めることに注意しましょう。
普通，国籍の男性形は，名詞のとき①…人 (男性) と②…語，形容詞のとき③… (人, 語) の (男性形) を表し，女性形は名詞のとき①…人 (女性)，形容詞のとき②… (人, 語) の (女性形) を表します。

Unidad 7 ◆ 主格人称代名詞

練習問題

解答は **221** ページ

1. 次の主格人称代名詞をスペイン語にしましょう。

日本語	スペイン語	日本語	スペイン語
君たちは（女性形）		君は	
彼女は		彼女たちは	
私は		あなたは	
私たちは（男性形）		彼は	
彼らは		君たちは（男性形）	

2. 次の国名・国籍をスペイン語にしましょう。

日本語	スペイン語	日本語	スペイン語
スペイン語		日本人（男）	
日本		フランス人（男）	
中国人（女）		メキシコ人（女）	
米国		ドイツ語	
英語		韓国語	

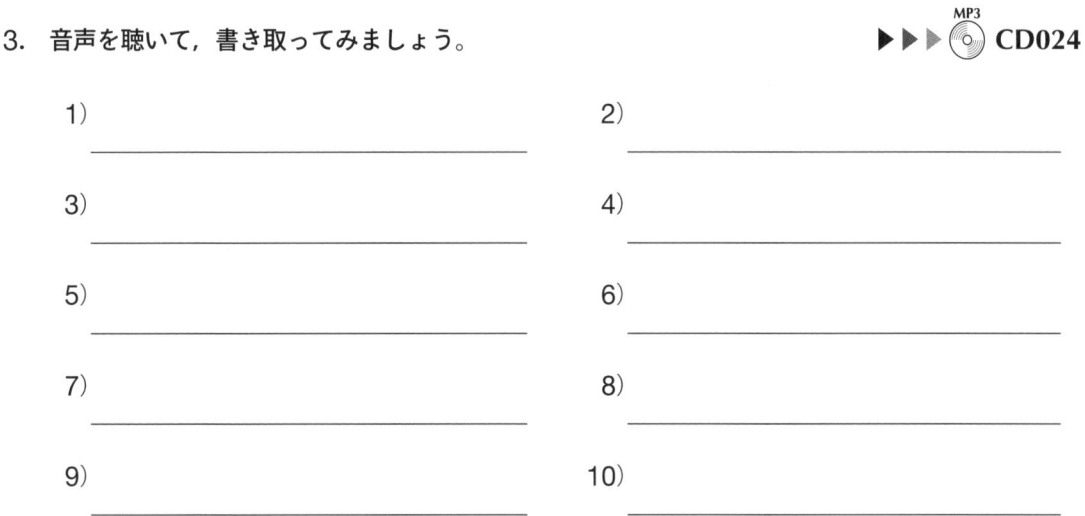

3. 音声を聴いて，書き取ってみましょう。　▶▶▶ **CD024**

1) _____　　2) _____

3) _____　　4) _____

5) _____　　6) _____

7) _____　　8) _____

9) _____　　10) _____

💬 対話形式の練習にチャレンジ！➡ 47ページ

直説法現在─規則動詞（1）(-ar 動詞)

Hablo un poco de español.
私は少しのスペイン語を話します。

スペイン語の動詞には，-ar 動詞，-er 動詞，-ir 動詞の3種類があります。スペイン語は主語に合わせて全ての動詞の語尾が変化します。まず，直説法現在形の規則動詞，-ar 動詞の語尾をしっかり覚えましょう。直説法現在の不規則動詞も基本的に語尾は規則的です。

hablar [アブらル] 話す			
yo [ジョ] 私は	hablo [アブろ]	nosotros [ノソトロス] 私たちは nosotras [ノソトラス] 私たちは（女）	hablamos [アブらモス]
tú [トゥ] 君は	hablas [アブらス]	vosotros [ボソトロス] 君たちは vosotras [ボソトラス] 君たちは（女）	habláis [アブらイス]
él [エる] 彼は ella [エジャ] 彼女は usted [ウステ] あなたは	habla [アブら]	ellos [エジョス] 彼たちは ellas [エジャス] 彼女たちは ustedes [ウステデス] あなた方は	hablan [アブらン]

-ar 動詞の活用語尾は，次のように変化します。

> -ar 動詞：語尾の -ar を取り，-o, -as, -a, -amos, -áis, -an の各語尾をつけます。

注意すべき箇所は3つあります。
1) 2人称複数形の活用形にはアクセント符号がつきます。
2) アクセント3つの法則（p.12）の「母音と n,s で終わる語は，後ろから2番目の音節にアクセント」から，アクセントの位置を注意して覚えましょう。
   hablo は a に，hablas は最初の a に，habla も最初の a にアクセントがあります。次の2つはアクセントが右に移ることに注意しましょう。hablamos は，最初から2つ目の a に，habláis は，アクセント符号のある a にアクセントがあります。hablan は，元の位置に戻り，アクセントの位置は最初の a にあります。CD を聞いて練習しましょう。
3) 主語は省略できます。主語があいまいなときや強調したいときは主語をつけます。

直説法現在の用法：

a) 現在の事柄（動作・状態・習慣）を表します。

　　Yo hablo un poco de español. 私は少しのスペイン語を話します。
　　　ジョ　アブろ　ウン　ポコ　デ　エスパニョる

　　Nosotros estudiamos inglés. 私たちは英語を勉強しています。
　　　ノソトロス　エストゥディアモス　イングれス

　　María viaja por Japón. マリアは日本を旅行しています。
　　　マリア　ビアハ　ポル　ハポン

　　Espero a Pepe. 私ペペを待っています。
　　　エスペロ　ア　ペペ

▶ 人の直接目的語の前に a をつけます。

b) 未来の確定的な事柄を表します。

　　Mañana visito el museo de la ciudad. 明日，私はその町の美術館を訪れます。
　　　マニャナ　ビシィト　エる　ムセオ　デ　ら　シィウダ

練習問題　　　　　　　　　　　　　　　　　　　　　解答は221ページ

1. 次の表の空欄を埋めながら，重要な -ar 動詞を覚えましょう。

動　詞	意　味	動　詞	意　味
1)	話す	llegar	着く
trabajar	仕事をする	enseñar	教える，見せる
estudiar	2)	4)	訪れる，訪問する
3)	旅行する	cantar	歌う
tomar	食べる，飲む	bailar	踊る
comprar	買う	cenar	夕食を取る
esperar	待つ	usar	使う

2. (　　) 内の人称に従って -ar 動詞を適切な形にしましょう。

   1) cantar（2人称単数）　_____　　6) hablar（2人称単数）　_____

   2) visitar（3人称複数）　_____　　7) cenar（2人称複数）　_____

   3) comprar（1人称単数）　_____　　8) enseñar（1人称単数）　_____

   4) tomar（2人称複数）　_____　　9) bailar（1人称複数）　_____

   5) llegar（3人称単数）　_____　　10) trabajar（2人称単数）　_____

3. (　　) 内の -ar 動詞を適切な形にして文を完成させ，和訳しましょう。

   1) Pepe _____ (viajar) por España.

   2) Nosotros _____ (trabajar) en la ciudad.

   3) Yo _____ (estudiar) francés.

   4) Juan _____ (hablar) un poco de japonés.

   5) Ellos _____ (llegar) tarde a clase.

対話形式の練習にチャレンジ！➡48ページ

直説法現在—規則動詞（2）(-er 動詞, -ir 動詞)

¿Dónde vives?　君はどこに住んでいますか？

 CD026

-ar 動詞を覚えたら，それを利用して -er 動詞と -ir 動詞を覚えましょう。

	com**er** [コメル] 食べる	viv**ir** [ビビル] 住む
yo	com**o** [コモ]	viv**o** [ビボ]
tú	com**es** [コメス]	viv**es** [ビベス]
él, ella, usted	com**e** [コメ]	viv**e** [ビベ]
nosotros, nosotras	com**emos** [コメモス]	viv**imos** [ビビモス]
vosotros, vosotras	com**éis** [コメイス]	viv**ís** [ビビス]
ellos, ellas, ustedes	com**en** [コメン]	viv**en** [ビベン]

直説法現在形の規則動詞：-er 動詞と -ir 動詞の活用語尾は，次のようになります。

> -er 動詞：動詞の語尾の -er を取り，-o, -es, -e, -emos, -éis, -en の各語尾をつけます。
> -ir 動詞：動詞の語尾の -ir を取り，-o, -es, -e, -imos, -ís, -en の各語尾をつけます。

> **-er 動詞の覚え方**：-er 動詞は，-ar 動詞の a の部分を全て e に変えます。①アクセント符号が 2人称複数 (vosotros) につくこと，②アクセントが1人称複数 (nosotros) と2人称複数 (vosotros) で右に1つ移ることに注意しましょう。
> **-ir 動詞の覚え方**：-ir 動詞は -er 動詞を利用して覚えましょう。まず，1・2・3人称の単数と3人称複数は，-er 動詞と同形です。違うのは1人称と2人称の複数だけです。-er 動詞の -emos と -éis は，-ir 動詞ではそれぞれ -imos と -ís になります。

◆疑問文と否定文の作り方

1) 疑問文は一般的に［動詞 + 主語］の順になることが多いですが，動詞を前に置かず，文の終わりを上げるだけでも疑問文になります。また，疑問詞のない疑問文では，sí「はい」, no「いいえ」で答えます。疑問文は，文の前後に疑問符 ¿.......? をつけます。

　　A: ¿Bebes vino en las comidas?　B: No, bebo agua.
　　　　ベベス　ビノ　エン　らス　コミダス　　　ノ　ベボ　アグア
　　A：君は食事中ワインを飲むの？　B：いや，水を飲むよ。

2) 疑問詞があるときは，一般的に［疑問詞 + 動詞 + 主語］の順になります。

　　A: ¿Dónde vive Ana?　B: Vive en Chile.　A：アナはどこに住んでいますか？
　　　ドンデ　ビベ　アナ　　　　ビベ　エン　チレ　　B：チリに住んでいます。

　　疑問詞を補語とする前置詞は，疑問詞に先行し，［前置詞 + 疑問詞 + 動詞 + 主語］の順。

　　A: ¿De dónde eres?　B: Soy de Tokio.　A：君はどこの出身ですか？　B：東京の出身です。
　　　デ　ドンデ　エレス　　　ソイ　デ　トキオ

3) **否定文は動詞の前に no を置きます。**

　　A: ¿Leéis el periódico en casa?　B: No, no leemos el periódico en casa.
　　　れエイス　エる　ペリオディコ　エン　カサ　　　ノ　ノ　れエモス　エる　ペリオディコ　エン　カサ
　　A：君達は家で新聞を読んでいるの？　B：いいえ，家では新聞を読んでいません。

Unidad 9 ◆ 直説法現在―規則動詞 (2) (-er 動詞, -ir 動詞)

練習問題

解答は **222** ページ

1. 次の表の空欄を埋めながら，重要な -er 動詞と -ir 動詞を覚えましょう。

動詞	意味	動詞	意味
comer	1)	vivir	3)
aprender	学ぶ，学習する，覚える	abrir	開ける，開く
vender	売る	escribir	書く，手紙を書く
beber	2)	decidir	決める
correr	走る	subir	登る，上がる，上げる

2. （　）内の人称に従って -er 動詞と -ir 動詞を適切な形にしましょう。

   1) decidir（2人称単数）＿＿＿＿＿＿＿
   2) vender（3人称複数）＿＿＿＿＿＿＿
   3) escribir（1人称複数）＿＿＿＿＿＿＿
   4) aprender（2人称複数）＿＿＿＿＿＿＿
   5) leer（2人称複数）＿＿＿＿＿＿＿
   6) subir（2人称複数）＿＿＿＿＿＿＿
   7) correr（1人称単数）＿＿＿＿＿＿＿
   8) vivir（1人称複数）＿＿＿＿＿＿＿

3. （　）内の -er 動詞と -ir 動詞を適切な形にして文を完成させ，和訳しましょう。

   1) A: ¿＿＿＿＿＿ (abrir) yo la ventana?　B: Sí, por favor.
   ＿＿＿＿＿＿＿＿＿＿＿＿＿＿＿＿＿＿＿＿＿＿＿

   2) A: ¿＿＿＿＿＿ (correr) ustedes todos los días?
   ＿＿＿＿＿＿＿＿＿＿＿＿＿＿＿＿＿＿＿＿＿＿＿
   　B: Sí, ＿＿＿＿＿＿ (correr) todas las mañanas.
   ＿＿＿＿＿＿＿＿＿＿＿＿＿＿＿＿＿＿＿＿＿＿＿

   3) A: ¿＿＿＿＿＿ (escribir) vosotros cartas a los amigos?
   　B: No, no ＿＿＿＿＿＿.
   ＿＿＿＿＿＿＿＿＿＿＿＿＿＿＿＿＿＿＿＿＿＿＿

   4) A: ¿Dónde ＿＿＿＿＿＿ (vivir) vosotros?　B: ＿＿＿＿＿＿ en Estados Unidos.
   ＿＿＿＿＿＿＿＿＿＿＿＿＿＿＿＿＿＿＿＿＿＿＿

   5) A: ¿Qué ＿＿＿＿＿＿ (beber) tú?　B: ＿＿＿＿＿＿ una cerveza.
   ＿＿＿＿＿＿＿＿＿＿＿＿＿＿＿＿＿＿＿＿＿＿＿

💬 対話形式の練習にチャレンジ！➡ 49 ページ

形容詞の性と数

10 Él vive en una casa japonesa.
彼は日本家屋に住んでいる。

形容詞は，名詞で示される人やものの特徴や状態を述べるときに使います。スペイン語の形容詞は，名詞を修飾するとき，一般に名詞の後ろに置きます。

1) **-o で終わる形容詞**：修飾する名詞の性・数に合わせて形を変えます。例えば，guapo（ハンサムな，美しい）は，guapo, guapa, guapos, guapas の4つの形を持ちます。guapo（男性形）が guapa（女性形）になることを性変化といい，guapo（単数形）が guapos（複数形）になることを数変化といいます。形容詞を複数形にするときは名詞と同じで，母音で終わるものには **-s** を，子音で終わるものには **-es** をつけます。

un chico guap**o**（1人のハンサムな男の子）　　unos chicos guap**os**（数人のハンサムな男の子たち）
ウン　チコ　グアポ　　　　　　　　　　　　　　ウノス　チコス　グアポス

una chica guap**a**（1人の美しい女の子）　　unas chicas guap**as**（数人の美しい女の子たち）
ウナ　チカ　グアパ　　　　　　　　　　　　　　ウナス　チカス　グアパス

2) **-o で終わらない形容詞**：性変化はなく数変化のみです。例えば，alegre（陽気な）は，alegre（単数形）と alegre**s**（複数形）の2つの形しかありません。-o で終わらない形容詞は，alegr**a** にはならないので注意しましょう。

el hombre alegre（その陽気な男性）　　los hombres alegres（その陽気な男性たち）
エル　オンブレ　アレグレ　　　　　　　　　　ロス　オンブレス　アレグレス

la mujer alegre（その陽気な女性）　　las mujeres alegres（その陽気な女性たち）
ラ　ムヘル　アレグレ　　　　　　　　　　　ラス　ムヘレス　アレグレス

例外

1) -o で終わらない形容詞でも女性形を持つものは，**-or**（男性形）**-ora**（女性形）があります。

un chico trabajad**or**（1人の勤勉な男の子）　　unos chicos trabajador**es**（数人の勤勉な男の子たち）
ウン　チコ　トラバハドル　　　　　　　　　　　ウノス　チコス　トラバハドレス

una chica trabajad**ora**（1人の勤勉な女の子）　　unas chicas trabajador**as**（数人の勤勉な女の子たち）
ウナ　チカ　トラバハドラ　　　　　　　　　　　ウナス　チカス　トラバハドラス

2) 国籍（p.26）のほとんどの形容詞には，男性形と女性形があります。

un coche japonés（1台の日本車）　　unos coches japoneses（数台の日本車）
ウン　コチェ　ハポネス　　　　　　　　　ウノス　コチェス　ハポネセス

una casa japonesa（1軒の日本家屋）　　unas casas japonesas（数軒の日本家屋）
ウナ　カサ　ハポネサ　　　　　　　　　　ウナス　カサス　ハポネサス

▶ japonés は，複数形になるとアクセント符号が取れますので注意しましょう。

「スペイン（人）の」も4つの形，español, española, españoles, españolas があります。

3) 基本的に形容詞は名詞の後ろに置かれますが，習慣的に mucho「多くの」，bueno「良い」，malo「悪い」などは，名詞の前に置かれます。

muchos parques（多くの公園）　　muchas universidades（多くの大学）
ムチョス　パルケス　　　　　　　　　　ムチャス　ウニベルシダデス

un buen plato（おいしい料理）　　mal tiempo（悪い天気）
ウン　ブエン　プラト　　　　　　　　　マル　ティエンポ

▶ bueno と malo は，男性単数名詞の前では語末の -o を取ります。

Unidad 10 ◆ 形容詞の性と数

練習問題 解答は222ページ

1. 次の表の空欄を埋めながら，重要な形容詞を覚えましょう。

形容詞	意味	形容詞	意味
1)	良い，おいしい	fácil	簡単な
malo	2)	5)	多くの
3)	ハンサムな	alegre	陽気な
rico	お金持ちの，おいしい	divertido	愉快な
nuevo	新しい	alto	6)
viejo	古い，年取った	bajo	背が低い
joven	若い	amable	優しい
serio	真面目な，真剣な	simpático	感じが良い
grande	大きい	importante	重要な
pequeño	小さい	interesante	興味深い
trabajador	4)	necesario	必要な
difícil	難しい	bonito	かわいい

2. （　）内に適当な語を入れ，スペイン語を完成させましょう。

   1) 数件の新しい家：（　　　　　）casas（　　　　　　　）
   2) 多くの先生方：（　　　　　　　）profesores
   3) 1冊の難しい本：（　　　　　）libro（　　　　　　　）
   4) 数件の大きなホテル：（　　　　　）hoteles（　　　　　　　）
   5) それらの小さな車：（　　　　　）coches（　　　　　　　）

3. 単数形を複数形にし，和訳しましょう。

   1) una chica joven → _____
   2) el hombre bajo → _____
   3) un libro fácil → _____
   4) la profesora simpática → _____
   5) una universidad grande → _____

💬 対話形式の練習にチャレンジ！ ➡ 49ページ

動詞 ser

Yo soy estudiante. 私は学生です。

 CD028

英語の be 動詞に当たるスペイン語の動詞には **ser 動詞**と **estar 動詞**の2つがあります。この2つの動詞を区別して使用しなければなりません。まず，ser 動詞から学習しましょう。

1) **動詞 ser** は「A は B である」の「である」に相当します。つまり，「A=B」の「=」の役割を果たしているといえます。

		ser [セル]		
1人称	yo	**soy** [ソイ]	nosotros /-as	**somos** [ソモス]
2人称	tú	**eres** [エレス]	vosotros /-as	**sois** [ソイス]
3人称	él, ella, Ud.	**es** [エス]	ellos, ellas, Uds.	**son** [ソン]

2) 主語 + **ser** + 職業／国籍：主語の職業や国籍を表します。

Soy estudiante. 私は学生です。
 ソイ　エストゥディアンテ

　▶英語では *I am a student.* のように不定冠詞 *a* がつきますが，スペイン語では通常，無冠詞です。

Carmen y María son españolas. カルメンとマリアはスペイン人です。
 カルメン　イ　マリア　ソン　エスパニョラス

El hombre es médico. その男性は医者です。
 エル　オンブレ　エス　メディコ

3) 主語 + **ser** + **de** + 場所／材料／人：主語の出身地，材料，所有関係などを表し，前置詞 de は英語の *from* や *of* に相当します。

A: **¿De dónde eres?**　B: **Soy de Japón.**　A：君はどこの出身ですか？　B：私は日本の出身です。
　 デ　ドンデ　エレス　　　 ソイ　デ　ハポン

[注意点] 英語では *Where are you from?* と前置詞 *from* が文末に置かれますが，スペイン語では前置詞 de は疑問詞につけて文頭に置かれるので，注意しましょう。

A: **¿De qué es la casa?**　B: **Es de madera.**　A：その家は何でできているの？　B：木材でできています。
　 デ　ケ　エス　ラ　カサ　　　 エス　デ　マデラ

A: **¿De quién es el coche?**　B: **Es de la madre de Ana.**
　 デ　キエン　エス　エル　コチェ　　　 エス　デ　ラ　マドレ　デ　アナ
A：その車は誰のですか？　B：アナの母のです。

4) 主語 + **ser** + 形容詞：主語の本質，特徴，性格などを表します。

　▶ser 動詞と estar 動詞の区別で最も重要なのは，ともに後ろに形容詞を置くことができることです。この用法の違いを明確に理解しましょう（12課 p.36を参照）。

A: **¿Cómo es la profesora?**　B: **Es alta y simpática.**
　 コモ　エス　ラ　プロフェソラ　　　 エス　アルタ　イ　シンパティカ
A：その先生はどんな感じですか？　B：背が高くて感じがいいです。

A: **¿Es el jefe severo?**　B: **No, es amable.**
　 エス　エル　ヘフェ　セベロ　　　 ノ　エス　アマブレ
A：その上司は厳しいの？　B：いいえ，やさしいです。

Unidad 11 ◆ 動詞 ser

練 習 問 題

解答は **222** ページ

1. （　）の中の正しい方を選び，和訳しましょう。

    1) ¿(Sois / Somos) vosotros de México?　＿＿＿＿＿＿＿＿＿＿＿＿＿＿＿＿

    2) Él y yo (soy / somos) hermanos.　＿＿＿＿＿＿＿＿＿＿＿＿＿＿＿＿

    3) ¿Cómo (es / son) los profesores?　＿＿＿＿＿＿＿＿＿＿＿＿＿＿＿＿

    4) ¿De dónde (son / es) ustedes?　＿＿＿＿＿＿＿＿＿＿＿＿＿＿＿＿

    5) La señora (soy / es) médica.　＿＿＿＿＿＿＿＿＿＿＿＿＿＿＿＿

2. ser の直説法現在の活用形を書き入れ，和訳しましょう。

    1) A: ¿Cómo ＿＿＿＿＿ Antonio?　B: ＿＿＿＿＿ bajo y delgado.

    2) A: ¿De dónde ＿＿＿＿＿ vosotros?　B: ＿＿＿＿＿ de Argentina.

    3) A: ¿＿＿＿＿(tú) de China?　B: No, ＿＿＿＿＿ de Japón.

    4) A: ¿De quién ＿＿＿＿＿ los libros?　B: ＿＿＿＿＿ de la profesora.

    5) A: ¿＿＿＿＿ ustedes peruanas?　B: Sí, ＿＿＿＿＿ peruanas.

3. スペイン語に訳しましょう。

    1) A：あなた方はどこの出身ですか？　B：ブエノス・アイレス（Buenos Aires）の出身です。

    2) A：マルガリータ（Margarita）はどんな感じの人ですか？　B：美人で，陽気です。

    3) A：君は学生ですか？　B：いいえ，仕事をしています。

    4) A：誰がマリア（María）ですか？　B：私です。

    5) A：そのバイクは誰のですか？　B：ペペ（Pepe）のです。

 対話形式の練習にチャレンジ！➡50ページ

動詞 estar

¿Dónde está la estación?
その駅はどこにありますか？

 CD029

前課で**動詞 ser** を学習しました。この課では，もう1つの be 動詞である，**動詞 estar** を学びましょう。この2つの動詞の違いをしっかり理解しましょう。

	estar [エスタル]			
1人称	yo	**estoy** [エストイ]	nosotros /-as	**estamos** [エスタモス]
2人称	tú	**estás** [エスタス]	vosotros /-as	**estáis** [エスタイス]
3人称	él, ella, Ud.	**está** [エスタ]	ellos, ellas, Uds.	**están** [エスタン]

▶ **estar** には2・3人称の単・複数の4つにアクセント符号がつきます。

1) **estar** は特定の人や物の**所在**を表します。

   A: ¿Dónde está la estación de metro? B: Allí está, **al lado del** supermercado.
   ドンデ エスタ ら エスタスィオン デ メトロ　　　アジ エスタ アル ラド デル　　スペルメルカド
   A：その地下鉄の駅はどこにありますか？　A：あそこです，そのスーパーの横。

   ▶ **al lado del**（…の横に）の al は前置詞 a と定冠詞 el が，del は de と el が結びついたものです。これ以外に結びつくものはありません。

   A: ¿Está Luis en casa? B: No, está en la universidad.
   エスタ るイス エン カサ　　ノ エスタ エン ら ウニベルスィダ
   A：ルイスは家にいますか？　B：いいえ，大学にいます。

2) 主語 + **estar** + 形容詞（副詞）：主語の一時的な状態を表します。

   ▶ ser 動詞と estar 動詞の区別で最も重要な項目です。

   A: ¿Estás ocupada? B: Sí, estoy ocupada, pero no estoy cansada.
   エスタス オクパダ　シィ エストイ オクパダ　ペロ ノ エストイ カンサダ
   A：君は忙しいですか？　B：うん，忙しいです。でも疲れていません。

   A: ¿Cómo estás? B: Muy bien, gracias. ¿Y tú?　▶ bien は副詞
   コモ エスタス　　ムイ ビエン グラシィアス イトゥ
   A：ご機嫌いかがですか？　B：とてもいいです。ありがとう。で，君は？

   [もっとくわしく]　多くは形容詞によって ser と estar が決まります。しかし判断しにくい場合もあります。例えば，「彼女は若いです」という文は，ser と estar のどちらを使うでしょうか？　「若い (joven)」は一時的な状態 (estar) とも，その人の特徴 (ser) とも考えられます。しかし，スペイン語では「若さ」は特徴と捉えるので，正解は [**Ella es joven.**] です。では，「その子は背が低い」はどうでしょうか。その少年は今後背が高くなる可能性が高いので，一時的な状態 (estar) と考えるか，それとも「若い」と同じようにその人の特徴 (ser) と考えるべきでしょうか。ここでは「背が低い」ことも特徴として捉え，[**El niño es bajo.**] が正解です。

   ただし，同じ形容詞でも ser と estar が使え，それぞれ意味が異なるものもあります。以下の例を参考にしてください。

   Carmen es alegre / lista / guapa.　カルメンは陽気な／利口な／美しい人です。
   Carmen está alegre / lista / guapa.　カルメンは喜んで／準備ができて／きれいになっている。

練習問題

解答は 222 ページ

1. estar を適切な形にし，和訳しましょう。

    1) ¿Cómo (　　　　　) vosotros? ＿＿＿＿＿＿＿＿＿＿＿＿＿
    2) La sopa (　　　　　) muy caliente. ＿＿＿＿＿＿＿＿＿＿＿
    3) Nosotros (　　　　　) ocupados hoy. ＿＿＿＿＿＿＿＿＿＿
    4) ¿Dónde (　　　　　) tú ahora? ＿＿＿＿＿＿＿＿＿＿＿＿
    5) Yo (　　　　　) en casa. ＿＿＿＿＿＿＿＿＿＿＿＿＿＿

2. 日本語に従って estar または ser を適切な形にしましょう。

    1) La universidad (　　　　　) cerca de la estación.　その大学はその駅の近くにあります。
    2) ¿(　　　　　) vosotros ocupados mañana?　君達は明日は忙しいの？
    3) Nosotros (　　　　　) de Valencia.　私たちはバレンシアの出身です。
    4) ¿Cómo (　　　　　) Pepa?　Pepa はどんな人ですか？
    5) La paella (　　　　　) muy buena.　そのパエリャはとてもおいしいです。

3. スペイン語に訳しましょう。

    1) A：あなたはご機嫌いかがですか？　B：とてもいいです。ありがとう。

    2) A：Naomi はどんな感じの人ですか？　B：とても感じが良く，優しいです。

    3) A：君は今日はどこにいますか？　B：一日中 (todo el día) 家にいます。

    4) A：そのレストラン (restaurante) はどこにありますか？　B：その駅の近くにあります。

    5) A：Claudia はいますか？　B：いいえ，今はいません。

対話形式の練習にチャレンジ！ ➡ 51 ページ

指示詞

Unidad 13

¿Qué es esto?　これは何ですか？　▶▶▶ CD030

指示形容詞と指示代名詞は，英語の *this* (*these*) や *that* (*those*) に相当します。スペイン語の指示詞は，日本語と同じ３分法です。

	この	これ	その	それ	あの	あれ
男性単数	este niño [エステ ニニョ] この少年	este [エステ]	ese coche [エセ コチェ] その車	ese [エセ]	aquel libro [アケる リブロ] あの本	aquel [アケる]
女性単数	esta niña [エスタ ニニャ] この少女	esta [エスタ]	esa mesa [エサ メサ] そのテーブル	esa [エサ]	aquella casa [アケジャ カサ] あの家	aquella [アケジャ]
男性複数	estos niños [エストス ニニョス] これらの少年	estos [エストス]	esos coches [エソス コチェス] それらの車	esos [エソス]	aquellos libros [アケジョス りブロス] あれらの本	aquellos [アケジョス]
女性複数	estas niñas [エスタス ニニャス] これらの少女	estas [エスタス]	esas mesas [エサス メサス] それらのテーブル	esas [エサス]	aquellas casas [アケジャス カサス] あれらの家	aquellas [アケジャス]
中性	――	esto [エスト]	――	eso [エソ]	――	aquello [アケジョ]

指示形容詞「この，その，あの」：名詞を伴い名詞の性・数に合わせます。

　　A: ¿Cómo es esa novela?　B: Es muy interesante.
　　　 コモ　エス　エサ　　ノベラ　　　　　エス　ムイ　　インテレサンテ
　　A：その小説はどうですか？　B：とても面白いです。

指示代名詞「これ，それ，あれ」：指示形容詞との区別がはっきりしないときは，アクセント符号を用います。

　　A: ¿Quiénes son esas?　B: Son mis hermanas.
　　　 キエネス　ソン　エサス　　　ソン　ミス　エルマナス
　　A：そちらはどなたですか？　B：私の姉妹です。

　　A: ¿De quién es esta copa?　B: Es de Antonio. Es aquel chico.
　　　 デ　キエン　エス　エスタ　コパ　　　エス　デ　アントニオ　エス　アケる　チコ
　　A：このグラスは誰のですか？　B：アントニオのです。あの男の子です。

中性（指示代名詞のみ）：性・数が判明しないときや，前の文を指すときに用います。

　　A: ¿Qué es esto?　B: Es un móvil, último modelo.
　　　 ケ　エス　エスト　　　エス　ウン　モビる　うるティモ　モデロ
　　A：これは何ですか？　B：最新型の携帯電話です。

　　A: ¿Qué es aquello?　B: Es un museo nuevo.　A：あれは何ですか？　B：新しい美術館です。
　　　 ケ　エス　アケジョ　　　エス　ウン　ムセオ　ヌエボ

　　A: Ella siempre come muchas verduras, ¿no?　B: Sí, eso es muy importante para la salud.
　　　 エジャ　シィエンプレ　コメ　　ムチャス　ベルドゥラス　　ノ　　　シィ　エソ　エス　ムイ　インポルタンテ　パラ　ら　サる
　　A：彼女はいつもたくさんの野菜を食べていますよね？　B：はい，健康にはそれがとても重要なんです。

　　A: ¿Estás resfriada, mamá?　B: Sí, estoy muy mal, por eso estoy en cama.
　　　 エスタス　レスフリアダ　ママ　　　シィ　エストイ　ムイ　まる　ポル　エソ　エストイ　エン　カマ
　　A：ママ，風邪をひいてるの？　B：そうよ，とても具合が悪いの，だからベットにいるのよ。

練習問題

解答は223ページ

1. 日本語に従って，指示詞を適切な形にし記入しましょう。

    1) （　　　　　　） platos están buenos.　これらの料理はおいしいです
    2) （　　　　　　） chica es española.　あの女の子はスペイン人です。
    3) Hoy yo compro （　　　　　） libro.　私は今日その本を買います。
    4) ¿Qué es （　　　　　） edificio?　あの建物は何ですか？
    5) ¿Qué es （　　　　　）?　これは何？

2. 単数形で書かれた指示形容詞と名詞を複数形にしましょう。

    1) aquella puerta　あのドア→
    2) este periódico　この新聞→
    3) esa iglesia　その教会→
    4) aquel coche　あの車　→
    5) ese hombre　その男性→

3. スペイン語に訳しましょう。

    1) A：こちらはどなたですか？　B：Naomi です。

    2) A：これは何ですか？　B：スペイン語の辞書です。

    3) A：彼は忙しくて勉強していません。　B：そう，それは問題 (un problema) です。

    4) A：その喫茶店でコーヒーを飲みましょうか？　B：いいですね。

    5) A：あの建物は何ですか？　B：教会です。

対話形式の練習にチャレンジ！➡51ページ

所有形容詞（前置形）

Unidad 14

Mis padres viven en China.
私の両親は中国に住んでいます。

▶▶▶ MP3 CD031

所有形容詞（前置形）（後置形は43課 p.126で学習します。）（hijo: 息子，hija: 娘）

		男性単数	女性単数	男性複数	女性複数
単数	私の	**mi** hijo [ミ イホ]	mi hija [ミ イハ]	mi**s** hijos [ミス イホス]	mi**s** hijas [ミス イハス]
	君の	**tu** hijo [トゥ イホ]	tu hija [トゥ イハ]	tu**s** hijos [トゥス イホス]	tu**s** hijas [トゥス イハス]
	彼の，彼女の，あなたの，その	**su** hijo [ス イホ]	su hija [ス イハ]	su**s** hijos [スス イホス]	su**s** hijas [スス イハス]
複数	私たちの	**nuestro** hijo [ヌエストロ イホ]	nuestra hija [ヌエストライハ]	nuestro**s** hijos [ヌエストロス イホス]	nuestra**s** hijas [ヌエストラス イハス]
	君たちの	**vuestro** hijo [ブエストロ イホ]	vuestra hija [ブエストライハ]	vuestro**s** hijos [ブエストロス イホス]	vuestra**s** hijas [ブエストラス イハス]
	彼（女）たちの，あなた方の，それらの	**su** hijo [ス イホ]	su hija [ス イハ]	su**s** hijos [スス イホス]	su**s** hijas [スス イハス]

所有形容詞には前置形と後置形があり，ここでは前置形を学びます。

所有形容詞は形容詞なので，10課（p.32）で学習したように，語尾変化をします。-o で終わる形容詞（**nuestro, vuestro**）には，女性形（**nuestra, vuestra**）があります。さらに，すべての所有形容詞には，複数形があります。

> **注意点** mi amigo は「私の友人」です。では，mis amigos はどういう意味でしょう。「私たちの友人たち」ではなく，「私の友人たち」です。mi（私の）が mis で複数だから「私たち」と考えてはいけません。mi が複数の mis になっているのは，後ろの名詞が複数形だからです。「私たちの友人たち」なら nuestros amigos ですね。では，su amigo はどんな意味でしょう？ su には8つの意味（「彼の，彼女の，あなたの，その／彼らの，彼女らの，あなた方の，それらの」）があります。文脈によって選択しましょう。また，sus amigos の sus にも全く同じ8つの意味があります。

A: ¿Quién es esta chica?　B: Es mi amiga, Laura.
　　キエン エス エスタ チカ　　　エス ミ　アミガ　　ラウラ
A：こちらの女の子はどなたですか？　B：私の友人のラウラです。

A: ¿Dónde viven sus hijos?　B: Su hijo vive en España y su hija en Perú.
　　ドンデ ビベン スス イホス　　　ス イホ ビベ エン エスパニャ イ ス イハ エン ペル
A：彼の息子さんたちはどこに住んでいるの？　B：彼の息子さんはスペインに，娘さんはペルーに住んでいます。

A: ¿Qué son tus padres?　B: Mi padre es oficinista y mi madre, ama de casa.
　　ケ ソン トゥス パドレス　　　ミ　パドレ エス オフィシニスタ イ ミ　マドレ　　アマ デ カサ
A：君の両親は何をしているの？　B：私の父は会社員で母は主婦です。

A: ¿De dónde es vuestra profesora de inglés?　B: Es de Inglaterra.
　　デ　ドンデ エス ブエストラ　プロフェソラ　デ イングれス　　　エス デ　イングらテラ
A：君たちの英語の女の先生はどこの出身ですか？　B：英国の出身です。

Unidad 14 ◆ 所有形容詞（前置形）

練習問題　　　解答は223ページ

1. 日本語に従って，所有形容詞を書き入れましょう。

   1) (　　　　) padres　私の両親
   2) (　　　　) hija　私たちの娘
   3) (　　　　) hermanas　彼の妹たち
   4) (　　　　) amigos　彼女達の友人達
   5) (　　　　) reloj　私たちの時計
   6) (　　　　) piso　君のマンション
   7) (　　　　) abuelos　あなたの祖父母
   8) (　　　　) tías　君たちの叔母たち
   9) (　　　　) habitación　君たちの部屋
   10) (　　　　) sobrino　あなた方の甥

2. 日本語に従って，所有形容詞，あるいは，指示詞を書き入れましょう。

   1) こちらは君の両親ですか？　¿Son (　　　　) (　　　　) padres?
   2) こちらの女の子は彼の娘さんです。(　　　　) chicas son (　　　　) hijas.
   3) あの女性は私たちの祖母です。(　　　　) señora es (　　　　) abuela.
   4) それは，君たちの家ですか？　¿Es (　　　　) (　　　　) casa?
   5) そちらは私のいとこのマリアです。(　　　　) es (　　　　) prima María.

3. スペイン語に訳しましょう。

   1) A：あの女性はどなたですか？　B：私の叔母です。

   2) A：あなたのご両親はどんな人ですか？　B：私の父はとても真面目ですが，私の母は陽気です。

   3) A：君たちの娘さんは何（をしているの）ですか？　B：学生です。

   4) A：君の叔父さんのレストランはどこにあるの？　B：彼の家の近くです。

   5) A：君は誰と食事をするの？　B：私の友人達と食事をします。

対話形式の練習にチャレンジ！➡52ページ

Unidad 15 疑問詞

¿Cuánto es? おいくらですか?　▶▶▶ MP3 CD032

疑問詞をまとめましょう。疑問詞にはアクセント符号がつきます。

1) **¿Qué?**：「何，何の」qué の直後に名詞を置き，疑問形容詞としても用いられます。

   A: ¿Qué compras siempre aquí?　B: Compro leche.
   ケ　コンプラス　シィエンプレ　アキ　　　コンプロ　れチェ
   A：君はここでいつも何を買うの？
   B：ミルクを買います。

   A: ¿Qué deporte practicas?　B: Practico el golf.
   ケ　デポルテ　プラクティカス　　プラクティコ　エル　ゴルフ
   A：何のスポーツをしているの？
   B：ゴルフをしています。

2) **¿Dónde?**：「どこ」英語の *Where?* に相当します。

   A: ¿Dónde vives?　B: Vivo en Argentina.
   ドンデ　ビベス　　ビボ　エン　アルヘンティナ
   A：君はどこに住んでいるの？
   B：アルゼンチンに住んでいます。

3) **¿Cómo?**：「どのように」英語の *How?* に相当します。

   A: ¿Cómo está usted?　B: Estoy bien, gracias.
   コモ　エスタ　ウステ　　エストイ　ビエン　グラシィアス
   A：ご機嫌いかが？　B：いいです，ありがとう。

   A: ¿Cómo es Luis?　B: Es simpático y guapo.
   コモ　エス　るイス　　エス　シィンパティコ　イ　グアポ
   A：ルイスはどんな人？
   B：感じがよくてハンサムです。

4) **¿Quién(es)?**：「誰」英語の *Who?* とは異なり，複数形があります。

   A: ¿Quién es él?　B: Es mi hermano.
   キエン　エス　エる　　エス　ミ　エルマノ
   A：彼はどなたですか？　B：私の弟です。

   A: ¿Quiénes son ellos?　B: Son mis amigos.
   キエネス　ソン　エジョス　　ソン　ミス　アミゴス
   A：彼らはどなたですか？　B：私の友人たちです。

5) **¿Cuándo?**：「いつ」英語の *When?* に相当します。

   A: ¿Cuándo estudias?　B: Estudio por la mañana.
   クアンド　エストゥディアス　　エストゥディオ　ポル　ら　マニャナ
   A：君はいつ勉強しているの？
   B：朝勉強しています。

6) **¿Cuánto?**：「いくら」英語の *How much?* に相当します。

   A: ¿Cuánto es?　B: Son dos euros con diez céntimos.
   クアント　エス　　ソン　ドス　エウロス　コン　ディエス　センティモス
   A：いくらですか？
   B：2ユーロ10センティモです。

7) **¿Cuánto, -a + 単数名詞?**：「どのくらいの」英語の *How much? / How many?* に相当します。

   A: ¿Cuánta leche echas tú en el café?　B: Echo solo un poco.
   クアンタ　れチェ　エチャス　トゥ　エン　エル　カフェ　　エチョ　ソロ　ウン　ポコ
   A：君はコーヒーにどのくらいミルクを入れますか？　B：少しだけ入れます。

8) **¿Cuántos, -as + 複数名詞?**：「どれだけの，どのくらいの」*How many?* に相当。

   A: ¿Cuántos libros lees al mes?　B: Leo unos cinco o seis.
   クアントス　りブロス　れエス　アる　メス　　れオ　ウノス　シィンコ　オ　セイス
   A：君は月に何冊本を読むの？　B：だいたい5,6冊読むよ。

9) **¿Cuál(es)?**：「どれ」英語の *Which?* に相当し，形容詞はありません。

   A: ¿Cuáles son tus zapatos?　B: Son esos.
   クアれス　ソン　トゥス　サパトス　　ソン　エソス
   A：君の靴はどれですか？　B：それです。

10) **¿Por qué?**：「なぜ」英語の *Why?* に相当します。porque は「なぜならば」。

    ▶ ¿Por qué? はアクセントが後ろの qué に，porque は por にアクセントがあります。

    A: ¿Por qué cocinas tú y no tu madre?　B: Porque mi madre está resfriada.
    ポル　ケ　コシィナス　トゥ　イ　ノ　トゥ　マドレ　　ポルケ　ミ　マドレ　エスタ　レスフリアダ
    A：なぜ君が料理をして君のお母さんがしていないの？　B：母が風邪をひいているからだよ

練習問題

1. 空欄の中に正しい疑問詞を書き入れましょう。

スペイン語	日本語	英語		スペイン語	日本語	英語
1) ¿　　？	何, 何の	What?	5) ¿　　？	誰	Who?
2) ¿　　？	どこ	Where?	6) ¿　　？	いつ	When?
3) ¿　　？	どのように	How?	7) ¿　　？	どれ	Which?
4) ¿　　？	いくら	How much?	8) ¿　　？	なぜ	Why?

スペイン語	日本語	英語
¿Cuánto + 男性単数名詞？	いくらの + 単数名詞	How much + 単数名詞？
¿Cuánta + 女性単数名詞？		
9) ¿　　　+ 男性複数名詞？	いくつか + 複数名詞	How many + 複数名詞？
10) ¿　　　+ 女性複数名詞？		

2. 下線部分の答を導く，疑問詞を使った質問文を作りましょう。

1) ¿(　　　) llega tu amiga española a Japón?　B: Llega el domingo.
2) ¿(　　　) es el número de teléfono del restaurante?　B: Es 03-1234-5678.
3) ¿(　　　) personas hay en el comedor?　B: Hay diez personas.
4) ¿(　　　) son tus abuelos?　B: Son muy simpáticos.
5) ¿(　　　) es un café?　B: Es un euro con 50 céntimos.
6) ¿Con (　　　) viajas por España?　B: Viajo con mi familia.
7) ¿(　　　) estudias en la universidad?　B: Estudio Comercio.
8) ¿(　　　) está la estación de metro?　B: Está allí.
9) ¿(　　　) tomas café?　B: Tomo café después de las comidas.

対話形式の練習にチャレンジ！➡52ページ

動詞 hay

Unidad 16

Hay un libro en la mesa.
テーブルの上には本が１冊あります。

▶▶▶ CD033

hay はもともと，動詞 haber の３人称単数の特殊な形です。hay は「…がある / いる」という意味で英語の there is / are に相当します。ここで重要なのは，12課で扱った estar (p.36) との区別です。

hay 不特定の人やものの存在を表す		estar 特定の人やものの所在を表す	
hay +	① un, una, unos, unas + 名詞 ② muchos, algunos + 名詞 ③ 数詞 + 名詞 ④ 名詞	① el, la, los, las + 名詞 ② este (指示詞) (+ 名詞) ③ mi (所有形容詞) + 名詞 ④ yo (人称代名詞) ⑤ 名前／固有名詞	+ estar

hay と estar にはどのような違いがあるでしょう。各例文の訳に注目してみましょう。例文は，表中の番号に相応しています。

1) hay : 不特定の人やものの存在を表す。

① Hay un libro en la mesa.　テーブルの上には本が１冊あります。
② Hay muchas personas en este museo.　この美術館には多くの人がいます。
③ Hay cuatro sillas en la habitación.　その部屋には椅子が４脚あります。
④ Hay espejo en el cuarto de baño.　浴室には鏡があります。

2) estar : 特定の人やものの所在を表す。

① El libro está en la mesa.　その本はテーブルの上にあります。
② Esa chica está ahora en clase.　その女の子は今授業中です。
③ Su casa está cerca de la universidad.　彼の家は大学の近くにあります。
④ Yo estoy en casa.　私は家にいます。
⑤ Pedro está en París.　ペドロはパリにいます。

> **もっとくわしく**　hay の訳には助詞の「が」が，estar の訳には，助詞の「は」が表れます。つまり日本語では，初出の人やものは「…が」で表し，既出のものは「…は」で表すことがわかります。スペイン語では冠詞を用いて，初出の人やものは不定冠詞 (un, una, unos, unas) で，既出のものは定冠詞 (el, la, los, las) で示します。よって，不定冠詞は不特定の人やものの存在を表す hay とともに使われ，定冠詞は特定の人やものの所在を表す estar とともに使われるのです。

Unidad 16 ◆ 動詞 hay

練習問題　　　解答は223ページ

1. (　) の中の正しい方の活用形を選び，和訳しましょう。

    1) En esta mesa (hay / están) unos diccionarios.

    _____

    2) Aquí (hay / están) muchos hoteles.

    _____

    3) ¿(Hay / Está) Carmen?

    _____

    4) ¿Qué (hay / está) en el salón de estar?

    _____

    5) Barcelona (hay / está) en el este de España. (este は「東」の意味)

    _____

2. estar, ser, hay のどれかを選び適切な形で空欄の中に書き入れましょう。

    1) A: (　　　) un restaurante cerca de tu casa, ¿no?

       B: Sí, (　　　) uno muy bueno.
       A：君の家の近くに料理店がありますよね？　B：はい，一軒おいしいのがあります。

    2) A: ¿De quién (　　　) este abrigo?　B: (　　　) de mi amigo.
       A：このコートは誰のですか？　B：私の友人のです。

    3) A: ¿Cómo (　　　) usted?　B: (　　　) muy bien, gracias.
       A：あなたはご機嫌いかがですか？　B：とてもいいです。ありがとう。

    4) A: ¿Cuántas universidades (　　　) en esta ciudad?　B: (　　　) tres.
       A：この町にはいくつ大学がありますか？　A：3つあります。

    5) A: ¿(　　　) un banco por aquí?　B: Sí, (　　　) uno allí.
       A：このあたりに銀行はありますか　A：はい，あそこにひとつあります。

    6) A: ¿Dónde (　　　) Kyushu?　B: (　　　) en el sur de Japón.
       A：九州はどこにあるの？　B：日本の南にあります。

    7) A: ¿Qué (　　　) en tu habitación?

       B: (　　　) sólo una cama, una mesa y una silla.
       A：君の部屋には何があるの？　B：ベッドと机と椅子だけだよ。

    8) A: ¿(　　　) amables tus hermanas?　B: Sí, (　　　) muy amables.
       A：君のお姉さんたちは優しいの？　B：はい，とても優しいです。

💬 対話形式の練習にチャレンジ！➡ 53ページ

対話形式の練習にチャレンジ！〈1〉

➡ 解答は 224 ページ

Unidad 4　次の対話文を読み，訳しましょう。　▶▶▶ CD034

(en la oficina)

García:　　Hola, buenos días, **señor** Velázquez.
Velázquez:　Hola, buenos días, **señorita** García.

Castillo:　　Buenas tardes, señor Velázquez. **¡Cuánto tiempo sin verlo!**
Velázquez:　Buenas tardes, **señora** Castillo.

(en casa)

Lucía:　　Buenas noches, papá.
Luis:　　　Buenas noches, Lucía.

Notas　señor...…さん，…氏　señora...…さん，…夫人　señorita...…さん, お嬢さん（señor は男性への敬称，señora は既婚・未婚を問わず成人女性への敬称，señorita は既婚・未婚を問わず成人前の女性への敬称）　¡Cuánto tiempo sin verlo! お久しぶり！（あなたに会わずに何てたくさん時間［が過ぎたのでしょう］）

Unidad 5　次の対話文を読み，訳しましょう。　▶▶▶ CD035

(en la oficina)

Luis:　　　**Hasta** luego, Marisa.
Marisa:　　Hasta luego, Luis.

Castillo:　　Hasta luego, señor Velázquez.
Velázquez:　**Hasta pronto**, señora Castillo.

Velázquez:　Adiós, señorita García.
García:　　Hasta mañana, señor Velázquez.

Marisa:　　Adiós.
Luis:　　　Adiós, hasta mañana.

Notas　hasta …まで　Hasta pronto それではまた後ほど，またすぐ

46

対話形式の練習にチャレンジ！〈1〉

Unidad 6　次の対話文を読み，訳しましょう。　▶▶▶ CD036

(*en la oficina viendo una foto*)

Marisa:　　Señor Velázquez, **mire**, la familia **de** Luis.
Velázquez:　La **mujer, ¿no?**
Marisa:　　Sí, la mujer Elena y el hijo Pablo. Luis y la hija Lucía.
Velázquez:　¿Los abuelos?
Marisa:　　Sí, los padres de Luis, Francisco y Mercedes.
Velázquez:　Y el **perro**.
Marisa:　　No, la **perra,** Bambi. **Muy graciosa**.
Velázquez:　**¡Qué bien!** La familia **al completo**.

Notas
mire (動詞 mirar の usted に対する命令表現) 見てください　　de …の (英語の前置詞 of に相当)
mujer 妻，奥さん (「女性」の意味もあります)　　¿no? …ですよね？ (文末で付加疑問文と同等)
perro オス犬　　perra メス犬　　muy 非常に，とても (英語の副詞 very に相当)
gracioso/a 可愛らしい，愛嬌がある　　¡Qué bien! 何て素晴らしいのでしょう！　　al completo 全員で

Unidad 7　次の対話文を読み，訳しましょう。　▶▶▶ CD037

(*en la cafetería*)

Juan:　　　Hola, **me llamo** Juan, ¿y tú?
Cristina:　Cristina.
Juan:　　　¿Y vosotros?
Carla:　　 ¿Nosotros? **Pues,** él, Antonio, ella, Asunción, y yo, Carla.

Juan:	Hola, buenos días. **¿Cómo se llaman ustedes?**
Laura:	Bueno, él, Manuel, y yo, Laura. ¿Y usted?
Juan:	Juan, **mucho gusto**.
Laura:	**Encantada.**

Notas
me llamo（← llamarse）私は…という名前です（38課参照）　Pues えーと
¿Cómo se llaman ustedes? あなた方は何という名前ですか？　mucho gusto はじめまして
encantado/a はじめまして（話者が男性の場合は -o，女性の場合は -a を用います）

Unidad 8　次の対話文を読み，訳しましょう。　▶▶▶ CD038

(en la cafetería)

Cristina:	¿Estudias o trabajas?
Juan:	Trabajo, ¿y tú?
Cristina:	Estudio, pero **a veces trabajo por horas** en un restaurante.
Juan:	¿Qué tomas?
Cristina:	Un **café con leche**, por favor.
Juan:	¿Qué idiomas hablas, Cristina?
Cristina:	Hablo alemán y ahora estudio inglés para viajar por Inglaterra. ¿Y tú?
Juan:	Hablo inglés y **últimamente** uso un poco el francés en el trabajo.

Notas
a veces ときどき　trabajo（← trabajar）por horas 時間で働く（アルバイトをする）　café con leche カフェオレ
últimamente 最近

対話形式の練習にチャレンジ！〈1〉

Unidad 9　次の対話文を読み，訳しましょう。　▶▶▶ CD039

(en el bar)

Juan:　¿**Un poco de** jamón?

Lilian:　No, gracias. No como carne. **Soy vegetariana.**

Juan:　¿Qué tal un poco de **tortilla**?

Lilian:　Ah, gracias.

Juan:　¿Una cerveza?

Lilian:　**Perdona,** pero no bebo alcohol. **Un vaso de** agua, **por favor**...

Juan:　**Oye**, Lilian, ¿vives **cerca de** aquí?

Lilian:　No, vivo en Alcalá de Henares, una ciudad muy bonita y **turística**.

Notas
Un poco de... 少しの…　Soy vegetariano/a.（soyは動詞serの活用形です。11課参照）私は菜食主義者です。
tortilla トルティジャ（スペインのオムレツ）　perdona（perdonarのtúの命令）すみません
un vaso de... 一杯の…　por favor お願いします（英語のpleaseに相当）
oye（oírのtúの命令表現）ねえ（聞いて）　cerca de... …の近くに　turístico/a 観光の

Unidad 10　次の対話文を読み，訳しましょう。　▶▶▶ CD040

(en la universidad)

Risa:　Mira Juan, una foto de los **compañeros de clase** de español. Luis, el profesor de español...

Juan:　Muy serio, ¿no?

Risa:　No, un hombre muy divertido y simpático. Lilian, una chica francesa. Bonita, ¿verdad?

Juan:　Sí, muy bonita, además alta y **elegante**.

Risa:　Girolo, un chico italiano, alto y muy guapo.

Juan:　Muy alegre, ¿no?

Risa:　Sí, además muy simpático **e** interesante. Dorothy, inglesa, muy **dulce**.

Notas
compañeros de clase クラスメイト　elegante 上品な　e そして　dulce 優しい，甘い

Unidad 11 次の対話文を読み，訳しましょう。　　▶▶▶ CD041

(en el bar)

Roberto: ¡Hola! Soy Roberto, soy inglés y ahora estudio español. ¡**Mucho gusto**!

Risa: Soy Risa, soy japonesa, de Yokohama. ¡**Encantada de conocerte**, Roberto!

Roberto: Oye, Risa, ¿cómo es Yokohama?

Risa: Pues, es una ciudad grande, cosmopolita y muy bonita. ¿Y tú, de dónde eres?

Roberto: Soy de Cambridge, una ciudad estudiantil. No muy grande, pero con mucha historia.

Risa: ¡Hablas muy bien el español, Roberto! ¿Dónde estudias?

Roberto: En la Universidad Complutense, ¿y tú?

Risa: **Yo también**.

Roberto: Pues, **a ver si nos vemos**.

Notas
Mucho gusto はじめまして　　Encantada de conocerte 君に会えてうれしいです (はじめまして)
Yo también 私も　　a ver si nos vemos また会えるといいんだが

Unidad 12　次の対話文を読み，訳しましょう。　▶▶▶ CD042

(por teléfono)

Risa:　　　Sí, **dígame**.
Roberto:　Hola, soy Roberto.
Risa:　　　¡Hola Roberto! ¿Dónde estás ahora?
Roberto:　Estoy en Barcelona, en casa de unos amigos.
Risa:　　　**¿Qué tal** Barcelona?
Roberto:　Es **preciosa**. Estoy un poco cansado, pero muy contento de estar aquí. Mañana visito **La Sagrada Familia**.
Risa:　　　**¡Qué bien! Disfruta,** Roberto.

Notas
dígame もしもし（電話の表現）　¿Qué tal...? どうですか？　precioso/a 美しい
La Sagrada Familia 聖家族教会　¡Qué bien! 何て素晴らしい！　Disfruta 楽しんで（disfrutar の tú の命令表現）

Unidad 13　次の対話文を読み，訳しましょう。　▶▶▶ CD043

(en el piso)

Risa:　　　Mira Roberto, en esta habitación yo **duermo** y estudio.
Roberto:　Es muy bonita.
Risa:　　　Esta habitación es **la de** Sandra y aquella **del fondo** es **la de** Lilian.
Roberto:　Es un piso muy grande, ¿no?
Risa:　　　Sí, esta es la **sala de estar**. Aquí **al lado** está la terraza.
Roberto:　Es muy **amplia**. **¡Qué vistas más bonitas!** ¿Qué es aquello?
Risa:　　　Es el Museo del Prado. Vivimos muy cerca del centro.
Roberto:　¡Qué bien! Oye Risa, ¿dónde está el **cuarto de baño**?
Risa:　　　Mira, este es uno y el **otro** está **al fondo**.

Notas
duermo（← dormir）眠る　la de: la と de の間に habitación が省略されています　del fondo 奥の
sala de estar 居間　amplio/a 広い　¡Qué vistas más bonitas! 何て美しい眺めでしょう！
cuarto de baño 浴室　otro 他の　al fondo 奥に

Unidad 14　次の対話文を読み，訳しましょう。　▶▶▶ CD044

(en el piso)

Roberto: ¿De dónde son tus compañeros de clase?
Risa: Pues mira, mi compañera Lilian es francesa y Sandra es brasileña. Sus padres son brasileños **también**, pero sus abuelos son italianos.
Roberto: ¿Vuestros profesores son españoles?
Risa: No, nuestra profesora Silvia es mexicana y nuestro profesor Gonzalo es argentino, pero sus abuelos son españoles.
Roberto: Pues, mi profesora es **valenciana**.

Notas　también …もまた　valenciano/a バレンシアの人

Unidad 15　次の対話文を読み，訳しましょう。　▶▶▶ CD045

(en la cafetería)

Risa: Roberto, ¿qué estudias?
Roberto: Estudio Literatura Española de los **siglos XIX y XX**.
Risa: ¿Cuál es tu autor **favorito**?
Roberto: García Lorca.
Risa: Oye Roberto, ¿cuántas horas estudias **al día**?
Roberto: Normalmente estudio 5 horas, pero **los martes y viernes** solamente dos.
Risa: ¿Por qué?
Roberto: **Es que** esos días trabajo en una **agencia de viajes**. Y tú, ¿por qué estudias español?

Risa: Porque es muy interesante. Además, **soy aficionada a**l flamenco.

Notas
siglos XIX y XX 19世紀と20世紀　favorito/a お気に入りの　al día 一日に
los martes y viernes 毎火曜日と毎金曜日　Es que …だからです　agencia de viajes 旅行代理店
soy aficionado/a a …のファンです

Unidad 16　次の対話文を読み，訳しましょう。　▶▶▶ CD046

(en la calle)

Roberto: Oye Risa, ¿hay un banco por aquí?

Risa: Sí, **al otro lado de** la calle hay muchos, pero a unos 5 minutos **a pie, en dirección Plaza Cibeles**, está el Banco de España.

Roberto: Otra cosa, ¿hay una **parada de autobús** por aquí cerca?

Risa: Sí, mira, a unos 100 metros, **delante de**l Hotel Ritz, está la parada del 36.

Roberto: Gracias, Risa. Vives en un lugar muy **céntrico**.

Risa: Sí, **hay de todo** y además está muy **bien comunicado**.

Notas
al otro lado de …の反対側に　a pie 徒歩で　en dirección Plaza Cibeles シベレス広場へ向かって
parada de autobús バス停　delante de …の前に　céntrico/a 中心の　hay de todo 全部ある
bien comunicado（comunicar の過去分詞）交通の便が良い

16課までのまとめ (enfoque comunicativo)   解答は226ページ

1. 下線部に定冠詞か不定冠詞を書き入れ，矢印で左の文と右を結び付け，和訳しましょう。

   例) 1) Lilian estudia en **una** escuela de idiomas. → f) La escuela se llama García Lorca.
   訳：リリアンはある語学学校で勉強しています。→その学校はガルシア・ロルカという名です。

   1) Lilian estudia en ____ escuela de idiomas.
   2) Roberto es ____ amigo de Risa.
   3) Aquí hay ____ libros de kárate.
   4) Cristina vive en ____ pueblo de Granada.
   5) Lilian y Sandra son ____ amigas de Risa.
   6) Sandra trabaja en ____ cafetería.

   a) ¿____ libros son japoneses?
   b) ____ pueblo se llama Lorca.
   c) ____ cafetería está en Alcalá.
   d) ____ amigas de Risa viven con ella.
   e) ¿Es ____ famoso amigo inglés?
   f) ____ escuela se llama García Lorca.

   _____
   _____
   _____
   _____
   _____
   _____

2. 下線部に適切な主格人称代名詞を書き入れ，和訳しましょう。

   1) A: ¿De dónde sois _____?
      B: Somos franceses.

   2) A: ¿De dónde es _____?
      B: Es italiana.

   3) A: ¿De dónde son _____?
      B: Somos alemanes. / Somos de Alemania.

   4) A: ¿De dónde son _____?
      B: Son españoles.

16課までのまとめ

3. 下の日本語の文章に合うように，表の中の単語を用いて文を完成させましょう。

| ama de casa | alto / altos | ingeniero | simpática |
| charlatana | guapos | trabajador | baja | vagos | serio |

やあ，私の名前はリサです。ここで君たちに私の家族を紹介します。私の父はパブロという名で，エンジニアです。彼は背が高くて，真面目で，勤勉です。私の母はメルセデスという名です。彼女は主婦です。感じがよくて背が低いですが，とてもおしゃべりです。私の兄弟のダビとホルヘは高校で勉強しています。背が高くてとてもハンサムですが，少し怠け者です。全く勉強しません。

Hola, me llamo Risa y aquí os presento a mi familia. Mi padre se llama Pablo y es 1)_____. Él es 2)_____, 3)_____ y 4)_____. Mi madre se llama Mercedes. Ella es 5)_____. Es 6)_____, 7)_____, pero muy 8)_____. Mis hermanos David y Jorge estudian en el instituto. Son 9)_____ y muy 10)_____, pero un poco 11)_____. No estudian nada.

4. 下の日本語の文章に合うように，ser, estar, hay から適当な動詞を選んで正しい形にし下線部に書き入れましょう。

私のお気に入りの部屋は勉強部屋（書斎）です。それは広くて陽当たりが良いです。ときどきちらかっていますが。その部屋には窓，木製の机，椅子，パソコン，プリンター，本棚，2つの洋服ダンスとベッドがあります。窓は，（入って）部屋の左にあり，ベッドは右にあります。窓の横には机があります。机の上にはいつも多くのもの，紙，雑誌，本，があります。椅子は壊れていて，机の前にあります。パソコンとプリンターはその机と本棚の間にあります。本棚は本でいっぱいです。洋服ダンスは古くてドアの正面にあります。

Mi habitación favorita 1)_____ el estudio. 2)_____ una habitación amplia y luminosa. Aunque a veces 3)_____ desordenada. En la habitación 4)_____ una ventana, una mesa de madera, una silla, un ordenador, una impresora, una estantería, dos armarios y una cama. La ventana 5)_____ a la izquierda de la habitación y la cama a la derecha. Al lado de la ventana 6)_____ la mesa. Encima de la mesa siempre 7)_____ muchas cosas: papeles, revistas y libros. La silla 8)_____ rota y 9)_____ delante de la mesa.

El ordenador y la impresora 10)_____ al lado, entre la mesa y la estantería. La estantería 11)_____ llena de libros. Los armarios 12)_____ viejos y 13)_____ enfrente de la puerta.

5. 下の表から適切な動詞を選び，正しい形で書き入れ，和訳しましょう。

| aprender | llamar | comer | estudiar | vivir | trabajar | practicar |

　　Hola, me 1)＿＿＿＿＿ Risa. Mis compañeras de piso se 2)＿＿＿＿＿ Sandra y Lilian. Nosotras 3)＿＿＿＿＿ en el Barrio Salamanca. Roberto y yo 4)＿＿＿＿＿ en la Universidad Complutense, él 5)＿＿＿＿＿ Literatura y yo 6)＿＿＿＿＿ español. Sandra y Lilian 7)＿＿＿＿＿ en la Universidad Carlos III. Sandra 8)＿＿＿＿＿ Periodismos y Lilian 9)＿＿＿＿＿ Arte.

　　Yo 10)＿＿＿＿＿ en casa, pero Sandra y Lilian 11)＿＿＿＿＿ en el restaurante de la universidad. Roberto y Sandra 12)＿＿＿＿＿ dos días a la semana. Roberto 13)＿＿＿＿＿ en una agencia de viajes y Sandra en una cafetería. Lilian y yo no 14)＿＿＿＿＿. Roberto 15)＿＿＿＿＿ senderismo. Lilian y Sandra 16)＿＿＿＿＿ el tenis y yo no 17)＿＿＿＿＿ deportes, pero 18)＿＿＿＿＿ flamenco tres días a la semana.

＿＿＿＿＿＿＿＿＿＿＿＿＿＿＿＿＿＿＿＿＿＿＿＿＿＿＿＿＿＿＿＿＿＿＿＿＿＿
＿＿＿＿＿＿＿＿＿＿＿＿＿＿＿＿＿＿＿＿＿＿＿＿＿＿＿＿＿＿＿＿＿＿＿＿＿＿
＿＿＿＿＿＿＿＿＿＿＿＿＿＿＿＿＿＿＿＿＿＿＿＿＿＿＿＿＿＿＿＿＿＿＿＿＿＿
＿＿＿＿＿＿＿＿＿＿＿＿＿＿＿＿＿＿＿＿＿＿＿＿＿＿＿＿＿＿＿＿＿＿＿＿＿＿
＿＿＿＿＿＿＿＿＿＿＿＿＿＿＿＿＿＿＿＿＿＿＿＿＿＿＿＿＿＿＿＿＿＿＿＿＿＿
＿＿＿＿＿＿＿＿＿＿＿＿＿＿＿＿＿＿＿＿＿＿＿＿＿＿＿＿＿＿＿＿＿＿＿＿＿＿
＿＿＿＿＿＿＿＿＿＿＿＿＿＿＿＿＿＿＿＿＿＿＿＿＿＿＿＿＿＿＿＿＿＿＿＿＿＿
＿＿＿＿＿＿＿＿＿＿＿＿＿＿＿＿＿＿＿＿＿＿＿＿＿＿＿＿＿＿＿＿＿＿＿＿＿＿
＿＿＿＿＿＿＿＿＿＿＿＿＿＿＿＿＿＿＿＿＿＿＿＿＿＿＿＿＿＿＿＿＿＿＿＿＿＿
＿＿＿＿＿＿＿＿＿＿＿＿＿＿＿＿＿＿＿＿＿＿＿＿＿＿＿＿＿＿＿＿＿＿＿＿＿＿

6. 疑問詞を使って下線部が答えになるような質問文を作り，和訳しましょう．

例） Yo trabajo **dos** días a la semana.　　¿Cuántos días a la semana trabajas?
訳：私は週に２日働いています。　　　　　君は週に何日働いていますか？

1) Escribo **una carta** a mi amigo.

2) Este libro son **20 euros**.

3) Estudio español **porque es divertido**.

4) Nosotros estamos **bien**.

5) María es **alta y delgada**.

6) **Miguel** enseña español a Hiroshi.

7) Ellos trabajan **en un banco**.

8) Mi diccionario es **ese**.

9) Nosotros estudiamos **por la noche**.

10) Él practica el tenis **tres** horas al día.

Unidad 17 基 数 (0-31)

Son veinte euros con treinta céntimos.
20ユーロ30センティモです。

▶▶▶ MP3 CD047

数 (0-31)：まず，0から31までの数を覚えましょう。

0 cero [セロ]	11 once [オンセ]	21 veintiuno [ベインティウノ]
1 uno [ウノ]	12 doce [ドセ]	22 veintidós [ベインティドス]
2 dos [ドス]	13 trece [トレセ]	23 veintitrés [ベインティトレス]
3 tres [トレス]	14 catorce [カトルセ]	24 veinticuatro [ベインティクアトロ]
4 cuatro [クアトロ]	15 quince [キンセ]	25 veinticinco [ベインティシィンコ]
5 cinco [シィンコ]	16 dieciséis [ディエシィセイス]	26 veintiséis [ベインティセイス]
6 seis [セイス]	17 diecisiete [ディエシィシィエテ]	27 veintisiete [ベインティシィエテ]
7 siete [シィエテ]	18 dieciocho [ディエシィオチョ]	28 veintiocho [ベインティオチョ]
8 ocho [オチョ]	19 diecinueve [ディエシィヌエベ]	29 veintinueve [ベインティヌエベ]
9 nueve [ヌエベ]	20 veinte [ベインテ]	30 treinta [トレインタ]
10 diez [ディエス]		31 treinta y uno [トレインタ イ ウノ]

覚え方のヒント

11-15：-ce で終わります。
16-19：例えば16は「10と6」，つまり「diez+y+seis」ですが，zi は ci に，y は i にし，s で終わる数にはアクセント符号をつけます。よって，**dieciséis** となります。スペイン語のサ行は za, ce, ci, zo, zu でしたね。つまり，zi になるときは z を c に変えます。
21-29：「20と1」のように veinte y uno → **veintiuno** と表記します。veinte の末尾の e を削除し，y を i に変え1つにします。20の位でも -s で終わる 22, 23, 26 にはアクセント符号がつくので注意しましょう。31以降は **treinta y uno** のように分けて表記します。

▶ 21, 31 などは，男性名詞の前で un に，女性名詞の前で una になります。ただし，21にはアクセント符号がつくので注意しましょう。

veintiún años　21歳
ベインティウン アニョス

veintiuna casas　21軒の家
ベインティウナ　カサス

treinta y un hombres　31人の男性（人）
トレインタ　イ　ウン　オンブレス

treinta y una mujeres　31人の女性
トレインタ　イ　ウナ　ムヘレス

A: ¿Cuánto es un café?　B: Son dos euros.
　クアント　エス ウン カフェ　　ソン　ドス　エウロス
A：コーヒー1杯おいくらですか？　B：2ユーロです。

A: ¿Cuántos días trabajas al mes?　B: Trabajo quince días por lo menos.
　クアントス　ディアス トラバハス アル メス　　トラバホ　キンセ　ディアス ポル ろ　メノス
A：君は毎月，何日働いているの？　B：少なくとも15日は働いています。

A: ¿Cuántas veces al día toma tu abuela té?
　クアンタス　ベセス アル ディア トマ トゥ アブエら テ
B: Toma té más o menos cinco o seis veces.
　トマ　テ マス オ メノス シィンコ オ セイス ベセス
A：君の祖母は日に何回お茶を飲むの？　B：だいたい5, 6回お茶を飲みます。

Unidad 17 ◆ 基 数 (0-31)

練 習 問 題

解答は 227 ページ

1. 次の数字をスペイン語で書きましょう。

    1) 24 _____

    2) 17 _____

    3) 15 _____

    4) 31 _____

    5) 12 _____

2. 音声を聞いて数字を書きましょう。　▶▶▶ CD048

    1) _____ 2) _____ 3) _____ 4) _____ 5) _____

    6) _____ 7) _____ 8) _____ 9) _____ 10) _____

3. スペイン語に訳しましょう。

    1) A：この本はおいくらですか？　B：12ユーロです。

    _____

    2) A：そのレストランでは，何人の人が働いていますか？　B：約20人です。

    _____

    3) A：君の上司は月に何回ゴルフをしてますか？　B：少なくとも4回しています。

    _____

    4) A：君たちは週に何時間スペイン語を勉強してますか？　B：私たちは10時間勉強してます。

    _____

    5) A：あなたは年に何回海外へ旅行しますか？　B：1，2回旅行します。

    _____

💬 対話形式の練習にチャレンジ！➡96ページ

時刻の表現

Unidad 18

¿Qué hora es? 何時ですか？

▶▶▶ CD049

時刻の表現を学習しましょう。

1) 動詞は ser を用い，時間の数字には女性定冠詞をつけます。時刻は hora（英語：*hour*）を用います。hora が -a で終わっているので女性名詞ですね。女性定冠詞は，「…分」ではなく「…時」につけてください。

　A: ¿Qué hora es?　B: Es la una.　A：何時ですか？　B：1時です。

　▶ 1時のみ単数なので，Es と la も単数に対応した形になります。1は女性形 una になります。

　Son las dos. 2時です。

　Son las nueve en punto. 9時ちょうどです。

2) 「…時」と「…分」の間には，y を置きます。30分以上になると，menos を用いて「…分前」と表します。

　Son las ocho y diez. 8時10分です。

　Son las seis y media. 6時半です。

　▶ medio/a は「半分の」という形容詞です。hora に性を一致させて media となり，「半＝30分」として用います。

　Son las cuatro y cuarto. 4時15分です。

　▶ cuarto は英語の *quarter* に相当し「1/4＝15分」の意味です。cuatro (4時) と cuarto (15分) はスペルが似ているため，注意して覚えましょう。

　Son las tres menos veinticinco. 3時25分前です。

3) 「何時に…しますか？」は "¿A qué hora + 動詞…?" です。文頭の前置詞 a は，「何時に」の「に」にあたります（英語の *at* に相当）。

　A: ¿A qué hora desayunas?　B: Desayuno a las siete menos cuarto.
　A：君は何時に朝食をとりますか？　B：7時15分前に朝食をとります。

　A: ¿A qué hora cenáis?　B: Cenamos a las ocho y media más o menos.
　A：君たちは何時に夕食をとりますか？　B：だいたい8時半に夕食をとります。

　A: ¿A qué hora llega el avión?　B: Llega a las cinco de la tarde.
　A：その飛行機は何時に到着しますか？　B：午後5時に到着します。

　▶ 午前や午後を明確にするときは，de la mañana（朝の），de la tarde（午後の），de la noche（夜の），de la madrugada（夜中の［夜12時から明け方まで］）などをつけます。

Unidad 18 ◆ 時刻の表現

練習問題　　　　　　　　　　　　　　解答は 227 ページ

1. 次の時刻をスペイン語で，動詞を入れて書きましょう。

   1) 3時20分です。 _____
   2) 6時45分です。 _____
   3) 1時10分です。 _____
   4) 12時半です。 _____
   5) 午後の5時3分前です。 _____
   6) 朝の8時15分です。 _____
   7) 9時5分前です。 _____

2. 数字を聞いて，例のような表示で書きましょう。　▶▶▶ CD050

   例） 4:18

   1) _____　2) _____　3) _____　4) _____　5) _____
   6) _____　7) _____　8) _____　9) _____　10) _____

3. スペイン語に訳しましょう。

   1) A：何時ですか？　B：2時ちょうどです。

   _____

   2) A：君は何時に大学に着きますか？　B：9時10分前に着きます。

   _____

   3) A：この授業は何時に終わりますか？　B：4時15分に終わります。

   _____

   4) A：君は何時から (desde) 何時まで (hasta) 働いているの？

      B：午後の5時から夜中の1時まで働いています。

   _____

   _____

   5) A：君の両親は何時に夕食を取りますか？　B：だいたい5時半には夕食を取ります。

   _____

💬 対話形式の練習にチャレンジ！➡96ページ

Unidad 19 直接目的格人称代名詞（を格），接続詞 y (e) と o (u)

Te espero aquí.　君をここで待っています。 ▶▶▶ CD051

直接目的格人称代名詞は，英語の *me* に相当する目的格人称代名詞です。スペイン語では，2種類の形があり，それぞれ**直接**目的格人称代名詞と**間接**目的格人称代名詞（20課参照）といいます。前者は「**を格**」，後者は「**に格**」とも呼ばれます。この課では，前者を学習しましょう。

		単　　数		複　　数	
1人称		**me** 私を		**nos** 私たちを	
2人称		**te** 君を		**os** 君たちを	
3人称	男性	**lo** 彼を，あなた（男）を，それを		**los** 彼らを，あなた方を，それらを	
	女性	**la** 彼女を，あなた（女）を，それを		**las** 彼女らを，あなた方（女）を，それらを	

lo は上記以外に，「そのことを」のように前の文を受ける中性形としても使えます。3人称男性が人を示すときは，**le / les** を用いることもあります。**直接目的格人称代名詞（を格）の位置**は，**活用している動詞の直前**です。例文で位置を確認しましょう。

A: ¿Vendes este coche?　B: Sí, **lo** vendo.
A：君はこの車を売るのですか？　B：はい，（それを）売ります。

A: ¿Dónde **me** esperáis?　B: **Te** esperamos en la cafetería de la universidad.
A：君たちはどこで私を待っていてくれますか？　B：大学の喫茶店で君を待っています。

A: Hijo, ¿cuándo limpias tu habitación?　B: **La** limpio esta tarde.
A：息子よ，自分の部屋をいつ掃除するの？　B：今日の午後（それを）掃除するよ。

A: ¿A qué hora abres la tienda?　B: **La** abro a las diez.
A：君は何時にお店を開けているの？　B：10時に（それを）開けているよ。

A: La situación económica actual es complicada, ¿no?　B: No, no **lo** creo.
A：今の経済状況は混乱してるね？　B：私はそうは思いません。

▶この例文の **lo** は中性で，前の文で述べていることを指しています。次の **lo** も同様です。

A: ¿Te ayudamos?　B: Sí, por favor. **Lo** necesito.
A：私たちは君を手伝いましょうか？　B：はい，お願いします。それが必要です。

接続詞 y (e) と o (u)：接続詞 y は英語の *and* に相当し，i, hi から始まる語の前で y を e に変えます。o は *or* に相当し，o, ho から始まる語の前で o を u に変えます。音が重なって消えないためですが，書くときもこのようにします。

A: ¿Qué lenguas habla tu amigo?　B: Habla alemán e inglés.
A：君の友人は何語を話すの？　B：ドイツ語と英語を話します。

Hay siete u ocho mesas en el café.　その喫茶店にはテーブルが7台か8台あります。

Unidad 19 ◆ 直接目的格人称代名詞（を格），接続詞 y (e) と o (u)

練習問題

解答は228ページ

1. 「を格」の3人称（lo, la, los, las）のいずれかを（　）に書き入れ，和訳しましょう。

   1) Yo vendo el libro y (　　　　) compra mi amigo.
   _____

   2) Mi madre cocina una paella y (　　　　) comemos todos.
   _____

   3) Yo practico el tenis y el golf, y mi amigo (　　　　) practica también.
   _____

   4) Mi hermana compra las revistas y yo (　　　　) leo.
   _____

   5) Mis primos no comen pescado y yo no (　　　　) como tampoco.
   _____

2. 例のように下線部を直接目的格人称代名詞に替えて，対話を完成させ，和訳しましょう。

   例）¿Compras el periódico?　B: No, no **lo** compro.
   A：君は新聞を買っているの？　B：いや，それを買っていません。

   1) A: ¿Practican ellos el tenis todos los días?　B: Sí, _____
   _____

   2) A: ¿Tomas cerveza?　B: Sí, a veces _____
   _____

   3) A: ¿Usas estos diccionarios?　B: No, _____
   _____

   4) A: ¿Lees esa novela?　B: Sí, _____
   _____

   5) A: ¿Aprende tu hermana piano?　B: No, _____
   _____

   対話形式の練習にチャレンジ！➡97ページ

間接目的格人称代名詞（に格）

¿Me enseña Ud. español?
スペイン語を教えてくれますか。

▶▶▶ CD052

この課では**間接目的格人称代名詞（に格）**を学習しましょう。19課（p.62）で学習した**直接目的格人称代名詞（を格）**との違いが重要です。しっかり区別して使いましょう。

直接目的格人称代名詞 （を格）[19課 p.62参照]			間接目的格人称代名詞（に格）	
単数	複数		単数	複数
me	nos	1人称	me 私に	nos 私たちに
te	os	2人称	te 君に	os 君たちに
lo, la	los, las	3人称	le 彼（女）に, あなたに	les 彼（女）らに, あなた方に

間接目的格人称代名詞（に格）と直接目的格人称代名詞（を格）との違いは3人称にあります。まず、3人称をしっかり覚えましょう。特に3人称単数 **le**（に格）、**lo, la**（を格）を覚えれば、それぞれ複数には -s をつけ **les, los / las** になることを確認しましょう。

1) 「に格」の位置：**活用している動詞の前**（「を格」と同じ）

   Te regalo un disco. / Ana me enseña inglés.
   テ レガロ ウン ディスコ　　アナ メ エンセニャ イングれス
   私は君にCDを贈ります。 / アナは私に英語を教えてくれます。

2) 2つの目的格人称代名詞を同時に用いるとき：「に格」+「を格」の順

   Te presto mi cámara. → Te la presto.
   テ プれスト ミ カマラ　　　テ ら プれスト
   私は君に私のカメラを貸します。→ 私は君にそれを貸します。

   Juan nos enseña español. → Juan nos lo enseña.
   フアン ノス エンセニャ エスパニョる　　フアン ノス ろ エンセニャ
   フアンは私達にスペイン語を教えてくれます。→ フアンは私達にそれを教えてくれます。

3) 「に格」と「を格」がともに3人称の場合は、言いにくいので **le** と **les** は **se** に替わります。

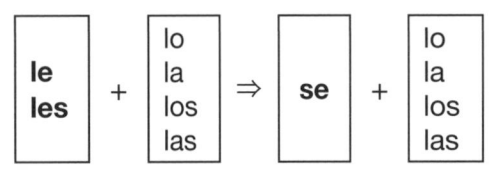

   | le / les | + | lo / la / los / las | ⇒ | se | + | lo / la / los / las |

   A: ¿Me enseña Ud. español?　B: Sí, se lo enseño **con mucho gusto**.
   　 メ エンセニャ ウステ エスパニョる　　　　シィ セ ろ エンセニョ コン ムチョ グスト
   A：あなたは私にスペイン語を教えてくれますか？　B：はい、あなたにそれを喜んで教えます。

   A: ¿Nos deja Ud. sus libros de español?　B: Sí, se los dejo un mes.
   　 ノス デハ ウステ スス りブロス デ エスパニョる　　　シィ セ ろス デホ ウン メス
   A：私たちにあなたのスペイン語の本を貸してくれますか？　B：はい、あなた方にそれらを1か月貸しますよ。

Notas　con mucho gusto　喜んで

Unidad 20 ◆ 間接目的格人称代名詞（に格）

練習問題　　　　　　　　　解答は228ページ

1. 例のように，名詞を目的格人称代名詞に替えて対話を完成させ、和訳しましょう。

   例) A: ¿Les envías los documentos a tus clientes?　B: Sí, se los envío.
   A：君は君のお客さんにその書類を送りますか？　B：はい，彼らにそれらを送ります。

   1) A: ¿Le regalas flores a tu novia?　B: Sí, _____ .
   _____

   2) A: ¿Les prepara Pepe la cena a sus hijas?　B: No, _____ .
   _____

   3) A: ¿Por qué no me enseñas las fotos de la fiesta?　B: Sí, mañana _____ .
   _____

   4) A: ¿Nos dejas tu cámara digital?　B: No, _____ porque la necesito yo.
   _____

   5) A: ¿Me prestas la bicicleta para esta tarde?
      B: Sí, _____ con mucho gusto.
   _____

2. スペイン語に訳しましょう。

   1) A：君は誰にその花を贈るのですか？　B：私の妻にそれを贈ります。
   _____

   2) A：あなた方はパスポートを私たちに見せてくれますか？
      B：はい，あなた方にそれを見せましょう。
   _____
   _____

   3) A：君は私にその小説を貸してくれますか？　B：いいえ，君にそれを買ってあげます。
   _____

   4) A：あなたは私にスペイン語を教えてくれますか？　B：はい，喜んで君にそれを教えます。
   _____

   5) A：メキシコから君は私に手紙を書いてくれる？　B：いいや，君に電話する (llamar) よ。
   _____

💬 対話形式の練習にチャレンジ！➡98ページ

Unidad 21　直説法現在─不規則動詞（1）(tener)

¿Tienes hermanos?　君に兄弟はいる？　▶▶▶ MP3 CD053

tener「持つ」の直説法現在形を学びます。▶ **tener** は英語の *have* に相当。

tener (持つ) [テネル]	tengo [テンゴ]	tienes [ティエネス]	tiene [ティエネ]	tenemos [テネモス]	tenéis [テネイス]	tienen [ティエネン]

▶ ①1人称単数形は -go　②2・3人称単数形，3人称複数形は語根母音変化（-e → -ie）(27課参照)
　③2人称複数形にアクセント符号

A: ¿Tienes hermanos?　B: Sí, tengo un hermano y una hermana.
A：君には兄弟はいる？　B：うん，お兄さんが1人とお姉さんが1人いるよ。

A: ¿Cuántos años tiene él?　B: Tiene dieciocho años.　A：彼はいくつ？　B：18歳です。
誤りの例：¿Cuántos tiene él años?　▶ Cuántos（疑問形容詞）と años（名詞）の間には何も入れない。

▶ ser（英語の *be*）は使わない。

A: ¿Tienes hora?　B: Sí, son las cinco.　A：時計を持ってる？（時間がわかる？）　B：はい，5時です。

A: ¿Tiene Ana el pelo corto?　B: No, lo tiene largo.　A：アナはショートヘア？　B：いいや，ロングヘアだ。

慣用表現 1) tener + 名詞：英語とは異なるので，気をつけましょう。

	スペイン語（tener + 名詞）	英　語
暑い，寒い（体感）	tener + calor / frío	*be (feel) cold / hot*
空腹である，喉が渇いている	tener + hambre（女）/ sed（女）	*be (feel) hungry / thirsty*
眠い	tener + sueño	*be (feel) sleepy*
急いでいる	tener + prisa	*be in a hurry*
注意する	tener + cuidado	*be careful*

A: ¿Tienes frío?　B: No, tengo calor.　A：君は寒い？　B：いいや，暑いよ。

A: ¿Tenéis hambre?　B: Yo sí, tengo **mucha** hambre.　C: Pues, yo no. Pero tengo sed.
A：君たちお腹空いた？　B：僕は空いているよ。とてもお腹が空いているんだ。　C：ええと，僕は空いていないよ。でも喉が渇いているんだ。

▶ hambre（空腹）は名詞なので修飾するときは英語の *very* に相当する muy（副詞）は使わず，mucha（形容詞）を使う。

2) tener que + 不定詞（p.86）「…しなければならない」▶ 英語の *have to*
no + tener que + 不定詞「…する必要はない」▶ 英語の *not have to*

A: ¿Cuándo tienes que entregar la tarea al profesor?
B: Tengo que entregársela hoy. (= Se la tengo que entregar.)
A：君はいつその課題を先生に渡さなければならないの？　B：今日渡さなければなりません。

▶ に格，を格は不定詞がある場合，その後につけて1語とすることもできる。

Unidad 21 ◆ 直説法現在―不規則動詞（1）(tener)

練習問題　　　　　解答は228ページ

1. 日本語に従い（　）に適切な語を入れ，文を完成させましょう。1語とは限りません。

   1) A: ¿Cuántos hermanos (　　　　　) tu padre?
      B: (　　　　　) seis hermanos.
      A：君のお父さんには何人兄弟がいますか？　B：6人，兄弟がいます。

   2) A: ¿(　　　　　) perro?　B: Sí, (　　　　　) un perro y una perra.
      A：君は犬を飼っている？　B：うん，オスを1匹とメスを1匹飼っているよ。

   3) A: ¿(　　　　　) Antonio los ojos azules?　B: No, los (　　　　　) marrones.
      A：アントニオは青い目をしていますか？　B：いいえ，彼は茶色い目をしています。

   4) A: ¿(　　　　　) vosotros sueño?　B: Sí, (　　　　　) mucho sueño.
      A：君たちは眠いの？　B：はい，とても眠いです。

   5) A: ¿(　　　　　) tomar una aspirina?
      B: No, (　　　　　) descansar.
      A：私はアスピリンを飲まないといけないの？　B：いや，君は休憩しないといけないよ。

2. スペイン語に訳しましょう。

   1) A：君はお腹が空いている？　B：うん，とてもお腹が空いているよ。

   2) A：君にはスペイン人の友達はいる？　B：うん，僕にはスペイン人の友達が5人いるよ。

   3) A：ホセ（José）は金髪（rubio）？　B：いいや，黒髪（negro）だ。

   4) A：君は何歳ですか？　B：22歳です。

   5) A：君は試験のために勉強しないといけないの？
      B：ううん，勉強しなくてもいいよ。

💬　対話形式の練習にチャレンジ！➡98ページ

Unidad 22 直説法現在―不規則動詞（2）(ir)

Voy a Madrid. 僕はマドリッドへ行くよ。 ▶▶▶ CD054

ir「行く」の直説法現在形を学びます。

ir (行く) [イル]	voy [ボイ]	vas [バス]	va [バ]	vamos [バモス]	vais [バイス]	van [バン]

▶①全ての活用形に v-　②1人称単数形は -y　③2人称複数形にアククセント符号は不要

ir + a + 場所「…へ行く」

A: ¿A dónde vas este verano?　B: Voy a Madrid.
　A：君，この夏どこへ行くの？　B：僕はマドリッドへ行くよ。

A: ¿A dónde vais?　B: Vamos a la universidad.
A：君たち，どこへ行くの？　B：大学へ行きます。

慣用表現

1) **ir a + 不定詞**

　a)「…しに行く」

　　A: ¿A dónde va usted?　B: Voy a comer.
　　A：あなたはどこへ行くのですか？　B：僕は食事しに行きます。

　b)「…するつもり，…する予定，…だろう」：未来の出来事，状態の予測・予定を表します。

　　A: ¿A qué hora van a llegar tus amigas a Narita este domingo?
　　B: Van a llegar a las tres de la tarde.
　　A：君の友人たちは今度の日曜日，何時に成田に着く予定ですか？　B：午後3時に着く予定です。

　c)「…しましょう」：1人称複数形のみ。英語の *Let's!*　*Shall we...?* に相当します。

　　¡Vamos a brindar por la salud de todos!　皆の健康に乾杯しましょう！

　　▶「私たちは…するつもり」，「私たちは…しましょう」の意味は文脈によって判断します。

2) **ir + de + 名詞「…に行く」**

　ir de compras（買い物に行く），ir de copas（飲みに行く），ir de excursión（小旅行に行く）

　A: ¿Con qué frecuencia va de compras tu madre?
　B: Normalmente dos o tres veces al mes.
　A：君のお母さんはどのくらいの頻度で買い物に行っていますか？　B：普通月に2, 3回です。

　A: ¿Vamos de excursión este sábado?　B: Sí, sí. ¿A dónde vamos?
　A：今週の土曜日，小旅行に行こうか？　B：ええ。どこに行きましょうか？

ir のその他の用法：「(ある状態に) ある」

　A: ¿Cómo va tu proyecto?　B: Va bien.
　A：君のプロジェクトはどう？　B：うまく行っているよ。

　¿Cómo le va?　「(あなたの調子は) どうですか？／元気ですか？」　▶挨拶としても使用します。

Unidad 22 ◆ 直説法現在―不規則動詞（2）(ir)

練習問題

解答は228ページ

1. 日本語に従い（　）にirの活用形を入れ，文を完成させましょう。1語とは限りません。

   1) A: ¿A dónde (　　　　) vosotros?　B: (　　　　) al parque.
      A：君たちはどこへ行くの？　B：公園へ行くよ。

   2) A: ¿Cuándo (　　　　) leer la novela?　B: Pues, (　　　　) leerla mañana.
      A：君はいつその小説を読むつもり？　B：えーと，明日それを読むつもりだよ。

   3) A: ¿Por qué no (　　　　　　) copas esta noche?
      B: Es que esta noche tengo que trabajar.
      A：今夜飲みに行かない？　B：今夜仕事をしなくちゃならないんだ。
      ▶ por qué no… 〜しない？

   4) A: ¡(　　　　) bailar!　B: Sí, vamos.
      A：踊りましょう！　B：はい，踊りましょう。（行きましょう）

   5) A: ¿Cómo te (　　　　)?　B: Me (　　　　) bien.
      A：調子はどう？　B：いいよ。

2. スペイン語に訳しましょう。

   1) A：君はいつスペインへ行くの？　B：僕は今年の春 (primavera) スペインへ行くよ。
      ＿＿＿＿＿＿＿＿＿＿＿＿＿＿＿＿＿＿＿＿＿＿＿＿＿＿＿＿＿＿＿＿＿＿＿＿＿＿

   2) A：君たちは授業に行く？　B：いいや，僕達は図書館へ行くよ。
      ＿＿＿＿＿＿＿＿＿＿＿＿＿＿＿＿＿＿＿＿＿＿＿＿＿＿＿＿＿＿＿＿＿＿＿＿＿＿

   3) A：君は米国に英語の練習をし (practicar) に行くつもり？
      B：いいや，僕はイギリスへ行くつもりなんだ。
      ＿＿＿＿＿＿＿＿＿＿＿＿＿＿＿＿＿＿＿＿＿＿＿＿＿＿＿＿＿＿＿＿＿＿＿＿＿＿
      ＿＿＿＿＿＿＿＿＿＿＿＿＿＿＿＿＿＿＿＿＿＿＿＿＿＿＿＿＿＿＿＿＿＿＿＿＿＿

   4) 彼らはカフェ・オレを飲みます。僕たちもそれを飲みましょう。
      ＿＿＿＿＿＿＿＿＿＿＿＿＿＿＿＿＿＿＿＿＿＿＿＿＿＿＿＿＿＿＿＿＿＿＿＿＿＿

   5) A：君，どこへいくの？　B：大学へ行きます。
      ＿＿＿＿＿＿＿＿＿＿＿＿＿＿＿＿＿＿＿＿＿＿＿＿＿＿＿＿＿＿＿＿＿＿＿＿＿＿

対話形式の練習にチャレンジ！➡99ページ

1人称単数不規則動詞（1）(dar, ver)

Unidad 23

Doy un paseo.　私は散歩をします。　　　▶▶▶ MP3 CD055

主語が yo のときの活用形だけが不規則で，他の5つの活用形が規則的な動詞のことを，**1人称単数不規則動詞**といいます。最初の活用形に注意して覚えましょう。

	dar [ダル]　与える		ver [ベル]　見る，会う，分かる	
1人称	doy [ドイ]	damos [ダモス]	veo [ベオ]	vemos [ベモス]
2人称	das [ダス]	dais [ダイス]	ves [ベス]	veis [ベイス]
3人称	da [ダ]	dan [ダン]	ve [ベ]	ven [ベン]

覚え方のヒント

dar (to give)：通常の -ar の語尾を取って -o をつければ規則動詞ですが，さらに y をつけ，yo doy とします。
ver (to see)：通常は語尾の -er を取るのですが，-r だけ取って -o をつけてください。yo veo となります。
dar も **ver** も通常5番目にアクセント符号がつくのですが，dais も veis も単音節，二重母音で a や e にアクセントがあるため，符号はつけないようにしてください。

A: ¿Practica deportes tu padre?　B: No, pero **a veces da un paseo**.
　プラクティカ　デポルテス　トゥ　パドレ　　　ノ　ペロ　ア　ベセス　ダ　ウン　パセオ
A：君のお父さんはスポーツをしているの？　B：してません。でもときどき散歩をしています。

A: ¿Cuántas horas al día ves la televisión?　B: La veo **sólo** una o dos horas.
　クアンタス　オラス　アルディア　ベス　ら　テレビシィオン　　ら　ベオ　ソロ　ウナ　オ　ドス　オラス
A：1日に君は何時間テレビを見てるの？　B：1，2時間だけ（それを）見ます。

A: ¿Me das tu teléfono?　B: **Sí, claro**.　A：君の電話番号を私にくれますか？　B：はい，もちろん。
　メ　ダス　トゥ　テレフォノ　　　シィ　クラロ

A: ¿A quiénes ve tu jefe hoy?　B: Ve a unas personas muy importantes.
　ア　キエネス　ベ　トゥ　ヘフェ　オイ　　　ベ　ア　ウナス　ペルソナス　ムイ　インポルタンテス
A：君の上司は今日誰に会うのですか？　B：何人か重要人物に会います。

A: ¿Ves mucho a tus padres?　B: No, ellos viven lejos, por eso los veo poco.
　ベス　ムチョ　ア　トゥス　パドレス　　　ノ　エジョス　ビベン　れホス　ポル　エソ　ろス　ベオ　ポコ
A：君の両親によく会ってるの？　B：いいえ，彼らは遠くに住んでいるんだ。だから，少ししか彼らに会わないよ。

▶ ver は①…を見る，②…に会う，③わかる，と覚えますが，②「…に会う」というときでも，スペイン語では①「…を見る」と同じく「を格」を用います。直接目的語が人の場合には，「a+ 人」になります。

dar と ver の重要表現

A: ¿Qué vas a tomar, café o té?　B: **Me da igual**.　A：何を飲む，コーヒーそれとも紅茶？
　ケ　バス　ア　トマル　カフェ　オ　テ　　　メ　ダ　イグアル　B：どちらでもいいです。

A: Ellos no comen jamón.　B: **¡Ya ves!** Es que son vegetarianos.
　エジョス　ノ　コメン　ハモン　　　ジャ　ベス　エス　ケ　ソン　ベヘタリアノス
A：彼ら，ハムを食べないんだ　B：ほらね！　菜食主義者だもの。

Unidad 23 ◆ 1人称単数不規則動詞（1）(dar, ver)

練 習 問 題　　　解答は229ページ

1. 日本語に従って，ver か dar を選び，正しい形にして書き入れましょう。

　　1)　君は君の両親に今日会うの？　　　¿(　　　　　) a tus padres hoy?
　　2)　私にあなたの住所をくれますか？　¿Me (　　　　　) usted su dirección?
　　3)　君が私たちにこの花をくれるの？　¿Nos (　　　　　) tú estas flores?
　　4)　私達は健康のために散歩してます。(　　　　　) un paseo para la salud.
　　5)　その子達は午後テレビを見ます。　Los niños (　　　　　) la televisión por la tarde.

2. スペイン語に訳しましょう。

　　1)　A：あなたはこれらの本を私にくれるのですか　B：はい，喜んであなたにそれらをあげます。
　　　　_____

　　2)　A：君たちは今日その先生に会いますか？　B：いいえ，明日彼に会います。
　　　　_____

　　3)　A：君は何時間テレビを見ているの？　B：3時間くらいそれを見ています。
　　　　_____

　　4)　A：Pepito，君は私にこの雑誌をくれる？　B：はい，君にそれをあげます。
　　　　_____

　　5)　A：毎日君は散歩しているのですか？　B：いいえ，ときどきそれをしています。
　　　　_____

💬 対話形式の練習にチャレンジ！➡100ページ

バレンシア旧市街の教会

Notas　dar un paseo 散歩をする　a veces ときどき　sólo 単に，…だけ　claro もちろん
　　　　　Me da igual. どちらでもいいです。　igual 同じ　Ya ves. ほらね／わかったでしょ。　Es que …だからです

71

Unidad 24 1人称単数不規則動詞（2）(hacer, poner, salir, traer)

¿Qué haces hoy? 今日は何をするの？ ▶▶▶ CD056

1人称単数不規則動詞の中で，1人称単数 (yo) が -go になる動詞のグループがあります。

hacer [アセル] する，作る	**poner** [ポネル] 置く	**salir** [サリル] 出る，出発する	**traer** [トラエル] 持ってくる，連れてくる
ha**go** [アゴ]	pon**go** [ポンゴ]	sal**go** [サルゴ]	trai**go** [トライゴ]
haces [アセス]	pones [ポネス]	sales [サレス]	traes [トラエス]
hace [アセ]	pone [ポネ]	sale [サレ]	trae [トラエ]
hacemos [アセモス]	ponemos [ポネモス]	salimos [サリモス]	traemos [トラエモス]
hacéis [アセイス]	ponéis [ポネイス]	salís [サリス]	traéis [トラエイス]
hacen [アセン]	ponen [ポネン]	salen [サレン]	traen [トラエン]

▶ traer だけ1人称単数が trago ではなく traigo なので注意しましょう。

1) **hacer**：「する」(to do) と「作る」(to make) のほか，天候表現でも使われます。天候表現では3人称単数で活用されます。

　　A: ¿Qué haces los fines de semana?　B: Veo la tele en casa.
　　A：君は毎週末何をしているの？　B：家でテレビを見ています

　　A: Estos días, hacéis vosotros la comida, ¿no?　B: Sí, es que mamá está en cama.
　　A：最近，君たちが料理を作っているのかい？　B：うん。だってママは（病気で）ベッドにいるから。

　　A: ¿Qué tiempo hace en Argentina en agosto?　B: Hace frío.
　　A：アルゼンチンでは8月はどんな天気ですか？　B：寒いです。

　　▶ **hacer** を用いた他の天候表現。
　　　Hace buen tiempo. よい天気です。　Hace mal tiempo. 悪い天気です。
　　　Hace calor. 暑いです。　Hace sol. 日が照っています。　Hace viento. 風があります。

2) **poner**：「置く」(to put) のほか，「(ラジオ) をつける」「(砂糖) を入れる」。

　　A: ¿Ponen Uds. azúcar en el café?　B: Yo, sí, por favor.　C: Yo, no, gracias.
　　A：あなた方はコーヒーに砂糖を入れますか？　B：私は入れます。お願いします。　C：私は入れません。ありがとう。

3) **salir**：「出る」(to go out) のほか，「出発する」「出かける」。動詞 salir は前置詞 de と一緒によく用いられます。salir de... は「…を出る，…から出る」です。

　　A: ¿A qué hora salen tus hijas de casa?　B: Salen muy temprano, a las seis.
　　A：君の娘さんたちは何時に家を出るのですか？　B：とても早く，6時に出ます。

4) **traer**：「持ってくる，連れてくる」(to bring) の意味。

　　A: ¿Me traes un café, por favor?　B: Sí, **ahora mismo**.
　　A：コーヒー持ってきてくれる？　B：はい，今すぐ。

Notas　ahora mismo 今すぐ

Unidad24 ◆ 1人称単数不規則動詞 (2) (hacer, poner, salir, traer)

練習問題

解答は229ページ

1. 日本語に従って，hacer, poner, salir, traer の中から適切な動詞を選び，正しい形にして書き入れましょう。

   1) 君たちは放課後何をするの？

      ¿Qué (　　　　　) después de clase?

   2) 私は毎朝早く家を出ます。

      (　　　　　) de casa temprano todas las mañanas.

   3) （私は）ここに彼のスーツケースを置きましょうか？

      ¿(　　　　　) aquí su maleta?

   4) 彼らは何をここに持ってきてくれるの？

      ¿Qué (　　　　　) aquí?

   5) この地方はいつも天気が悪いです。

      Siempre (　　　　　) mal tiempo en esta región.

2. スペイン語に訳しましょう。

   1) A：君はいつ日本を出発しますか？　B：日曜日に (el domingo) 出発します。

   2) A：アンダルシア (Andalucía) は，夏 (en verano) どんな天気ですか？　B：とても暑いです。

   3) A：君たちは何をしてるの？　B：私は銀行で働いていて，彼は学生です。

   4) A：君はクラスに辞書を持ってくるでしょうか？

      B：はい，それを持ってくるつもりです。[ir a + 不定詞]

   5) A：君のスーツケースどこに置きましょうか？　B：ここに，お願いします。

対話形式の練習にチャレンジ！➡100ページ

Unidad 25 基数 (2) (30-1000)

Son noventa y un euros. 91ユーロです。　▶▶▶ CD057

数 (30–1000) を覚えましょう。

30 treinta [トレインタ]	100 cien [シィエン]	600 seiscientos/-tas [セイスシィエントス/タス]
40 cuarenta [クアレンタ]	101 ciento uno [シィエント ウノ]	700 setecientos/-tas [セテシィエントス/タス]
50 cincuenta [シィンクエンタ]	111 ciento once [シィエント オンセ]	800 ochocientos/-tas [オチョシィエントス/タス]
60 sesenta [セセンタ]	200 doscientos/-tas [ドスシィエントス/タス]	900 novecientos/-tas [ノベシィエントス/タス]
70 setenta [セテンタ]	300 trescientos/-tas [トレスシィエントス/タス]	990 novecientos noventa [ノベシィエントス ノベンタ]
80 ochenta [オチェンタ]	400 cuatrocientos/-tas [クアトロシィエントス/タス]	1.000 mil [ミる]
90 noventa [ノベンタ]	500 quinientos/-tas [キニエントス/タス]	

覚え方のヒント

10の位：20のみ -nte，ほかの10の位は -nta で終わります。
100：100は **cien** (①単独で，②名詞の前で，③mil の前で用いる) ですが，100の次に数が来ると **ciento** になります。
100の位：200から900までは性変化をします。つまり，女性形 (-cientas) があります。偶数と3，つまり2 (**dos**), 3 (**tres**), 4 (**cuatro**), 6 (**seis**), 8 (**ocho**) にそれぞれ **-cientos** をつけると100の位ができます。700と900は，70 (**seten**ta) と 90 (**noven**ta) から10の位を表す **-nta** を取り，**-cientos** に変えるとできます。500だけはそのまま覚えましょう。

2 (**dos**)	→200 **dos**cientos	70 (**seten**ta)	→700 **sete**cientos
3 (**tres**)	→300 **tres**cientos	90 (**noven**ta)	→900 **nove**cientos
4 (**cuatro**)	→400 **cuatro**cientos		
6 (**seis**)	→600 **seis**cientos	500	quinientos
8 (**ocho**)	→800 **ocho**cientos		

▶ 3桁の数は，百＋十＋一の中で，十 (10の位) と 一 (1の位) の両方の位に1以上の数があるときは，y で結びます。どちらかが0のときは，y をつけません。ただし，11 から 15 までは1つの単語なので，y は入りません。

358 (trescientos cincuenta **y** ocho)
　　トレスシィエントス　シィンクエンタ　イ　オチョ
907 (novecientos siete)
　　ノベシィエントス　シィエテ
515 yenes (quinientos quince) 515円
　　ジェネス　　キニエントス　キンセ

641 (seiscientos cuarenta **y** uno)
　　セイスシィエントス　クアレンタ　イ　ウノ
110 (ciento diez)
　　シィエント ディエス
412 horas (cuatrocient**as** doce) 412時間
　　オラス　クアトロシィエンタス　ドセ

Unidad 25 ◆ 基数 (2) (30-1000)

練習問題　　　解答は229ページ

1. 次の数字をスペイン語で書きましょう。

   1) 161ユーロ： _____ euros
   2) 953時間： _____ horas
   3) 677人： _____ personas
   4) 515ページ： _____ páginas
   5) 804円： _____ yenes

2. 音声を聞いて数字を書きましょう。　▶▶▶ CD058

   1) _____　2) _____　3) _____　4) _____　5) _____
   6) _____　7) _____　8) _____　9) _____　10) _____

3. スペイン語に訳しましょう。

   1) A：この村 (pueblo) には何名住んでいますか (←この村は何人の住人 (habitantes) を持ってますか)？
      B：900人くらいの人が住んでいます。

   _____
   _____

   2) A：大学では君は1年間で何時間スペイン語を勉強するの？　B：135時間勉強します。

   _____

   3) A：この会社 (companía) には何人の従業員 (empleado) がいますか (←この会社は何人の従業員を持ってますか)？　B：550人くらいいます。

   _____
   _____

   4) A：このジャケット (chaqueta) はおいくらですか？　B：398ユーロです。

   _____

   5) A：シングル (una habitación individual)，1泊 (por noche) はおいくらですか？
      B：211ユーロです。

   _____
   _____

対話形式の練習にチャレンジ！➡101ページ

Unidad 26 1人称単数不規則動詞（3）(saber, conocer)

¿Sabes dónde está el museo?
その美術館どこにあるか知ってる？

▶▶▶ CD059

saber, conocer という2つの動詞は，最初の活用形だけが不規則で，ともに「知っている」という意味です。区別して用いるため，2つの違いを理解しましょう。

	saber [サベル] 知っている，知る		**conocer** [コノセル] 知っている，知る	
1人称	sé [セ]	sabemos [サベモス]	conozco [コノスコ]	conocemos [コノセモス]
2人称	sabes [サベス]	sabéis [サベイス]	conoces [コノセス]	conocéis [コノセイス]
3人称	sabe [サベ]	saben [サベン]	conoce [コノセ]	conocen [コノセン]

覚え方のヒント

saber (to know)：1人称単数は yo sé と異なります。アクセント符号をつけて覚えてください。
conocer (to know)：-cer や -cir で終わる動詞は，1人称単数形で -zco となることが多いです。語尾の -er を取って -o をつけると，conoco となり，語尾がサ行からカ行に変わってしまいます。サ行音を残すため，-z を入れると覚えましょう。

saber と conocer との違い

saber：情報や知識として何かを知っていることを示す。
conocer：体験的に人（面識がある）や場所（国・市・レストランなど）を知っていることを示す。

A: ¿Sabes algunas palabras italianas? B: Sí, sí, es que conozco a un italiano.
A：いくつかイタリア語の単語を知ってる？ B：うん，うん，だってひとりイタリア人を知ってるもん。

A: ¿Sabéis el resultado del partido Barcelona-Real Madrid?
B: No, no lo sabemos.
A：君たちはバルセロナとレアル・マドリッドとの試合結果を知ってる？
B：いや，（それを）知らない。

A: ¿Conoces al padre de tu novia? B: No, no lo conozco. Pero mañana lo veo.
A：君は君の恋人の父親を知ってるの？ B：いいや，（彼を）知らないよ。でも明日彼に会うんだ。

A: ¿Conocéis algún restaurante japonés? B: Sí, conocemos uno en La Gran Vía.
A：どこか和食のレストランを知ってる？ B：うん，グラン・ビアに1軒知ってるよ。

saber を用いた重要表現

saber は英語の know と同じようにその動詞の直後に疑問詞を持ってくることができます。「saber + 疑問詞」では**人や場所でも conocer を用いません**。

A: ¿Sabes dónde está el Museo del Prado? B: Sí, cerca del Parque del Retiro.
A：君はプラド美術館がどこにあるか知ってる？ B：はい，レティロ公園の近くです。

A: ¿Sabéis quién es aquella chica? B: Yo sí. Es Ana, una colega de Pedro.
A：君たちはあの女の子が誰か知ってる？ B：僕は知ってるよ。彼女はアナで，ペドロの同僚さ。

saber は，英語の「know that + 文」と同様に「saber que + 文」でも使用できます。
Sé que ella está muy ocupada estos días. 僕は彼女が最近とても忙しいことを知っています。

Unidad 26 ◆ 1人称単数不規則動詞（3）(saber, conocer)

練習問題　　　解答は229ページ

1. 日本語に従って，saber, conocer の中から適切な動詞を選び，正しい形にして書き入れましょう。

    1) 君たちは米国を知ってる（行ったことがある）？

        ¿(　　　　　　　　) Estados Unidos?

    2) 君は彼女がいつ日本を出発するか知ってますか？

        ¿(　　　　　　　　) cuándo sale de Japón?

    3) 私はそのレストランを知ってます。

        Yo (　　　　　　　　) ese restaurante.

    4) 彼はそのレストランがどこにあるか知らない。

        Él no (　　　　　　　　) dónde está el restaurante.

    5) 私は彼女の電話番号を知りません。

        Yo no (　　　　　　　　) su número de teléfono.

2. スペイン語に訳しましょう。

    1) A：君は彼女がどこの出身か知ってる？　B：ううん，（それを）知りません。

    _____

    2) A：君たちはスペインを知ってるんだよね。　B：いいえ，（それを）知りません。

    _____

    3) A：あなたは私の上司をご存知ですか？　B：はい，（彼を）存じております。

    _____

    4) A：君はこれが何の飲物か知っていますか？

       B：はい，サングリア (una sangría) です。

    _____

    5) A：君は Nanako がどこに住んでいるか知ってる？　B：はい，（それを）知ってますよ。

    _____

💬 対話形式の練習にチャレンジ！➡102ページ

27 語根母音変化動詞（1）(e→ie)

Lo siento. ごめんなさい。　▶▶▶ CD060

語根母音変化動詞という用語について，動詞 cerrar で説明しましょう。語根（語幹とも呼ばれる）とは，語尾 -ar を取って残った部分 cerr- です。語根 cerr の中の母音 e が，ie のように変化することを語根母音変化といいます。

語根母音変化動詞には，① e→ie　② o→ue　③ e→i の3種類があります。

この課では① e→ie を見ていきましょう。

	cerrar [セラル] 閉める，閉まる	**entender** [エンテンデル] 理解する	**sentir** [センティル] 感じる
1人称単数	c**ie**rro [シィエロ]	ent**ie**ndo [エンティエンド]	s**ie**nto [シィエント]
2人称単数	c**ie**rras [シィエラス]	ent**ie**ndes [エンティエンデス]	s**ie**ntes [シィエンテス]
3人称単数	c**ie**rra [シィエラ]	ent**ie**nde [エンティエンデ]	s**ie**nte [シィエンテ]
1人称複数	cerramos [セラモス]	entendemos [エンテンデモス]	sentimos [センティモス]
2人称複数	cerráis [セライス]	entendéis [エンテンデイス]	sentís [センティス]
3人称複数	c**ie**rran [シィエラン]	ent**ie**nden [エンティエンデン]	s**ie**nten [シィエンテン]

▶語根に e が2つあるときは，語尾に近い方の e が変化します。

覚え方のヒント　最初の3つ（1・2・3人称単数）が e→ie に割れ，次の2つ（1・2人称複数）が e に戻り，最後（3人称複数）が e→ie に割れます。不定詞の語尾（-ar, -er, -ir）の1つ前の母音 e にアクセントがあるとき，e→ie となります。

よく用いられる語根母音変化動詞（e→ie）

-ar 動詞： comenzar 始める，始まる　empezar 始める，始まる　pensar 考える
　　　　　 nevar 雪が降る（3人称単数形のみ）　recomendar 勧める
-er 動詞： querer …したい，欲しい，愛する　perder 失う，負ける
-ir 動詞： preferir (A a B)（BよりA）の方を好む

A: ¿A qué hora empieza la clase de Psicología?　B: Empieza a las dos y media.
　　アケオラエンピエサらクラセデシィコロヒア　　エンピエサアらスドスイメディア
A：心理学のクラスは何時に始まるの？　B：2時半に始まります。

A: ¿Lo entiendes?　B: No, no lo entiendo bien. Es que no sé español muy bien.
　　ろエンティエンデス　　ノノろエンティエンドビエンエスケノセエスパニョるムイビエン
A：それを理解できる？　B：いいえ，よく理解できません。スペイン語をあまりよく知らないので。

A: ¿Prefieres viajar en coche o en tren?　B: Prefiero en tren.
　　プレフィエレスビアハルエンコチェオエントレン　　プレフィエロエントレン
A：君は車で旅行する方が好き，それとも列車？　B：列車での方が好きです

A: ¿Qué nos recomienda usted?　B: Les recomiendo una mariscada.
　　ケノスレコミエンダウステ　　れスレコミエンドウナマリスカダ
A：あなたは我々に何を勧めてくれますか？　A：海の幸の盛り合わせをあなた方にお勧めします。

A: ¿Quieres vino?　B: Lo siento, pero no me lo permite mi médico.
　　キエレスビノ　　ろシィエントペロノメろペルミテミメディコ
A：ワインが欲しいですか？　B：残念ですが，医者が許可しないのです。　▶ lo siento は *I'm sorry* に相当。

78

Unidad 27 ◆ 語根母音変化動詞（1）(e→ie)

練習問題　　　　　　　　　　　解答は230ページ

1. （　）内の動詞を適切な形にし，和訳しましょう。

   1) Te _____ (querer). _____

   2) ¿Cuándo _____ (comenzar) esa película?
   _____

   3) ¿No _____ (sentir) tú frío? _____

   4) A veces ella _____ (perder) la paciencia.
   _____

   5) Nosotros lo _____ (entender) bien.
   _____

   6) Ellos _____ (preferir) el pescado a la carne.
   _____

   7) ¿Por dónde _____ (empezar) nosotros?
   _____

   8) Yo _____ (pensar) en el futuro.
   _____

   9) Él _____ (cerrar) el bar a la una de la madrugada.
   _____

   10) _____ (nevar) mucho en el norte de ese país.
   _____

2. スペイン語に訳しましょう。

   1) A：君たちは何が欲しいのですか？　B：特に (en especial) 何も (nada) 欲しくありません。
   _____

   2) A：君はいつその仕事を始めますか。　B：来週 (la próxima semana) からそれを始めます。
   _____

   3) A：君は数学 (las matemáticas) と英語 (el inglés)，どちらが好きですか？
      B：英語の方が好きです。
   _____

   4) A：君は何について考えているの？
      B：夏休み (las vacaciones de verano) について考えています。
   _____

   5) A：あなたの叔父さんはいつお店を閉店するのでしょうか？
      B：来月 (el próximo mes) それを閉めるでしょう。
   _____

対話形式の練習にチャレンジ！➡102ページ

Unidad 28 語根母音変化動詞（2）(o→ue)

¿Cuánto cuesta? おいくらですか？　▶▶▶ CD061

語根母音変化動詞の② o → ue を見ていきましょう。

recordar [レコルダル] 思い出す，覚えている	**volver** [ボルベル] 戻る，帰る	**dormir** [ドルミル] 眠る	**jugar** *[フガル] 遊ぶ，試合をする
rec**ue**rdo [レク**エ**ルド]	v**ue**lvo [ブ**エ**ルボ]	d**ue**rmo [ドゥ**エ**ルモ]	j**ue**go [フ**エ**ゴ]
rec**ue**rdas [レク**エ**ルダス]	v**ue**lves [ブ**エ**ルベス]	d**ue**rmes [ドゥ**エ**ルメス]	j**ue**gas [フ**エ**ガス]
rec**ue**rda [レク**エ**ルダ]	v**ue**lve [ブ**エ**ルベ]	d**ue**rme [ドゥ**エ**ルメ]	j**ue**ga [フ**エ**ガ]
recordamos [レコルダモス]	volvemos [ボルベモス]	dormimos [ドルミモス]	jugamos [フガモス]
recordáis [レコルダイス]	volvéis [ボルベイス]	dormís [ドルミス]	jugáis [フガイス]
rec**ue**rdan [レク**エ**ルダン]	v**ue**lven [ブ**エ**ルベン]	d**ue**rmen [ドゥ**エ**ルメン]	j**ue**gan [フ**エ**ガン]

＊ jugar は o → ue ではなく，u → ue に変化します。

【覚え方のヒント】最初の3つ（1・2・3人称単数）が o → ue に割れて，次の2つ（1・2人称複数）が o に戻り，最後（3人称複数）が o → ue に割れます。アクセントがある音節が割れると覚えましょう。

-ar 動詞：contar 数える，物語る　　costar （費用が）かかる　　encontrar 見つける，出会う
-er 動詞：doler 痛む　llover 雨が降る（3人称単数形）　poder …できる　mover 動く，動かす
-ir 動詞：morir 死ぬ

　　A: ¿A qué hora vuelves a casa?　B: Vuelvo a las ocho y media.
　　　　ア　ケ　オラ　ブエルベス　ア　カサ　　　　ブエルボ　ア　ラス　オチョ　イ　メディア
　　A：何時に家に戻るの？　B：8時半に戻るよ。

　　A: Dormís mucho los fines de semana, ¿verdad?　B: No, no dormimos tanto.
　　　　ドルミス　ムチョ　ロス　フィネス　デ　セマナ　　ベルダ　　　　ノ　ノ　ドルミモス　タント
　　A：君たちは毎週末たくさん眠っているんですよね？　B：いや，それほど眠らないよ。

　　A: ¿Qué deportes practicáis?　B: Él juega al golf y yo juego al baloncesto.
　　　　ケ　デポルテス　プラクティカイス　　　エル　フエガ　アル　ゴルフ　イ　ジョ　フエゴ　アル　バロンセスト
　　A：君たちはどんなスポーツをしていますか？　B：彼はゴルフで僕はバスケットボールをしています。

　▶遊戯性をもち，試合があるスポーツは「jugar al + スポーツ名」で表します。

　　　jugar al golf (baloncesto, tenis, fútbol, béisbol)
　　　　ゴルフ（バスケットボール，テニス，サッカー，野球）をする

　　A: ¿Qué me cuentas de la entrevista?　B: Nada especial.
　　　　ケ　メ　クエンタス　デ　ラ　エントレビスタ　　　ナダ　エスペシィアる
　　A：面接について何を私に話してくれるの？　B：特に何もないよ。

　　A: ¿Cuánto cuesta un café con leche?　B: Cuesta uno cincuenta.
　　　　クアント　クエスタ　ウン　カフェ　コン　れチェ　　　クエスタ　ウノ　シィンクエンタ
　　A：カフェオレ1杯おいくらですか？　B：1ユーロ50センティモです。

　　A: ¿Recuerda usted la época escolar?　B: Sí, la recuerdo bien.
　　　　レクエルダ　ウステ　ら　エポカ　エスコラる　　　シィ　ら　レクエルド　ビエン
　　A：あなたは学生時代を覚えていますか？　B：はい，（それを）よく覚えています。

　poder は次に不定詞（p.84）を続けることができます。

　　A: ¿Puedes ayudarme a preparar la comida?　B: Sí, claro.
　　　　プエデス　アジュダルメ　ア　プレパラル　ら　コミダ　　　シィ　クらロ
　　A：私が料理するのを手伝ってくれる？　B：はい，もちろん。

Unidad 28 ◆ 語根母音変化動詞 (2) (o→ue)

練習問題

解答は230ページ

1. ( ) 内の動詞を適切な形にしましょう。

    1) Esa chica me _____ (recordar) a su madre.

    2) ¿Por qué no me lo _____ (contar) tú?

    3) ¿Cuánto _____ (costar) estas gafas?

    4) Él no _____ (poder) conducir hoy.

    5) Mi novia _____ (jugar) al tenis bien.

    6) Mi madre _____ (dormir) poco.

    7) En Japón _____ (llover) mucho en junio.

    8) Mucha gente _____ (morir) en la guerra.

    9) Mi padre _____ (volver) muy tarde los viernes.

    10) Yo no _____ (encontrar) las llaves.

2. スペイン語に訳しましょう。

    1) A：君のパソコン (ordenador) はいくらですか？　B：800ユーロです。

    2) A：君の兄は何時に家に帰ってくるの。　B：10時ごろに戻ってきます。

    3) A：君たちは毎週何回テニスをするの？　B：2，3回するよ。

    4) A：あなた方はその仕事を始めることができますか？
       B：はい，(それを) すぐ始めますよ。

    5) A：1日にあなたは何時間眠ってますか？　B：5時間だけです。

対話形式の練習にチャレンジ！➡103ページ

Unidad 29 語根母音変化動詞（3）(e→i)

Yo pido paella.　私はパエリャを注文します。　▶▶▶ CD062

語根母音変化動詞の ③e→i を見ていきましょう。この e→i になる語根母音変化動詞は -ir 動詞のみです。-ar 動詞と -er 動詞はありません。

| **pedir** [ペディル] 頼む，注文する，求める | **pido** [ピド] | **pides** [ピデス] | **pide** [ピデ] | **pedimos** [ペディモス] | **pedís** [ペディス] | **piden** [ピデン] |

覚え方のヒント　最初の3つ（1・2・3人称単数）が e→i になり，次の2つ（1・2人称複数）が e に戻り，最後（3人称複数）に e→i になります。不定詞の語尾（-ir）の1つ前の母音 e にアクセントがあるとき，e→i になると覚えましょう。

このグループの動詞：conseguir 手に入れる，獲得する　elegir 選ぶ　repetir 繰り返す
　　　　　　　　　seguir 続ける，続く　servir （食べ物・飲み物）を差し出す，役に立つ

A: ¿Qué pedimos?　B: ¿Por qué no pedimos algún plato típico español, por ejemplo paella o gazpacho?
　ケ　ペディモス　　　ポル　ケ　ノ　ペディモス　アルグン　プラト　ティピコ　エスパニョる　ポル
　エヘンプロ　パエジャ　オ　ガスパチョ
A：何を注文しましょうか？　B：何か典型的なスペイン料理例えば，パエリャかガスパチョを頼みましょうよ。

A: ¿Va bien este sistema?　B: De momento sirve.
　バ　ビエン　エステ　シィステマ　　　デ　モメント　シィルベ
A：このシステムはうまくいってますか？　B：今のところは役に立っています。

A: ¿Qué eliges, cocinar o lavar los platos?　B: Yo elijo cocinar.
　ケ　エりヘス　コシィナル　オ　らバル　ろス　プらトス　　ジョ　エりホ　コシィナル
A：料理をするか皿を洗うか，どっちを選ぶの？　B：私は料理をする方を選びます。

▶ elegir（選ぶ）は1人称単数だけ g を j にします。ハ行を維持するため綴りを変えます。

A: ¿Nos repite usted la explicación?　B: Sí, con mucho gusto.
　ノス　レピテ　ウステ　ら　エスプリカシィオン　　シィ　コン　ムチョ　グスト
A：私たちのためにその説明を繰り返してもらえますか？　B：はい，喜んで。

A: ¿Qué les sirvo?　B: Pues, una caña y dos tintos, por favor.
　ケ　れス　シィルボ　　　プエス　ウナ　カニャ　イ　ドス　ティントス　ポル　ファボル
A：あなた方に何をお出ししましょうか？　B：えーと，生ビール1杯と赤ワイン2杯，お願いします。

A: ¿Sigues con las clases de cocina?
　シィゲス　コン　らス　クらセス　デ　コシィナ
B: Sí, sigo con ellas. Ahora aprendo la cocina mexicana.
　シィ　シィゴ　コン　エジャス　アオラ　アプレンド　ら　コシィナ　メヒカナ
A：君は料理教室を続けるの？　B：はい，（それを）続けます。今はメキシコ料理を習っています。

▶ seguir（選ぶ）や conseguir（獲得する）は1人称単数だけ -guo を -go にします。ガ行を維持するため綴りを変えます。

Unidad 29 ◆ 語根母音変化動詞 (3) (e→i)

練習問題

解答は230ページ

1. 語根母音変化動詞を適切な形にし，空欄を埋めましょう。

	pensar 考える	poder …できる	elegir 選ぶ	seguir 続ける
1人称単数	pienso			
2人称単数			eliges	
3人称単数		puede		
1人称複数	pensamos			
2人称複数				
3人称複数				siguen

2. （　）内の動詞を適切な形にし，和訳しましょう。

1) Este artículo _____ (seguir) en la página dos.

2) ¿Nos _____ (servir) usted un poco de pan?

3) ¿_____ (repetir) tú la pregunta?

4) Los hijos _____ (pedir) consejos a sus padres.

5) De postre yo _____ (elegir) un pastel de queso.

3. スペイン語に訳しましょう。

1) A：お客様 (señores)，コーヒーをお出ししましょうか？　B：はい，お願いします。

2) A：君は第一の料理に (de primero) 何を頼むの？　B：えーと，ニンニクスープ (una sopa de ajo)。

3) A：君たちはこれらのケーキの中でどれがほしい？　B：私はそのチョコレートのを選びます。

4) A：君はマリア (María) と続いているの？　B：ええ，彼女と続いています。

5) A：私はその試合 (partido) の入場券 (entrada) を手に入れたいです。
　　B：それはとても難しいです。

対話形式の練習にチャレンジ！➡104ページ

不定詞（1） querer, poder, saber, pensar, empezar a + 不定詞

Unidad 30

¿Sabes nadar?　泳げますか？　▶▶▶ CD063

不定詞とは動詞を活用する前の形で，英語の「動詞の原形」と同じです。

1) 不定詞は名詞と同じように働き，「…すること」となります。

　　A: ¿Para qué trabajan ellos?　B: Trabajan para vivir, ¿no?
　　　　パラ　ケ　トラバハン　エジョス　　トラバハン　パラ　ビビル　ノ
　　A：彼らは何のために働いているの？　B：生きるために働いているんじゃないの？

　　Ver es creer. 百聞は一見にしかず（見ることは信じることです）。
　　ベル　エス　クレエル

2) 不定詞を用いた用法

　a) querer + 不定詞：「…したい」

　　A: ¿Quieres ir a Argentina?　B: Sí, quiero ir para practicar el fútbol.
　　　　キエレス　イル　ア　アルヘンティナ　　シィ　キエロ　イル　パラ　プラクティカル　エル　フットボル
　　A：君はアルゼンチンに行きたいの？　B：はい，サッカーを練習するために行きたいです。

　b) poder + 不定詞：①「…することができる」②許可（May I ...?）「…してもよいですか？」③依頼（Will you ...?）「…してくれますか？」。③では poder の代わりに，querer を用いて同じ意味にすることができます。

　　① A: ¿Puedes andar ya?
　　　　　プエデス　アンダル　ジャ
　　　B: No, todavía no puedo. Necesito una semana más.
　　　　　ノ　トダビア　ノ　プエド　ネセシィト　ウナ　セマナ　マス
　　　A：もう歩けるの？　B：いいえ，まだ無理です。もう一週間必要です。

　　② A: ¿Puedo dejar mi maleta aquí?　B: Sí, vale.
　　　　　プエド　デハル　ミ　マレタ　アキ　　シィ　バレ
　　　A：ここにスーツケースを置いておいてもいいですか？　B：うん，いいよ。

　　③ A: ¿Puedes (¿Quieres) abrir la ventana?　B: Sí, claro.
　　　　　プエデス　（キエレス）　アブリル　ら　ベンタナ　　シィ　クラロ
　　　A：窓を開けてくれる？　B：はい，もちろん。

　c) saber + 不定詞：「poder + 不定詞」と似て「…することができる」と表しますが，saber は「（技能的に学習して）…する能力を備えている」poder は「…することが可能・不可能である」という意味です。

　　A: ¿Sabes nadar?　B: Sí, sé, pero hoy no puedo porque estoy resfriada.
　　　　サベス　ナダル　　シィ　セ　ペロ　オイ　ノ　プエド　ポルケ　エストイ　レスフリアダ
　　A：泳げる？　B：はい，泳げます。でも風邪をひいているから今日は無理です。

　　A: ¿Sabe tu hermana hablar español?　B: Sí, un poco.
　　　　サベ　トゥ　エルマナ　アブラル　エスパニョる　　シィ　ウン　ポコ
　　A：君のお姉さんはスペイン語を話せるの？　B：はい，少しだけ。

　d) pensar + 不定詞：「…するつもり」「…しようと考えている」

　　A: ¿Piensan ellos pasar el verano en París?　B: Sí, piensan estar unos días.
　　　　ピエンサン　エジョス　パサル　エる　ベラノ　エン　パリス　　シィ　ピエンサン　エスタル　ウノス　ディアス
　　A：彼らはパリで夏を過ごすつもりですか？　B：はい，数日いるつもりです。

　e) empezar a + 不定詞：「…し始める」

　　A: ¿Cuándo empiezas a dar clases?　B: Empiezo en abril.
　　　　クアンド　エンピエサス　ア　ダル　クラセス　　エンピエソ　エン　アブリる
　　A：君はいつ授業をし始めますか？　B：4月に始めます。

Unidad 30 ◆ 不定詞（1）querer, poder, saber, pensar, empezar a + 不定詞

練習問題

解答は231ページ

1. 下の動詞を1つ選び，正しい形にして書き入れましょう。

   querer　poder　saber　empezar　pensar

   1) A: ¿A qué hora (　　　　　) vosotros a cocinar?　B: A las cuatro.
   2) A: ¿(　　　　　) yo esperarla por aquí?　B: Sí, claro.
   3) A: ¿(　　　　　) usted subirme las maletas a la habitación?
      B: Sí, con mucho gusto, señorita.
   4) Yo (　　　　　) conducir, pero hoy no (　　　　　).
   5) Mi amigo (　　　　　) vivir en España para estudiar español.

2. スペイン語に訳しましょう。

   1) A：君は私に塩 (la sal) を取って (pasar) くれる？　B：はい，もちろん。

   _____

   2) A：あなたはどこに住むつもりですか？　B：今度は (esta vez) 事務所の近くに住みたいです。

   _____
   _____

   3) A：彼女はフラメンコを習いたいんだよね？　B：うん，そう (lo) 考えてるよ。

   _____

   4) A：君はスペイン語を話せるの？　B：はい，少しそれを知ってます。

   _____
   _____

   5) A：この日曜日に私達はあなたを夕食に招待して (invitar) もいいですか？　B：はい，喜んで。

   _____
   _____

💬 対話形式の練習にチャレンジ！➡104ページ

不定詞(2) tener que, hay que, deber, soler, acabar de, hacer, dejar + 不定詞

Unidad 31

Hay que comer para vivir.
生きるためには食べなければならない。

▶▶▶ CD064

tener que + 不定詞：(…しなければならない) は21課 (p.66) で学習しました。この課では，同様の意味を持つ他の表現や他の不定詞表現を学びましょう。

1) **tener que + 不定詞**：「…しなければならない」

   A: ¿**Tenemos que** venir a la universidad mañana?　B: No, es fiesta.
   A：明日大学に来なくちゃいけないの？　B：いいや，祝日だよ。

2) **hay que + 不定詞**：無人称表現といわれ特定の人称がありません。「(一般に人は)…しなければならない」を表し，「一般的に人は」という部分は訳さなくてよいでしょう。否定表現は，「…する必要はない」「…してはいけない」の両方の意味で用います。

   Hay que comer para vivir.　生きるためには食べなければならない。
   No hay que trabajar los domingos.　日曜日には働かなくてもよい。
   No hay que decir mentiras.　嘘をついてはいけない。▶ decir (言う) は37課 (p.114) 参照

3) **deber + 不定詞**：「…すべきである」は義務を表し，英語〈*should* + 動詞の原形〉に相当します。否定表現は「…すべきでない」となります。

   Debes ayudar a tus padres.　君はご両親を手伝うべきだ。
   No debéis mentir a vuestros padres.　君たちはご両親にうそをつくべきではない。

4) **soler + 不定詞**：「普通(いつも)…する」，soler は語根母音変化動詞 (o → ue, p.80) です。

   A: ¿A qué hora vuelves a casa?　B: Yo **suelo** volver a casa después de las diez.
   A：君は何時に家に帰るの？　B：普通私は10時より遅く家に帰ります。

5) **acabar de + 不定詞**：「…したばかりである」

   A: ¿Cuándo vas a acabar el trabajo?
   B: Ahora mismo acabo de terminarlo. Mañana te lo entrego.
   A：君はいつレポートを終わらせるだろうか？　A：今ちょうどそれが終わったばかりです。明日，君に(それを)手渡します。

6) **hacer + 不定詞 (使役) と dejar + 不定詞 (放任)**：使役は強制的に「…させる」，放任はその行為を止めずに「…させる」という意味です。

   El jefe les **hace** trabajar mucho en esa empresa.　その会社では上司が彼らをたくさん働かせます。
   Mi padre me va a **dejar** estudiar en Estados Unidos.
   父は私を米国で勉強させてくれるでしょう。

Unidad 31 ◆不定詞（2）tener que, hay que, deber, soler, acabar de, hacer, dejar + 不定詞

練 習 問 題

解答は231ページ

1. 下の動詞を1つ選び，必要であれば正しい形にして書き入れましょう。

   tener que　　hay que　　deber　　soler（2回使用）　　acabar de　　hacer　　dejar

   1） A: ¿Sabe tu hermano tocar la guitarra bien?
      B: No. Es que _____ empezarlo.
      A：君のお兄さんはギターを上手に弾けるの？　B：いいえ。それを始めたばかりだもの。

   2） A: ¿_____ tu abuelo dar un paseo?　A：君の祖父は普通散歩をしてるの？
      B: No, él no _____ salir y _____ estar en cama.
      B：いいえ，彼は外出すべきではなく，ベットにいないといけないのです。

   3） No _____ fumar en esta zona.　この区域でタバコを吸ってはいけません。

   4） Mi padre me _____ hacer las cosas a mi gusto, pero mi madre me
      _____ limpiar mi habitación.
      父は私を好きなようにさせてくれますが，母は私に自分の部屋を掃除させます。

   5） Mis compañeros _____ llegar a la oficina a las nueve menos diez.
      いつも私の同僚たちは9時10分前に事務所に着きます。

2. スペイン語に訳しましょう。

   1） A：君のお父さんは普通，何時に家を出るの？　B：7時半に出ます。
      _____

   2） A：君の息子さんは家にいるの？　B：はい，オフィスから家に着いたばかりです。
      _____

   3） A：今日，君は夕食を準備しなればいけないの？
      B：いいえ，今日は（それを）準備しなくともよいです。
      _____
      _____

   4） A：私は彼に謝罪の手紙 (una carta de disculpa) を書くべきでしょうか？
      B：はい，もちろん。あなたは（それを）彼に書くべきです。
      _____
      _____

   5）（人は）クラスに辞書を持ってこなければなりません。
      _____

対話形式の練習にチャレンジ！➡105ページ

Unidad 32 前置詞

Yo trabajo de 9 a 5.
私は9時から5時まで働いています。

▶▶▶ CD065

1) **a**：英語の *at, to* に相当します。

　　①地点（…で）　　　Te esperan **a** la puerta.　彼らは戸口で君を待ってるよ。
　　　　　　　　　　　テ　エスペラン　ア　ら　プエルタ
　　②時刻（…時に）　　La clase empieza **a** la una.　その授業は1時に始まります。
　　　　　　　　　　　ら　クラセ　エンピエサ　ア　ら　ウナ
　　③方向（…に, …へ）　Llego **a** la oficina a las ocho.　私は8時に事務所に着きます。
　　　　　　　　　　　ジェゴ　ア　ら　オフィシィナ　ア　らス　オチョ
　　④到達点（…まで）　Trabajo aquí de　9　**a**　5.　　9時から5時までここで働いています。
　　　　　　　　　　　トラバホ　アキ　デ　ヌエベ　ア　シィンコ
　　⑤目的（…のために）Te invito **a** comer.　君を食事に招待します。
　　　　　　　　　　　テ　インビト　ア　コメル
　　⑥直接目的語が人の場合（…を）：人の前に **a** をつけます。　Espero **a** María.　マリアを待っています。
　　　　　　　　　　　　　　　　　　　　　　　　　　　　　　エスペロ　ア　マリア

2) **con**（…と一緒に, …を使って）：*with* に相当。

　　A: ¿**Con** quién vives?　B: Vivo **con** mis padres.　A：誰と住んでいるの？　B：両親と住んでいます。
　　　　コン　キエン　ビベス　　　ビボ　コン　ミス　パドレス

3) **de**（…の, …から, …について）：*of, from, about* に相当。

　　¿**De** quién es este diccionario? // ¿**De** dónde eres? // ¿**De** qué habláis?
　　　デ　キエン　エス　エステ　ディクシィオナリオ　　　デ　ドンデ　エレス　　　デ　ケ　アブライス
　　この辞書は誰のですか？ // 君はどこの出身ですか？ // 君たちは何について話しているの？

4) **en**（…［の中］に, …の上に, …で［乗り物］）：*in, on* に相当。

　　Vivo **en** París. // Tus gafas están **en** la mesilla. // Voy al centro **en** metro.
　　ビボ　エン　パリス　　トゥス　ガファス　エスタン　エン　ら　メシィジャ　　ボイ　アる　セントロ　エン　メトロ
　　私はパリに住んでいます // 君のメガネはナイトテーブルの上にあるよ // 僕は地下鉄で中心街に行きます。

5) **para**（…のために［目的］, …にとって, …までには,）：*for, to* に相当。

　　A: ¿**Para** qué estudias inglés?　B: Es **para** poder hablar con mis clientes.
　　　　パラ　ケ　エストゥディアス　イングレス　　　エス　パラ　ポデル　アブらル　コン　ミス　クリエンテス
　　A：何のために英語を勉強してるの？　B：私の客と話せるようにです。

6) **por**（…のために[理由], …によって, …を, …を通って）：*for, by, around, through* に相当。

　　¿**Por** qué no lo haces?　なぜそれをしないの？ // Te voy a llamar **por** teléfono.　君に電話するよ。
　　　ポル　ケ　ノ　ろ　アセス　　　　　　　　　　　　テ　ボイ　ア　ジャマル　ポル　テレフォノ
　　Voy a viajar **por** Perú.　ペルーを旅行するでしょう。 // ¿Puedes pasar **por** aquí?　ここを通ってくれる？
　　ボイ　ア　ビアハル　ポル　ペル　　　　　　　　　　　　　　　プエデス　パサル　ポル　アキ

7) **desde**（…から）：*from, since* に相当, **hasta**（…まで）：*until* に相当。

　　A: ¿Cuánto tiempo tardas desde tu casa hasta la estación?
　　　　クアント　ティエンポ　タルダス　デズデ　トゥ　カサ　アスタ　ら　エスタシィオン
　　B: Tardo diez minutos a pie.　A：君の家から駅までどのくらい時間がかかるの？　B：歩いて10分かかるよ。
　　　　タルド　ディエス　ミヌトス　ア　ピエ

　　▶ *from A to B* を表す前置詞には, desde *A* hasta *B* と de *A* a *B* があります。前者が形式的, 後者が口語的です。de *A* a *B* の *A, B* が時間の場合, las をつける必要はありません。

その他の前置詞：**según**（…によると, …に応じて）：*according to* に相当。

　　durante（…の間に）：*during* に相当。**sin**（…なしに）：*without* に相当。

　　sobre（…について, …の上に）：*about, over* に相当。

　　entre（AとBの間に, …の間に）：*between, among* に相当。

　　hacia（…の方に, …時頃に）：*toward* に相当。

Unidad 32 ◆ 前 置 詞

練 習 問 題

解答は231ページ

1. 次の前置詞から適切なもの選び（ ）内に書きましょう。

   a　con　de　desde　durante　en　entre　hacia　hasta　por　según　sobre

   1) Mi padre trabaja (　　　) 9 (　　　) 6.
   2) A: ¿(　　　) qué hora vuelve tu hermana?
      B: Vuelve (　　　) las 7.［7時ごろに戻ります］
   3) A: ¿(　　　) quién es la revista?　B: Es (　　　) mi amigo.
   4) (　　　) esta región nieva mucho (　　　) octubre (　　　) febrero.
   5) A: ¿(　　　) quién sales de copas?　B: Salgo siempre (　　　) mis amigos.
   6) Mi abuela siempre escucha música (　　　) la radio.
   7) No debes hacer ruido (　　　) el concierto.
      ［コンサート中はうるさくしてはだめだよ。］
   8) Entonces, ¿empezamos a hablar (　　　) este problema?
   9) ¿Cuántos kilómetros hay (　　　) Valencia y Barcelona?
   10) (　　　) el periódico, (　　　) ese país hay un problema político.

2. スペイン語に訳しましょう。

   1) A：君は何のためにスペイン語を勉強しているの？
      B：スペインを旅行するためにそれを勉強しています。

   2) A：あなたは誰と旅行していますか？　B：いつも友人たちと旅行しています。

   3) A：彼は誰を待っていますか？　B：彼の恋人を待っています。

   4) A：君たちは何について話しているの？　B：その試験について話しています。

   5) A：君は何時から何時まで働いているの？　B：9時半から7時まで働いています。

   💬 対話形式の練習にチャレンジ！➡106ページ

前置詞格人称代名詞と序数

Unidad 33

Esto es para ti. これは君へのものです。　▶▶▶ CD066

1) 前置詞格人称代名詞は，前置詞の次にくる人称代名詞です。

a (para ...)	mí	a (para ...)	nosotros / nosotras
a (para ...)	ti	a (para ...)	vosotros / vosotras
a (para ...)	usted	a (para ...)	ustedes
a (para ...)	él 彼, それ ella 彼女, それ	a (para ...)	ellos 彼たち, それら ellas 彼女たち, それら

1人称単数 **mí**（アクセント記号に注意）と2人称単数 **ti** 以外は，主格人称代名詞と同形です。ただし，3人称では，él, ella, ellos, ellas が人だけではなく事物を受けることもあります。

A: ¿Son estas rosas para mí?　B: Sí, sí, son para ti. ¡Feliz cumpleaños!
　ソン　エスタス　ロサス　パラ　ミ　　　シィ　シィ　ソン　パラ　ティ　フェリス　クンプれアニョス
A：これらのバラは私のためですか？　B：ええ，ええ，君のためのものです。お誕生日おめでとう！

A: ¿A quién se lo dices?　B: A ti, a ti, te lo digo.
　ア　キエン　セ　ろ　ディセス　　　アティ　アティ　テ　ろ　ディゴ
A：君は誰にそれを言っているの？　B：君に，君に，君にそれを言っているんだよ。

▶ A mí「私に」は me（に格）の，a ti は te（に格）の意味を強めています。

2) 前置詞 **con**（…と一緒に：with に相当）は，mí と ti と共に用いるとき特殊な形になります。

con+mí → **conmigo**　私と一緒に　　con+ti → **contigo**　君と一緒に
　コン　ミ　　コンミゴ　　　　　　　　　　　コン　ティ　　コンティゴ

A: ¿Por qué no viajas conmigo?　A：なぜ僕といっしょに旅行しないの？
　ポル　ケ　ノ　ビアハス　コンミゴ
B: No puedo. Es que mi padre no me lo permite.　B：無理よ，父が許可しないんだもの。
　ノ　プエド　エス　ケ　ミ　パドレ　ノ　メ　ろ　ペルミテ
A: ¿Puedo bailar contigo?　B: Sí, encantada.　A：君と踊ってもいい？　B：ええ，喜んで。
　プエド　バイラル　コンティゴ　　　シィ　エンカンタダ

3) 序数：数字に小さい **o**（男性形）や **a**（女性形）を付けて基数と区別します。

1º primero / 1ª primera　第1/最初（の）	6º sexto / 6ª sexta　第6（の）
2º segundo / 2ª segunda　第2（の）	7º séptimo / 7ª séptima　第7（の）
3º tercero / 3ª tercera　第3（の）	8º octavo / 8ª octava　第8（の）
4º cuarto / 4ª cuarta　第4（の）	9º noveno / 9ª novena　第9（の）
5º quinto / 5ª quinta　第5（の）	10º décimo / 10ª décima　第10（の）

通常，名詞の前に置き，名詞の性や数に従って変化：los primeros días（最初の数日）
　　　　　　　　　　　　　　　　　　　　　　　ろス　プリメロス　ディアス
primero と tercero は単数の男性名詞の前で語尾の -o が脱落：el primer día（初日）
　　　　　　　　　　　　　　　　　　　　　　　　　　　　　　　エル　プリメル　ディア
国王，世紀，建物の階などにも使用：Felipe II（フェリペ2世），el siglo IX（9世紀）
　　　　　　　　　　　　　　　　　　フェリペ　ゼグンド　　　　　エル　シグろ　ノベノ
Calle Picasso, número 30, 5º B（ピカソ通り30番地5階のB号室）
カジェ　ピカソ　　ヌメロ　トレインタ　キント　ベ

Unidad 33 ◆ 前置詞格人称代名詞と序数

練習問題

解答は232ページ

1. 適切な1語を（　）内に書きましょう。

   1) A: ¿Habláis (　　　　) (　　　　)?　B: No, no hablamos (　　　　) (　　　　).
      A：僕のことを話しているの？　B：いや，君の事ではないよ。

   2) A: ¿Quieres ir al cine (　　　　)?　B: Sí, con mucho gusto.
      A：私と一緒に映画に行かないかい？　B：はい，よろこんで。

   3) A: ¿Puedo asistir (　　　　) (　　　　) a la reunión?　B: Sí, por supuesto.
      A：私はその会議に君たちと一緒に出席してもよいですか？　B：はい，もちろん。

   4) A: ¿Piensas tú (　　　　) las vacaciones?
      B: Sí, pienso (　　　　) (　　　　) con frecuencia.
      A：君は休暇について考えている？　B：はい，しばしばそれについて考えてるよ。

   5) A: ¿Esto es (　　　　) (　　　　)?　B: Sí, esto es (　　　　) (　　　　).
      A：これは私のためのものですか？　B：はい，これは君のためのものです。

2. 適切な1語を（　）内に書きましょう。

   1) 3月1日　　　　　　el (　　　　) día de marzo
   2) 最初の5課　　　　　las (　　　　) (　　　　) unidades
   3) 私の3台目の車　　　mi (　　　　) coche
   4) 私の最初の経験　　　mi (　　　　) experiencia
   5) 4年生　　　　　　　un estudiante de (　　　　) curso

3. スペイン語に訳しましょう。

   1) A：この花束（ramo de flores）は誰に？　B：君にだよ。

   2) A：私は君と一緒に飲みに出かけたいな。　B：いいわよ。金曜日の夜は？

   3) A：僕にではなく，彼にそれをあげてもいいです。
      B：分かったよ。君にではなく彼にそれをあげるよ。

   4) A：君たちは2年生ですか？　B：いいえ，私は3年生で，彼女は1年生です。

   5) A：君と一緒に買い物に行ってもいいですか？　B：はい，行きましょう。

対話形式の練習にチャレンジ！➡106ページ

Unidad 34 動詞 gustar

Me gusta el español.　私はスペイン語が好きです。　▶▶▶ CD067

「AはBが好きです」は動詞 gustar を使って，「**A（に）はBが気に入っています**」という文で表します。gustar は *like* に相当する意味を持ちますが，英語とは文の形が違います。**主語はB（好かれている人・もの）で，動詞の活用形はBに合わせます。A（好きである人）は間接目的格代名詞（に格）で表します。**

文の形

（前置詞格人称代名詞）		に格	動詞	主語
（A mí）		me		el cine.
（A ti）		te	gusta	viajar.
（A él/ella/Ud.）		le		cantar y bailar.
（A nosotros/-as）	(no)	nos		la paella y la sangría.
（A vosotros/-as）		os	gustan	María y Pedro.
（A ellos/ellas/Uds.）		les		los deportes.

Me gusta la música.　私は音楽が好きです。（私には音楽が気に入っています。）

▶ 主語は música（音楽），Me（私に）は「に格」。　誤りの例：Yo gusto música.（*I like music.*）

文の作り方

① **に格 + gustar + 主語**：主語が普通名詞の場合，定冠詞に相当するもの（指示詞，所有形容詞前置形など）がつきます。

　Me gusta el cine.　私は映画が好きです。
　　メ　グスタ　エル　シィネ

　¿Te gustan la paella y la sangría?　君はパエリャとサングリアが好き？
　　テ　グスタン　ラ　パエジャ　イ　ラ　サングリア

　▶ gustar 型の疑問文は，平叙文の語順と同じです。
　▶ 主語の名詞が物で複数の場合，動詞の活用形は3人称複数形です。

② 「…することが好きです」を表す場合，**不定詞を主語にします**。gustar の活用形は3人称単数形です。「…すること」が複数のときも，活用形は3人称単数形です。

　Nos gusta viajar.　私たちは旅行が好きです。
　　ノス　グスタ　ビアハル

　A mis padres les gusta cantar y bailar.　私の両親は歌って踊るのが好きです。
　　ア　ミス　パドレス　レス　グスタ　カンタル　イ　バイラル

③ **否定文を作る場合，no**（英語の *not*）を「に格」の前につけます。

　No nos gustan los toros.　私たちは闘牛が好きではありません。
　　ノ　ノス　グスタン　ロス　トロス

④ **前置詞 + 人称代名詞**（前置詞格人称代名詞）をつけて，に格で表している人をはっきり示すことがあります。前置詞格人称代名詞と，に格で表している人は同じ人です。動詞を用いる文では前置詞格人称代名詞をつけている場合にも，に格は必ずつけます。

　A Carlos le gusta el vino.　カルロスはワインが好きです。　誤りの例：A Carlos gusta el vino.
　　ア　カルロス　レ　グスタ　エル　ビノ

　A mis padres les gusta el pescado, pero a mí no.　私の両親は魚が好きですが私は嫌いです。
　　ア　ミス　パドレス　レス　グスタ　エル　ペスカド　ペロ　ア　ミ　ノ

Unidad 34 ◆ 動詞 gustar

練習問題　　　解答は232ページ

1. スペイン語に間違いが1つあります。見つけてみましょう。

   1) A: ¿Te gusta el fútbol?　B: Sí, me gusto.
      A：君はサッカーが好き？　B：うん，好きさ。

   2) A: ¿Carlos le gusta la comida japonesa?　B: Sí, le gusta.
      A：カルロスは和食が好きですか？　B：はい，好きです。

   3) A: ¿Os gusta comer fuera?　B: No, nos no gusta mucho.
      A：君たちは外食するのは好きかい？　B：いや，あまり好きじゃない。

   4) Me gusta los deportes. ¿Y a ti?　私はスポーツが好きです。で，君は？

2. [　]に「に格」を，(　)に動詞を書き入れましょう。

   1) A: ¿[　　　]　(　　　　　) Japón?　A：君たちは日本が好き？
      B: Sí, [　　　]　(　　　　　).　B：うん，好きだよ。

   2) A: ¿[　　　]　(　　　　　) este cantante?　A：君はこの歌手が好き？
      B: Sí, [　　　]　(　　　　　) sus canciones.　B：ええ，私は彼らの歌が好き。

   3) A: ¿A tu hermano [　　　]　(　　　　　) estudiar?　A：君の弟は勉強が好き？
      B: No, no [　　　]　(　　　　　) estudiar　B：いいえ，彼は勉強が嫌いです。

3. スペイン語に訳しましょう。

   1) A：君は何が好きですか？　B：私は旅行するのが好きです。

   2) A：私はアメリカ映画が好きです。で，君は？　B：私は嫌いです。

   3) マリアは野菜 (las verduras) が嫌いです。

   4) 私の兄はスポーツが好きですが，私は嫌いです。

   5) 私たちは食べたり飲んだりするのが好きです。

対話形式の練習にチャレンジ！➡107ページ

Unidad 35　gustar 型動詞

¿Te interesa este artículo?
君はこの記事に興味ある？

▶▶▶ CD068

gustar 型の他の動詞を学びましょう。

1) encantar など

（前置詞格代名詞）		に格	動詞
（A mí） （A ti） （A él/ella/Ud.） （A nosotros/-as） （A vosotros/-as） （A ellos/ellas/Uds.）	（también）　…も （no）　　　ない （tampoco）　…もない	me te le nos os les	encantar 大好き ▶否定では使いません
			apecer　…したい importar　重要だ interesar　興味がある doler　…が痛む

▶動詞を使わない文では，前置詞格人称代名詞を使います。

A: ¿Te interesa este artículo?　A：君はこの記事に興味ある？
B: A mí sí. ¿Y a ti?　B：僕にはあるね。で，君は？
A: A mí también. / A mí no.　A：僕にもあるよ。／僕にはないね。

A: ¿Te interesa este artículo?　A：君はこの記事に興味ある？
B: A mí no. ¿Y a ti?　B：僕にはないね。で，君は？
A: A mí tampoco. / A mí sí.　A：僕にもないよ。／僕はあるな。

▶「痛い」は doler または tener dolor de... で表します。

Me duele el estómago. / Tengo dolor de estómago.　私は胃が痛い。

2) parecer

parecer （に見える，思える）は英語の *seem* に相当する動詞です。動詞の後に形容詞・名詞を置きます。形容詞・名詞は主語に性，数一致します。

a) 主語が名詞・不定詞の文

主語 ＋（前置詞格人称代名詞）＋（no）＋ に格 ＋ parecer ＋ 形容詞・名詞

A: ¿A usted qué le parece esta cartera?
B: (Esta cartera) a mí me parece muy buena, pero un poco pequeña.
A：こちらの財布はどうですか？　B：私はとてもいいと思います，でも少し小さいです。

▶平叙文では，主語は動詞の前にくることが多くあります。

b) 主語が節の文

Parece que va a llover pronto.　すぐに雨が降りそうだ。

Unidad 35 ◆ gustar 型動詞

練習問題　　　　　　　　　　　　　　　解答は 232 ページ

1. 日本語に従い，枠内から動詞を選び適切な形にして（　）に入れましょう。［　］には適切な語を入れましょう。

　　　　apetecer　　doler　　encantar　　interesar　　parecer

1) ¿A usted [　　] (　　　　　　) tomar algo?　あなたは何か飲みたいですか？
2) ¿[　　] (　　　　　　) la cabeza?　君は頭が痛い？
3) A mí no [　　] (　　　　　　) nada la moda.　僕は流行に全く興味がない。
4) A mí [　　] (　　　　　　) cocinar.　私は料理が大好きです。
5) A ellos [　　] (　　　　　　) muy interesante la cultura del Sudeste asiático.
　　彼らは東南アジアの歴史はとても面白いと思っています。（彼らには面白く見えます。）

2. スペイン語に訳しましょう。

1) A：私は新聞を読むのが好きです。　B：私も。
　_____

2) A：私たちはサッカーに興味がありません。　B：私たちもありません。
　_____

3) 私の祖母は目 (los ojos) が痛いです。
　_____

4) A：君はこの映画 (película) をどう思いますか。　B：面白いと思います。
　_____

5) 私は甘いもの (los dulces) が大好きです。
　_____

　　対話形式の練習問題にチャレンジ！➡108ページ

対話形式の練習にチャレンジ！〈2〉

➡解答は232ページ

Unidad 17 次の対話文を読み，訳しましょう。　▶▶▶ CD069

(en la calle)

Risa:　　　Roberto, ¿tomamos **algo** en el bar?
Roberto:　Sí, **está bien**.

(en el bar)

Risa:　　　Yo un café con leche, ¿y tú, Roberto?
Roberto:　Un **bocadillo de queso** y un **refresco** de limón.
Risa:　　　Camarera, ¿cuánto es el café?
Roberto:　No, Risa, hoy pago yo. Por favor, ¿cuánto es todo?
Camarera:　Bueno, el café, el bocadillo y el refresco son 7, 30 euros.
Roberto:　Aquí tiene y la **vuelta** para usted.
Camarera:　Gracias, señor.

Notas　algo 何か　está bien いいよ　bocadillo de queso チーズのサンドイッチ　refresco 清涼飲料水
vuelta おつり

Unidad 18 次の対話文を読み，訳しましょう。　▶▶▶ CD070

(en la universidad)

Risa:　　　Roberto, ¿qué hora es?
Roberto:　Son las dos de la tarde, ¿por qué?
Risa:　　　Es que la **primera** clase es a las 2:30.
Roberto:　¿A qué hora terminan todas las clases?
Risa:　　　Terminan a las 7:00.
Roberto:　Entonces, ¿**quedamos** para tomar unas copas después de las clases?
Risa:　　　Ah, muy bien.

Roberto: Pues, hasta las 7:15, **a la salida de clase**.
Risa: Hasta luego, Roberto.

Notas primero/a 最初の quedamos (← quedar) 会う約束をする a la salida de clase 放課後に

Unidad 19 次の対話文を読み，訳しましょう。　▶▶▶ CD071

(en la universidad)

Roberto: Lilian, ¿practicas **algún** deporte?
Lilian: Sí, practico el tenis.
Roberto: ¿Cuántas veces **a la semana** lo practicas?
Lilian: Lo practico **los martes** y los jueves después de las clases. ¿Y tú?
Roberto: A veces practico el **senderismo**, pero mi **afición** favorita es leer novelas.
Lilian: ¿Las lees en español?
Roberto: Sí, **claro**. **Así** lo practico.
Lilian: ¿Y lo comprendes todo?
Roberto: Bueno, **casi** todo.
Lilian: Pues, hay muchas expresiones muy difíciles.

Notas algún (← alguno) 何か a la semana 1週間に los martes 毎火曜日 (los は複数なので毎週を意味します)
senderismo トレッキング afición 趣味 claro もちろん así このようにして casi ほとんど

Unidad 20 次の対話文を読み，訳しましょう。 ▶▶▶ CD072

(en la universidad)

Roberto: ¿Recibes cartas de Japón?
Risa: **Bueno**, mi familia me las escribe, pero mis amigos **en lugar de** cartas me mandan mensajes **por correo electrónico**.
Roberto: A mí también mis amigos me los mandan casi todos los días.
Risa: ¿Les contestas?
Roberto: Sí, **normalmente** les contesto. **Además, siempre** que les escribo, los **invito a** visitar Madrid.
Risa: Claro, Londres está muy cerca.
Roberto: Sí y el **billete** de avión **no** es **tan** caro.

Notas
Bueno ええまあ，そうですね　en lugar de …の代わりに　por correo electrónico イーメイルで
normalmente 普通　además 更に　siempre いつも　invito a …に誘う　billete チケット
no tan... そんなに…でない

Unidad 21 次の対話文を読み，訳しましょう。 ▶▶▶ CD073

(en la oficina)

Luis: ¿Cómo es el nuevo **encargado**?
Marisa: Es muy simpático y joven. Tiene 35 años. Está casado y tiene 3 hijos. Es rubio y muy alto. Además tiene los ojos verdes.
Luis: Bueno, hablamos de esto a la hora de la **comida**. Ahora tengo prisa porque tengo que terminar este informe para las 12.
Marisa: **Vale**, pues hasta luego.

(en la cafetería)

Luis: Marisa, ¿tienes hambre?
Marisa: Sí, mucha. ¿Y tú?
Luis: **Últimamente** no tengo mucha hambre.
Marisa: ¿Estás enfermo?
Luis: No, pero tengo unos problemas **familiar**es.
Marisa: Ah, claro.

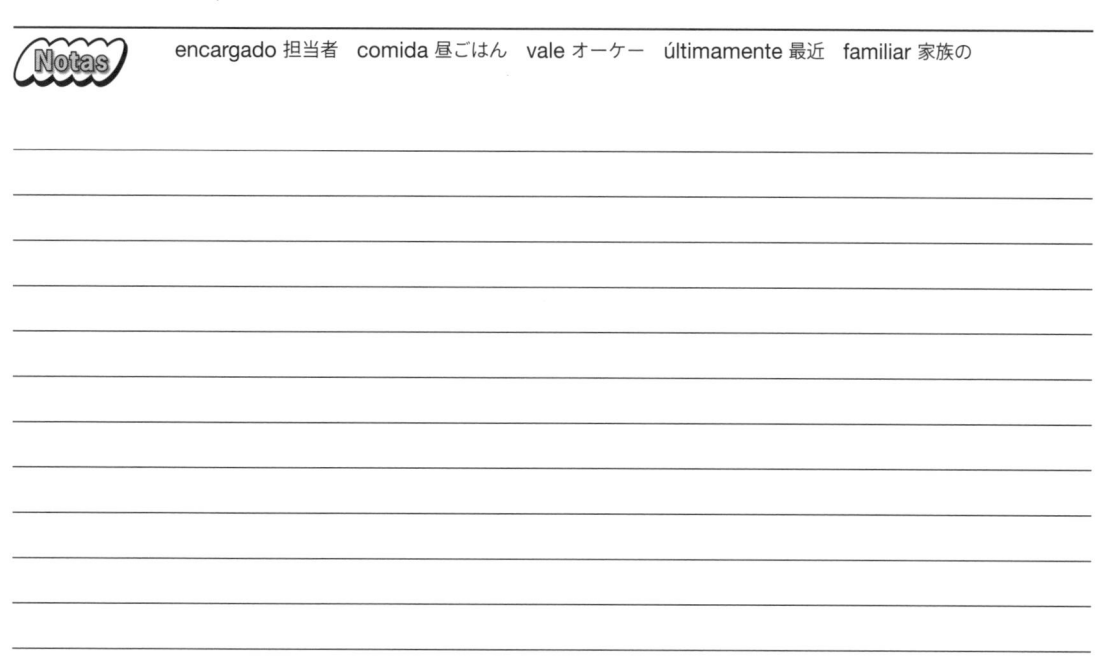

Notas　encargado 担当者　comida 昼ごはん　vale オーケー　últimamente 最近　familiar 家族の

Unidad 22　次の対話文を読み，訳しましょう。　CD074

(En la oficina)

Marisa: Luis, estás muy contento. **¿Qué te pasa?**
Luis: Es que desde hoy tengo un mes de vacaciones y voy a ir con unos amigos a Santander.
Marisa: ¿A un hotel?
Luis: No, vamos a **hacer camping**.
Marisa: ¿**Cuánto tiempo** vais a estar por allí?
Luis: Vamos a estar una semana.
Marisa: Pues, necesitas un **chubasquero** porque **seguro que más de** un día va a **llover**.
Luis: Sí, es verdad. **De todos modos**, **lo importante** es **que** voy con unos amigos y creo que voy a pasar unos buenos días con ellos, con lluvia o sin lluvia.

Notas　¿Qué te pasa? どうしたの？　hacer camping キャンプする（camping は外来語）
cuánto tiempo どのくらい（の時間）　chubasquero レインコート　seguro que... きっと〜
más de... 〜以上　llover 雨が降る　de todos modos いずれにせよ　lo importante 大切なこと
que... 〜だと

Unidad 23　次の対話文を読み，訳しましょう。　▶▶▶ CD075

(en la cafetería)

Roberto: Sandra, ¿ves a tus amigos brasileños **con frecuencia**?
Sandra: No mucho, pero a veces los llamo y damos un paseo por **La Gran Vía**.
Roberto: Sí, La Gran Vía es muy bonita. Hay muchas tiendas de **moda**, **¿verdad?**
Sandra: Sí, a veces, después del paseo, vemos una película.
Roberto: Claro, por allí hay muy buenos **cines** también.
Sandra: Roberto, ¿damos un paseo ahora o **más tarde**?
Roberto: A mí me da igual, pero, ¿tú no estás cansada?
Sandra: No, Roberto. Estoy **encantada** de hablar **contigo**.
Roberto: **Pues**, vamos.

Notas　con frecuencia しばしば　La Gran Vía グランビア（マドリッドにある主要な通りの名前）　moda ファッション　¿verdad? …ですよね？　cines 映画館（映画（総称）の意味もあります）　más tarde もっと後で　encantado/a うれしい　contigo 君と一緒に　pues じゃあ（それでは）

Unidad 24　次の対話文を読み，訳しましょう。　▶▶▶ CD076

(en la oficina)

Marisa: Hola, Juan, ¡qué mal tiempo hace hoy! ¿no?
Juan: Sí, hace un frío horrible. ¿Salimos a tomar un café con leche **calentito** en la cafetería de la **esquina**?

Marisa: Buena idea.

(en la cafetería)

Camarero: ¿**Qué les pongo**, señores?
Juan: Dos cafés con leche, por favor.
Camarero: Ahora mismo. ¿Les pongo la leche caliente?
Marisa: Sí, muy caliente, por favor. Juan, ¿**pones** azúcar en el café?
Juan: Sí, normalmente pongo dos **terrones**. ¿Y tú?
Marisa: No, yo lo tomo **sin** azúcar.

Notas
calentito（← caliente「熱い」の縮小辞）熱々の，できたての　esquina 角（英語の corner に相当）
¿Qué les pongo? 何をお出ししましょうか。　pones（← poner）入れる（通常「置く」という意味）
terrones 角砂糖（単数形は terrón で複数形ではアクセント符号は消失します）　sin …なしに

Unidad 25　次の対話文を読み，訳しましょう。　▶▶▶ CD077

(en la universidad)

Risa: Oye Juan, ¿dónde viven tus padres?
Juan: Viven en un pueblo muy pequeño de la **provincia** de Valladolid.
Risa: ¿Está cerca de Madrid?
Juan: Está a unos 250 kilómetros.
Risa: ¿Cuántos **habitantes** tiene ese pueblo?
Juan: Bueno, en invierno muy pocos, **menos de** 300, pero en verano **pasan de** los 500.
Risa: ¿Hay hospital?
Juan: No, no hay, pero en el pueblo **de al lado** sí. Es un pueblo más grande con más de mil habitantes.

Notas
provincia 県　habitantes 住民　menos de... …以下　pasan de（← pasar）…を越える　de al lado 隣の

Unidad 26 次の対話文を読み，訳しましょう。　▶▶▶ CD078

(en la calle)

Sandra: Roberto, ¿sabes **si** el autobús 58 llega hasta la Plaza Castilla?
Roberto: No, **creo que no**. ¿**Por qué no** vas en metro? Tardas menos.
Sandra: Es verdad. Es **lo mejor**.
Roberto: ¿Por qué **tienes que** ir a la Plaza Castilla?
Sandra: ¿Conoces a mi amiga Isabel?
Roberto: Sí, claro, tu compañera de clase.
Sandra: Pues ella y sus padres me invitan a un restaurante brasileño esta noche...
Roberto: ... y ese restaurante está cerca de allí, ¿**no**?
Sandra: Sí, **así es**.
Roberto: Pues, vas a **disfrutar** mucho. Yo no lo conozco, pero sé que ponen una carne muy buena.

Notas
si …かどうか（英語のifに相当）　creo que no（前の文をを受けて）…でないと思う
¿por qué no…?「何で…しないの？」の意から「…したらいいのに？」「…しないかい？」（誘いの文句）で使うこともある　lo mejor 一番いいこと，最良なこと　tienes que（← tener que）…しなければならない
¿no? …ですよね？　así es そのとおり　disfrutar 楽しむ

Unidad 27 次の対話文を読み，訳しましょう。　▶▶▶ CD079

(en el restaurante)

Luis: Marisa, ¿quieres **de primero** una ensalada de **endivias** con jamón?

Marisa: No, prefiero **algo caliente**. No sé, pero siento **un poco de** frío.

Luis: Entonces te recomiendo una **sopa de ajo**.

Marisa: Sí, eso es **lo que quiero**.

Luis: **De segundo**, ¿carne de **cerdo ibérico** con verduras?

Marisa: Estupendo, pienso que es una buena **elección**.

Luis: Y para beber, un vino tinto de la Ribera del Duero.

Marisa: Perfecto, Luis, veo que conoces bien mis **gustos**.

Notas
de primero 最初は，始めは（コース料理の第1のお皿として）　endivia(s) エンダイブ（野菜）
un poco de 少しの　sopa de ajo ニンニクスープ　lo que quiero したいこと
de segundo 次は（コース料理の第2のお皿として）　cerdo ibérico イベリコ豚（スペインのブランド豚肉）
elección 選択　gusto(s) 好み

Unidad 28 次の対話文を読み，訳しましょう。　▶▶▶ CD080

(en la universidad)

Juan: Lilian, esa **raqueta** es muy buena, ¿cuánto cuesta?

Lilian: No recuerdo bien, pero pienso que cuesta **más de** 200 euros.

Juan: ¿Juegas al tenis todos los días?

Lilian: No, solo juego dos días a la semana. ¿Y tú, practicas algún deporte?

Juan: Bueno, a veces juego al fútbol.

Lilian: Los sábados, claro.

Juan: No, los sábados duermo hasta muy **tarde** y después **por la noche salgo de copas**. A veces vuelvo a casa muy tarde.

Lilian: Claro, **al día siguiente resaca**.

Notas
raqueta ラケット　más de (+数字)…以上　tarde (副詞) 遅く　por la noche 夜（に）
salgo de copas 飲みに出かける　al día siguiente 翌日　resaca 二日酔い

Unidad 29 次の対話文を読み，訳しましょう。　▶▶▶ CD081

(en la oficina)

Marisa:　Luis, ¿sigue tu abuelo en el hospital?
Luis:　No, ya está en casa. Ahora está muy bien.
Marisa:　¿Lo ves **de vez en cuando**?
Luis:　Sí, una vez **al mes** pasamos el día **juntos**.
Marisa:　¿Qué hacéis?
Luis:　Damos un paseo y me **habla de** su juventud. Siempre repite la misma historia. Después, ya en la cafetería, pide un café y una **copita** de **anís**.
Marisa:　Realmente tu abuelo **goza de** una **salud de hierro**. ¡Bebe hasta alcohol!

Notas
de vez en cuando ときどき　al mes 月に　juntos 一緒に　habla de (←hablar) …について話す
copita ショットグラス（copa の縮小辞）anís アニス酒　goza de (←gozar) …を享受する
salud de hierro 頑健な健康（hierro 鉄）

Unidad 30 次の対話文を読み，訳しましょう。　▶▶▶ CD082

(en la universidad)

Roberto:　Lilian, ¿sabes tocar algún **instrumento**?
Lilian:　Sí, sé tocar un poco el **arpa paraguaya**.
Roberto:　¿Ah, sí? Eso es estupendo.
Lilian:　Yo quiero estudiar un poco más, por eso **algún día** pienso viajar a Paraguay.
Roberto:　Pues, yo sé tocar un poco la **quena**.
Lilian:　Tocar la quena es muy difícil, ¿no?
Roberto:　**Bah**, es cuestión de practicar. Pienso viajar a Perú después de terminar la **carrera**.

Lilian: ¡Qué bien! **En el futuro** podemos formar un grupo de música latinoamericana.

Notas: instrumento 楽器 arpa paraguaya パラグアイ・ハープ algún día いつか quena ケーナ（縦笛） bah ばかな，ああ carrera 学業 en el futuro 将来は

Unidad 31
次の対話文を読み，訳しましょう。　CD083

(en la oficina)

Juan: Marisa, el próximo mes voy a ir a **Nueva York**.

Marisa: ¿Sí? ¿**Vas de turista**?

Juan: No, es que tengo que **dar una conferencia** en el **Instituto Cervantes** de esa ciudad.

Marisa: ¿Sabes que hay que sacar un **visado** especial para entrar en Estados Unidos?

Juan: Sí, acabo de llamar a la Embajada de Estados Unidos para **informarme**.

Marisa: Juan, debes tener cuidado por dónde vas. A veces es un poco peligroso, especialmente por la noche.

Juan: Sí, ya sé que tengo que tener cuidado, **no te preocupes**. Además tengo allí un amigo americano.

Marisa: Bah, entonces no hay que preocuparse tanto. Él te va a llevar a lugares seguros.

Notas: Nueva York ニューヨーク vas de turista (←ir) 旅行者として行く dar una conferencia 講演する Instituto Cervantes セルバンテス協会 visado 査証（ビザ） informarme (←informarse) 問い合わせる no te preocupes (=preocuparse) 心配しないで

Unidad 32 次の対話文を読み，訳しましょう。　▶▶▶ 🄫 **CD084**

(en la oficina)

Luis:　　Marisa, quiero **dar una fiesta** en mi casa.
Marisa:　¿Qué quieres **celebrar**?
Luis:　　Es que una amiga **se marcha** a estudiar a Estados Unidos y quiero darle una **fiesta de despedida**. ¿Me ayudas?
Marisa:　Mira, Luis, ahora tengo que salir porque tengo que hacer unas cosas. ¿**Por qué no** quedamos mañana, sábado, y hablamos de esto?
Luis:　　Ah, muy bien. Entonces te **llamo por teléfono** esta noche y quedamos para la **cita** de mañana.
Marisa:　**Perfecto**, Luis. Hasta luego.

Notas
dar una fiesta パーティをする　celebrar …を祝う　se marcha (←marcharse) 行ってしまう，立ち去る
fiesta de despedida 送別会　¿por qué no...? …しないかい？(誘いの文句)
llamo (←llamar) por teléfono 電話をかける　cita 会う約束，デート　perfecto よろしい，いいよ

Unidad 33 次の対話文を読み，訳しましょう。　▶▶▶ 🄫 **CD085**

(en la fiesta)

Milagros:　Luis, ¿cómo se llama la amiga **que** va a estudiar en Estados Unidos?
Bibiana:　Hola Luis, ¿habláis de mí?
Luis:　　　Sí, hablamos de ti. Vamos, te voy a **presentar** a mis amigos. ¡Atención todos! Aquí os presento a mi amiga Bibiana. La próxima semana va a salir a Estados Unidos para estudiar un año allí. Bibiana, mira, esto es para ti, un regalo de

despedida.

Bibiana: ¿Para mí? Ah, muchas gracias, eres muy amable. **Me** voy a **acordar** mucho **de** ti.

Luis: Bueno, ahora vamos a cantar **todos juntos**. "Adiós con el corazón que con el alma no puedo. **Al despedirme de** ti, al despedirme me muero..."

Notas que 英語の関係代名詞 that と同じ　presentar …を紹介する　acordarse de …を覚えている，思い出す　todos juntos 皆一緒に　al + 不定詞 …する時に　despedirme (← despedirse) de …に別れを告げる

Unidad 34　次の対話文を読み，訳しましょう。　CD086

(en la cafetería)

Carlos: Risa, ¿te gusta jugar al fútbol?

Risa: No, a mí no me gustan los deportes.

Carlos: Pues, a mí me gustan todos, **excepto** la **natación**.

Risa: Pues, yo odio los deportes, prefiero ir al cine o estar en casa.

Carlos: ¿Y qué haces los fines de semana?

Risa: Me gusta mucho dormir hasta muy tarde y después ir de compras con las amigas.

Carlos: Yo también duermo hasta muy tarde, pero **no** me gusta **nada** ir de compras. Es muy **aburrido**.

Risa: Pues, para mí es muy **divertido**. Carlos, ¿vamos de compras?

Carlos: No, por favor.

Notas excepto 以外　natación 水泳　no...nada 全く…ない　aburrido/a 退屈な　divertido/a 楽しい

Unidad 35 次の対話文を読み，訳しましょう。　　　　　　▶▶▶ CD087

(en la cafetería)

Roberto: Risa, ¿**no te importa** preparar comida japonesa para la fiesta que voy a dar el sábado en mi casa?

Risa: **Por supuesto**, con mucho gusto. A mí me encanta cocinar, ¿y a ti?

Roberto: No, no me gusta mucho. Me parece muy aburrido. No sé cocinar nada, pero a mis amigos les interesa mucho aprender algún plato de la **cocina japonesa**.

Risa: Sí, es que ahora **está de moda** en Europa.

Roberto: Además, la comida japonesa me parece muy **saludable** y **exquisita**.

Risa: Pero, ¿sabes comer con **palillos**?

Roberto: No, me parece muy complicado.

Risa: Bueno, tienes que practicar un poco.

Notas
no te importa (← importar) 構わない　por supuesto もちろん　cocina japonesa 日本料理　está de moda 流行だ　saludable 健康的な　exquisito/a 美味しい　palillos 箸

35課までのまとめ (enfoque comunicativo)

解答は236ページ

1. 下線部に下の表から1つ適切な動詞を選び，正しい形にして書き入れ，和訳しましょう。

| ir (2)　cenar (2)　tomar　volver (2)　trabajar　salir (2)　estudiar (2)　ver |
| jugar　escuchar　hacer　dar　※(2)は2回使用 |

　　Normalmente yo 1)＿＿＿＿＿ de casa a las 7:30. 2)＿＿＿＿＿ el tren y el autobús para ir al trabajo. A veces 3)＿＿＿＿＿ en bicicleta. De lunes a viernes 4)＿＿＿＿＿ en una oficina del ayuntamiento, de 9 de la mañana a 5 de la tarde. Después del trabajo, los lunes, miércoles y jueves 5)＿＿＿＿＿ inglés en una academia. Estos días 6)＿＿＿＿＿ fuera y 7)＿＿＿＿＿ a casa un poco tarde. Los martes 8)＿＿＿＿＿ al fútbol con los compañeros de trabajo. Este día 9)＿＿＿＿＿ a casa a las 7 y 10)＿＿＿＿＿ con mi familia. Los viernes, a menudo, 11)＿＿＿＿＿ con los amigos, pero a veces, en casa, 12)＿＿＿＿＿ música o 13)＿＿＿＿＿ la televisión.

　　Los sábados, a menudo, 14)＿＿＿＿＿ un paseo. Una vez al mes, mis amigos y yo 15)＿＿＿＿＿ de excursión a algún lugar de los alrededores de Tokio. Los domingos estoy en casa todo el día, 16)＿＿＿＿＿ los deberes de la clase de inglés y 17)＿＿＿＿＿ un poco.

2. 下の日本語の文章に合うように，表の中の句を用いて文を完成させましょう。

> le encanta ⑵ / no le gusta / le gusta / me parecen / prefiero / odia ⑵ / le parecen / le interesan / prefiere ⑵ / no le gustan / me encantan / odio / me parece / le encantan   ※ odiar 〜を嫌う，憎む

Andrés, Javier y yo, aunque somos buenos amigos, nuestros gustos son diferentes. Por ejemplo, a Andrés 1) _____ dormir hasta muy tarde, y 2) _____ nada la limpieza. Su habitación está siempre desordenada. 3) _____ los amigos y es muy alegre y simpático. Él 4) _____ los deportes, a él 5) _____ muy aburridos, 6) _____ salir de copas o bailar en la discoteca. Javier es más tranquilo, a él 7) _____ la música clásica y 8) _____ mucho la historia y el arte, por eso frecuentemente lee libros de la Historia de España. A él 9) _____ nada los deportes, tampoco 10) _____ salir de copas. Javier 11) _____ el vino y el tabaco, 12) _____ ver un documental en la tele o estar tranquilamente en casa. A mí 13) _____ los deportes, 14) _____ muy interesantes. Yo 15) _____ estar en casa mucho tiempo, 16) _____ pasear o tomar un café con los amigos en alguna terraza de la ciudad. A veces voy al campo, la naturaleza 17) _____ muy relajante.

アンドレスとハビエルと私はよい友達ですが，私たちの好みは違います。例えば，アンドレスはとても遅くまで眠るのが大好きで掃除は全然好きではありません。彼の部屋はいつも散らかっています。友達が大好きでとても陽気で感じがいいです。彼はスポーツが嫌いで，彼にはとても退屈なようです。飲みに出かけるかディスコで踊る方が好きです。ハビエルはもっと穏やかで，クラシック音楽が大好きで歴史や芸術にとても興味があります。だからしばしば，スペイン史の本を読みます。彼はスポーツは全く好まず，また飲みに出かけるのも好きではありません。ハビエルはワインとタバコを憎んでいます。テレビでドキュメンタリーを見たり，静かに家にいる方を好みます。私はスポーツが大好きでとても興味があります。長い間家にいるのは嫌いです。散歩をするか町のどこかのテラスで友達とコーヒーを飲む方を好みます。ときどき田舎に行きます。自然はとてもリラックスさせてくれるように思えます。

3. conocer と saber のどちらか1つを用いて正しい形にし，対話文を完成させ和訳しましょう。

1) A: ¿ _____ ustedes Sevilla?　B: No, no _____ España todavía.
   _____

2) A: ¿ _____ tú si hay algún tren a Illescas?
   B: No, no hay trenes.
   _____

3) A: ¿ _____ tú a los padres de tu amigo Pablo?
   B: No, no los _____.
   _____

4) A: ¿ _____ vosotros a qué hora empieza el concierto?
   B: A las cinco.
   _____

5) A: Perdone, ¿ _____ usted si este autobús pasa por la Puerta de Alcalá?
   B: No, pero pasa cerca.
   _____

35課までのまとめ

4. 例のように矢印で左の文と右の文を結び付け，和訳しましょう。

例) 1) La luz está encendida y quieres dormir. → c) ¿Puedes apagar la luz?

訳：1) 電気が点いています。君は眠りたがっています。→ c) 電気を消してくれる？

1) La luz está encendida y quieres dormir.　　　　　　a) ¿Puede abrir la ventana
2) No sabes la hora.　　　　　　　　　　　　　　　　b) ¿Puede repetir, por favor?
3) Hace calor y la ventana está cerrada.　　　　　　　c) ¿Puedes apagar la luz?
4) El profesor habla muy rápido y no lo oyes bien.　　 d) ¿Puede cerrar la ventanilla?
5) La ventanilla del autobús está abierta y hace frío.　e) Perdone, ¿qué hora es?

2) _____ →)_____
3) _____ →)_____
4) _____ →)_____
5) _____ →)_____

5. 下の日本語の文章に合うように，表の中の句を用いて文を完成させましょう。

| hace mucho calor (2)　llueve mucho　no hace mucho frío　nieva |
| hace sol　hace viento　nieva mucho　mucho frío |

　　　En España el clima es muy variado. Por ejemplo en Andalucía los inviernos son suaves, 1)_____ . En verano, especialmente en las provincias de Jaén, Córdoba y Sevilla 2)_____ , a veces pasan de los 40 grados. En Castilla 3)_____ en verano y 4)_____ en invierno, pero 5)_____ poco. En la costa cantábrica 6)_____ todo el año y está siempre nublado, pero las temperaturas no son extremas. En la costa mediterránea 7)_____ durante todo el año y en los Pirineos 8)_____ durante el invierno. En el Estrecho de Gibraltar 9)_____ durante todo el año.

　　スペインでは気候がとても変化に富んでいます。例えばアンダルシアは，冬は穏やかで，あまり寒くありません。夏は，特にハエン，コルドバ，セビジャの県では，とても暑くときどき40度を超えます。カスティジャでは，夏はとても暑く，冬はとても寒いですが，雪は少ししか降りません。カンタブリア海岸では，1年中たくさん雨が降り，いつも曇っていますが，気温は極端ではありません。地中海沿岸では1年中晴天で，ピレネー山脈では冬の間雪がたくさん降ります。ジブラルタル海峡では1年中風が吹いています。

Unidad 36 直説法現在―不規則動詞（3）(venir)

Mis amigos vienen de España.
スペインから僕の友人たちが来ます。

▶▶▶ MP3 CD088

venir（来る）の直説法現在形を学びます。

venir 来る	**ven**go	**vie**nes	**vie**ne	venimos	venís	**vie**nen
[ベニル]	[ベンゴ]	[ビエネス]	[ビエネ]	[ベニモス]	[ベニス]	[ビエネン]

▶ ①1人称単数形は -go ②2・3人称単数形，3人称複数形は語根母音変化（e→ie）③2人称複数形にアクセント符号

Mis amigos vienen de España a Japón a estudiar japonés.
ミス　アミゴス　ビエネン　デ　エスパニャ　ア　ハポン　ア　エストゥディアル　ハポネス
僕の友人たちが日本語を勉強しにスペインから日本へやってくるんだ。

A: ¿Quiénes vienen el seis de enero?　B: Vienen los Reyes Magos.
　　キエネス　ビエネン　エる　セイス　デ　エネロ　　　　ビエネン　ろス　レジェス　マゴス
A：1月6日には誰が来るの？　B：東方の三賢人が来ます。

Este horario me viene bien.　この時間割は僕には都合がいい。
エステ　オラリオ　メ　ビエネ　ビエン

　▶ venir で「～にとって…である」という意味も表します。

A: ¿En qué viene Javier a la universidad?　B: Viene en moto.
　　エン　ケ　ビエネ　ハビエル　ア　ら　ウニベルシダ　　　　ビエネ　エン　モト
A：ハビエルは何で大学へ来ているの？　B：バイクで来ているよ。

A: ¿De dónde vienen tus padres mañana?　B: Vienen de Corea.
　　デ　ドンデ　ビエネン　トゥス　パドレス　マニャナ　　　　ビエネン　デ　コレア
A：君のご両親は明日どちらからいらっしゃるの？　B：彼らは韓国から来るんだ。

A: ¿De dónde vienes?　B: Vengo del banco.
　　デ　ドンデ　ビエネス　　　ベンゴ　デる　バンコ
A：君はどこから来たの？　B：銀行からだよ。

A: ¿Vas a venir a la fiesta de mi cumpleaños?　B: Sí, con mucho gusto.
　　バス　ア　ベニル　ア　ら　フィエスタ　デ　ミ　クンプれアニョス　　　シィ　コン　ムチョ　グスト
A：君は私の誕生日パーティに来てくれる？　B：うん，喜んで行くよ。

A: ¿Quieres venir conmigo?　B: No, no quiero ir contigo.
　　キエレス　ベニル　コンミゴ　　　ノ　ノ　キエロ　イル　コンティゴ
A：君は僕と一緒に来たい？　B：いいや，君と一緒に行きたくない。

Los padres vienen a la escuela a recoger a los niños todos los días.
ろス　パドレス　ビエネン　ア　ら　エスクエら　ア　レコヘル　ア　ろス　ニニョス　トドス　ろス　ディアス
親たちは毎日子供たちを学校へ迎えに来ています。

慣用表現

venir + de + 不定詞「…してから来る」

A: ¿Venís de nadar en la piscina?　B: No, venimos de jugar al béisbol.
　　ベニス　デ　ナダル　エン　ら　ピスィシナ　　　ノ　ベニモス　デ　フガル　アる　ベイスボる
A：君たちはプールで泳いでから来るの？　B：いいや，僕たちは野球してから来るよ。

Unidad 36 ◆ 直説法現在―不規則動詞（3）（venir）

練習問題

解答は **237** ページ

1. 枠内に不定詞，適切な活用形を入れ，移動を表す動詞の直説法現在の活用を完成させましょう。

不定詞	1人称単数	2人称単数	3人称単数	1人称複数	2人称複数	3人称複数
出発する						salen
llegar 到着する	llego					
行く				vamos		
来る			viene			

2. スペイン語に訳しましょう。

　1）A：君のお兄さんはいつ中国から日本に来るの？　B：来月（el mes que viene）来ます。

　2）A：君たちは電車で（en tren）来ていますか？　B：いいえ，バス（en autobús）で来ています。

　3）A：この予定（este plan）は君の都合に合いますか。　B：はい，私の都合に合います。

　4）A：パコと君は何時に僕の家へ来る？　B：6時に行くよ。

　5）A：彼女は誰とパーティへ来るだろう？　B：恋人と来るよ。

💬 対話形式の練習にチャレンジ！➡138ページ

113

Unidad 37 直説法現在―不規則動詞（4）（decir, oír）

¿Qué dice el periódico?
新聞は何と言っているの?

▶▶▶ MP3 CD089

decir（言う），oír（聞く）は1人称単数形が -go で終わります。oír は綴りに注意が必要な動詞です。

decir 言う [デシィル]	digo [ディゴ]	dices [ディセス]	dice [ディセ]	decimos [デシィモス]	decís [デシィス]	dicen [ディセン]

▶①1人称単数形は -go ②1・2・3人称単数形，3人称複数形は e→i に語根母音変化 ③2人称複数形にアクセント符号

1) decir + 名詞

Mis hijas no dicen mentiras. 私の娘たちは嘘をつきません。
ミス イハス ノ ディセン メンティラス

Los chicos siempre me dicen piropos. 男の子たちはいつも私に褒め言葉を言ってくれます。
ロス チコス シィエンプレ メ ディセン ピロポス

A: Quiero ser piloto. B: ¿Qué dices? A: Sí, mamá. Te lo digo en serio.
キエロ セル ピロト　　　　ケ ディセス　　シィ ママ テ ロ ディゴ エン セリオ

A：僕はパイロットになりたいんだ　B：何を言っているの？　A：そうだよ，ママ。僕は（君に）そのことを本気で言っているんだ。

▶スペインでは家族には2人称を使います。

¿Me dice la hora? 時刻を教えてくださいますか？
メ ディセ ら オラ

2) decir + que + 節

▶que は英語の接続詞 that に相当します。

A: ¿Qué dice el periódico? B: Dice que los trabajadores van a hacer huelga.
ケ ディセ エる ペリオディコ　　　　ディセ ケ ろス トラバハドレス バン ア アセル ウエるガ

A：新聞は何と言っているの？　B：労働者たちがストライキをすると言っているよ。

A: ¿Qué quiere decir la expresión "venga"?
ケ キエレ デシィル ら エスプレシィオン ベンガ

B: La expresión "venga" tiene muchos significados.
ら エスプレシィオン ベンガ ティエネ ムチョス シィグニフィカドス

A：venga という表現はどういう意味？　B：venga にはたくさんの意味があるよ。　▶querer decir 意味する

oír 聞く [オイル]	oigo [オイゴ]	oyes [オジェス]	oye [オジェ]	oímos [オイモス]	oís [オイス]	oyen [オジェン]

▶①不定詞形，1人称複数形，2人称複数形の活用形にアクセント符号 ②1人称単数形は -go ③2・3人称単数形，3人称複数形は i→y に綴りが変化（i は母音に挟まれると綴りが y に変化）

A: ¿Me oyes? B: No, no te oigo nada.
メ オジェス　　　ノ ノ テ オイゴ ナダ

A：君には僕（の言っていること）が聞こえている？　B：いいや，君（の言っていること）は全く聞こえないよ。

練習問題

1. decir か oír を適切な形にし，和訳しましょう。

1) ¿Qué (　　　) el periódico?

　_____

2) A: ¿Me (　　　) tú?　B: No, no te (　　　).

　_____

3) A: ¿Me puedes (　　　) la verdad?　B: Sí, te la (　　　).

　_____

4) Silencio, por favor. Hablo con mi amigo. No lo (　　　).

　_____

5) Ellos (　　　) que va a llover.

　_____

2. スペイン語に訳しましょう。

1) 政治家（políticos）は本当のこと（verdad）を言いません。

　_____

2) これは（esto）何を意味するの？

　_____

3) A: 僕に時刻（la hora）を言ってくれない？　B：7時だよ。

　_____

4) 先生は明日テストをすると言っているよ。

　_____

5) お願いです。静かに。質問（pregunta）が聞こえないから。

　_____

対話形式の練習にチャレンジ！➡138ページ

再帰動詞（1）

Unidad 38

Me levanto a las siete.　私は7時に起きます。　▶▶▶ CD090

スペイン語には再帰動詞と呼ばれる動詞があります。再帰動詞は常に再帰代名詞と共に用います。直接再帰と間接再帰では，再帰代名詞は英語の *-self*（…自身を／に）に相当します。

直接再帰：主語自身に動作・行為の結果が及びます。

levantar (-se)「起きる」直説法現在形

(yo) me levant**o** [メ れバント]	(nosotros/as) nos levant**amos** [ノス れバンタモス]
(tú) te levant**as** [テ れバンタス]	(vosotros/as) os levant**áis** [オス れバンタイス]
(él/ella/usted) se levant**a** [セ れバンタ]	(ellos/ellas/ustedes) se levant**an** [セ れバンタン]

▶①辞書の見出し語は levantar (-se)，再帰代名詞は動詞の後につき，1つの単語として綴る。② me, te, nos, os は「に格」「を格」と同形。③ se は3人称の le / les（に格）が se に変わったものと同形。再帰代名詞と目的格代名詞を混同しないように注意。

levantar は「…を起こす」という意味の他動詞です。levantarse の -se は主語自身で，直接目的語に相当します。他動詞が再帰代名詞を伴うことにより「主語自身を起こす」から「起きる」に意味が変わります。スペイン語では再帰動詞を使わないと，このような自動詞の意味を表すことができません。

再帰代名詞の形と位置

①再帰代名詞は必ず**主語の人称・数と一致します。**

　　¿Te levantas a las seis?　君は6時に起きるの？
　　　テ　れバンタス　ア　らス　セイス

　　　cf. ¿Te levanto a las seis mañana?　僕は明日君を6時に起こそうか？
　　　　　テ　れバント　ア　らス　セイス　マニャナ

　　A: ¿Cómo te llamas?　B: Me llamo Ana.　A：君の名前は？　B：私はアナです。
　　　　コモ　テ　ジャマス　　　メ　ジャモ　アナ

　　A: ¿Dónde te sientas?　B: Yo me siento en este banco.
　　　　ドンデ　テ　シィエンタス　　ジョ　メ　シィエント　エン　エステ　バンコ
　　A：君はどこに座る？　B：私はこのベンチに座る。

　　En Japón algunas chicas jóvenes se maquillan en el tren.
　　エン　ハポン　アるグナス　チカス　ホベネス　セ　マキジャン　エン　エる　トレン
　　日本では若い女の子たちが電車の中でお化粧をしています

②再帰代名詞は活用している動詞の前か，不定詞，現在分詞の後ろにつけて1つの単語として綴ります。

　　¿A qué hora te vas a levantar mañana? = ¿A qué hora vas a levantarte mañana?
　　ア　ケ　オラ　テ　バス　ア　れバンタル　マニャナ　　ア　ケ　オラ　バス　ア　れバンタルテ　マニャナ
　　君は明日何時に起きるつもり？

③否定の副詞 no は再帰代名詞の外側につけます。

　　No se llama Carlos, se llama Paco.　彼の名前はカルロスではないよ。パコだ。
　　ノ　セ　ジャマ　カルロス　セ　ジャマ　パコ

Unidad 38 ◆ 再帰動詞（1）

練 習 問 題　　　　　　　　　　　解答は 237 ページ

1. 日本語に従い（　）に適切な語を入れ，文を完成させましょう。1語とは限りません。

   1) A: ¿Cómo (　　　　　　　　)?　B: (　　　　　　　　) Juan.

      A：彼のお名前は？　B：フアンです。

   2) A: ¿Dónde (　　　　　　　　) tú?　B: Yo (　　　　　　　　) aquí.

      A：君はどこに座る？　B：僕はここに座るよ。

   3) Nosotros (　　　　　　　　) en junio.

      僕たちは6月に結婚します。(casarse)

   4) Últimamente mis hermanos (　　　　　　　　) muy tarde viendo el fútbol.

      近頃僕の弟たちはサッカーを見ていてとても遅くに横になります。(acostarse 語根母音変化)

   5) (　　　　　　　　) a las seis y media. Es que tengo que salir a las siete.

      僕は6時30分に起きなければならないんだ。7時に出かけなければならないからね。

2. スペイン語に訳しましょう。

   1) A：君の名前は？　B：僕はペドロだよ。

   _____

   2) 僕は11時に横になるよ。明日は5時に起きなければならないからね。

   _____

   3) A：スペイン人たちは朝シャワーを浴びるの？

      B：はい，彼らは朝シャワーを浴びるのが普通です。(soler) 語根母音変化

   _____

   4) A：私たち，ここに座りましょうか？　B：いいえ，その窓の横に座りましょう。

   _____

   5) A：君は毎日お化粧しているの？　B：いいえ，ときどきだけ (solo) です。

   _____

   対話形式の練習にチャレンジ！➡139ページ

39 再帰動詞（2）

¿Ya te vas? 君はもう行ってしまうの？

▶▶▶ CD091

1) 間接再帰：文中に直接目的語があり，再帰代名詞は間接目的語の役割を果たします。

   Los niños se lavan las manos al llegar a casa. 子供たちは家に着くと手を洗います。

   ¿Por qué no os quitáis la corbata? 君たちネクタイをはずしたら？

   Me pongo el jersey. Es que tengo frío. 寒いからセーターを着ます。

2) 相互再帰：「お互いに…する」の意味を表します。

   A: ¿Ves a tu hermano a veces? B: No, pero nos escribimos.
   A：君は君の弟に時々会っている？ B：いいや，でもお互いに手紙を書いているよ。

3) 強調：再帰代名詞がつくと動詞の意味が強調されます。

   irse「行ってしまう，立ち去る」(ir「行く」), comerse「平らげる」(comer「食べる」)

   A: ¿Ya te vas? B: Sí, ya me voy. A：君はもう行ってしまうの？ B：うん，僕はもう行くよ。

   A: ¿Comen mucho tus niños? B: Sí, normalmente se comen todo.
   A：君の子供たちはたくさんは食べる？ B：うん，たいていはすっかり平らげるんだ。

4) 再帰代名詞がつくと意味が変わる動詞

   morirse de…「…で死にそうだ」(morir de…「…で死ぬ」)

   A: ¿Qué tal? B: Me muero de hambre. A：どう？ B：お腹が空いて死にそうだよ。

5) 心理状態を表す動詞

   acordarse (de) (o → ue)「思い出す」 alegrarse (de)「嬉しがる」 enfadarse「腹をたてる」

   encontrarse bien/mal (o → ue)「具合が良い，悪い」 olvidarse (de)「忘れる」

   sentirse…「…と感じる」 ponerse rojo (a)「赤くなる」

   Encantada. Me alegro de conocerlo. 始めまして。あなたにお目にかかれて嬉しいです。

   A: ¿Qué va a decirte tu padre sobre tus notas? A：君の成績にお父さんはなんて言うだろう？

   B: Pienso que se va a enfadar mucho conmigo. B：私にとても腹を立てると思うよ。

   A: Roberto, ¿te encuentras bien? B: No, siento frío.
   A：ロベルト，具合はいい？ B：いいやよくないよ。寒気がするんだ。

   María se pone roja, al oír a su novio decirle a ella cosas bonitas.
   マリアは，恋人が彼女に素敵なことを言うのを聞くと，赤くなります。

   Últimamente me olvido de los nombres de las personas. 近頃人の名前を忘れるんです。

6) 再帰のみの動詞：arrepentirse (e → ie)「後悔する」 quejarse de「不平を言う」

   Si no estudias, te vas a arrepentir en el futuro. 勉強しないと，君は将来後悔するよ。

   Mi marido nunca se queja de su trabajo. 私の夫は決して仕事の愚痴をこぼしません。

Unidad 39 ◆ 再帰動詞 (2)

練習問題　　　　　　　　　　　　　解答は239ページ

1. 日本語に従って（　）に適切な語を入れ，文を完成させましょう。1語とは限りません。

   1) ¡Qué frío! Necesito (　　　　　　　) la chaqueta.
      なんて寒いんだ。上着を着なくちゃ。

   2) ¿Cuándo (　　　　　　　)?　僕たちはいつ会おうか？

   3) (　　　　　　　) mucho de recibir la noticia. その知らせを受け取って嬉しいよ。

   4) No (　　　　　　　) bien.　私は調子がよくありません。

   5) No sé por qué ella (　　　　　　　) tanto.
      彼女がなぜそんなに腹を立てるのかわかりません。

   6) Mis vecinos siempre (　　　　　　　) de todo.
      私の隣人たちはいつも不平ばかり言ってます。

2. スペイン語に訳しましょう。

   1) とても日差しが強い (hace mucho sol) ので帽子をかぶろう。(ponerse el sombrero)

   2) 僕たちは家に入る時靴を脱がなければいけませんか？

   3) A：君たちはもう行ってしまうの？　B：うん，僕たちはもう行くよ。

   4) この暑さで (con este calor) 僕たちは喉が渇いて死にそうだ。

   5) A：君，僕の事を覚えている？ (acordarse de...)　B：ああ，もちろん覚えているとも。

💬 対話形式の練習にチャレンジ！ ➡ 140ページ

再帰受身と無人称文

Unidad 40

¿Cómo se dice "ohayo" en español?
「おはよう」はスペイン語で何と言いますか？

受身文 スペイン語には3種類の受身文があります。違いを整理して覚えましょう。

1) se + 動詞（3人称）+ 主語（3人称）（主語は物，事）

   ▶主語は物，事に限られる。

   A: ¿Se vende este piso?　B: No, pero se alquila.
   A：このマンションは売りに出ていますか？　B：いいえ，でも貸しています。

   El castellano se habla en toda España. Y el catalán, el gallego, y el euskera en sus respectivas comunidades.
   カスティージャ語はスペイン中で話されます。カタルーニャ語，ガリシア語，バスク語はそれぞれの自治区で話されています。

2) 主語 + ser + 動詞（過去分詞形）（+ por + 動作主）

   ▶①主語は物，事に限らない。②動詞の過去分詞形は主語の性数に一致。③ por を使って動作主を表す。（過去分詞形は48課 p.136参照）

   Esta exposición es organizada por el Banco Santander.
   この展覧会はサンタンデル銀行により開催されます。

3) 主語 + estar + 動詞（過去分詞形）（+ por + 動作主）

   ▶①主語は物，事に限らない。②動詞の過去分詞形は主語の性，数に一致。③結果，状態を表す。

   ¿Está incluido el IVA en el precio?　付加価値税は値段に含まれていますか？

無人称文 se は「人（一般）」を表します。

1) se + 動詞（3人称単数形）

   A: ¿Cómo se dice "ohayo" en español?　B: Se dice "buenos días".
   A："おはよう"はスペイン語でなんと言いますか？　B："ブエノスディアス"と言います。

   A: ¿Cómo se va desde la estación hasta tu universidad?　B: Se va en autobús.
   A：駅から大学までどうやって行きますか？　B：バスで行きます。

   ¿Cuánto tiempo se tarda desde Madrid hasta Barcelona en avión?
   マドリッドからバルセロナまで飛行機でどれくらいの時間がかかりますか？

   Se dice que se come bien en el norte de España.　スペインの北部では食べ物が美味しいそうです。

2) 動詞（3人称複数形）

   Dicen que van a subir los impuestos.　税金が上がるそうです。

無意思 間接目的格で表す人の意思に関らず，出来事が起こることを表します。

se + 間接目的格 + 動詞（+ 主語）

¿Se te ocurre alguna buena idea?　君に何かいいアイデアは浮かんだ？

A veces se me olvida llevar las llaves.　僕は時々鍵を持って出るのを忘れる。

Unidad 40 ◆ 再帰受身と無人称文

練習問題

解答は238ページ

1. 日本語に従い（　）に適切な一語を入れ文を完成させましょう。

   1) ¿El desayuno está (　　　　) en el precio?
      朝食代は値段に含まれていますか？

   2) (　　　)(　　) que la gente del sur de España es muy alegre.
      スペインの南部の人はとても陽気だと言われています。

   3) Esta fiesta es organizada (　　　) los estudiantes.
      このパーティは学生たちによって企画されます。

   4) A veces a la profesora (　　　)(　　　)(　　　　　) los nombres de sus estudiantes.
      その先生はときどき学生の名前を忘れてしまいます。

   5) ¿Cómo (　　　)(　　　) "sayounara" en español?
      スペイン語で「さようなら」は何と言いますか？

2. スペイン語に訳しましょう。

   1) A：ブラジルでは何語が話されていますか？　B：ポルトガル語 (portugués) です。

   2) その郵便局 (la oficina de Correos) へはどう行きますか？

   3) A：マドリッドからトレドまでバスでどれくらいの時間がかかりますか？
      B：1時間かかります。

   4) そのレストランは美味しいそうです。

   5) 僕にいいアイデアが浮かんだ。（現在形を使って）

   対話形式の練習にチャレンジ！➡140ページ

Unidad 41 現在分詞と進行形

¿Qué estás haciendo? 何をしているところ？　▶▶▶ CD093

1) 現在分詞の規則形には2種類あります。英語の *-ing* に相当し，語尾変化しません。

規則形	tomar → tom**ando**	語尾 -ar を取って語根に **-ando** をつける
	beber → beb**iendo** abrir → abr**iendo**	それぞれ -er, -ir を取って **-iendo** をつける
不規則形① (y 型)	leer → le**y**endo　oír → o**y**endo　caer → ca**y**endo　ir → **y**endo	
不規則形② (語根母音変化 -ir 形)	sentir → s**i**ntiendo　decir → d**i**ciendo　pedir → p**i**diendo preferir → pref**i**riendo　dormir → d**u**rmiendo morir → m**u**riendo	

不規則形① (y 型) は，語尾 -er, -ir の直前が母音のときに生じます。-i- が母音間に挟まれると -y- に変わります。ただし，ir → **y**endo は例外として覚えましょう。

不規則形② (語根母音変化 -ir 形) は，27, 28, 29課 (p.78–82) で主に学んだ，語根母音動詞の -ir 動詞にのみ生じます。語根母音動詞には① **e → ie** ② **o → ue** ③ **e → i** の3種類がありましたね。この中で -ir 動詞のみが，現在分詞では① **e → i** ② **o → u** ③ **e → i** となります。

2) **進行形：estar + 現在分詞**　（英語 *be+-ing*）発話時に進行中の出来事を表します。

A: ¿Qué estás haciendo?　B: Estoy leyendo una novela.
A：君は何をしているところ？　B：小説を読んでいるところです。

A: ¿Están durmiendo tus hijas?　B: Sí, están durmiendo todavía.
A：君の娘さんたちは眠っているの？　B：うん，まだ眠っているんだ。

3) **seguir / continuar + 現在分詞**「…し続ける」

A: ¿Sigues estudiando inglés?　B: Sí, sigo estudiándolo. (= **lo** sigo estudiando.)
A：君は英語を勉強し続けているの？　B：うん，勉強し続けているよ。

▶目的格人称代名詞は，活用している動詞の前か，現在分詞の後に付けて一語とします。

4) **llevar + 現在分詞**「…し続ける」「…している」▶ llevar には「(時)を過ごす」という意味があり，時間を示したいときは，3) seguir (continuar) ではなく llevar を用います。

A: ¿Cuánto tiempo llevas viviendo en esta ciudad?　B: Llevo viviendo 20 años.
A：君はこの町にどのくらい住んでいるの？　B：20年住んでいます。

5) **副詞的用法**：付帯状況「…しながら」を表します。

Mi madre siempre friega los platos cantando.　母はいつも歌いながら皿を洗います。

▶「走っている犬」 *running dog* は，スペイン語では，関係代名詞 que を用い，un perro que corre とします。

6) **現在分詞構文**：時，原因，条件，譲歩などを表します。

Yendo en taxi, podemos llegar a tiempo.　タクシーで行けば，間に合います。(条件)

練習問題

解答は238ページ

1. 現在進行形の文に書き換えましょう。

   1) Los alumnos leen una novela policíaca.
      その生徒たちは探偵小説を読みます（→読んでいます）。
      →＿＿＿＿＿＿＿＿＿＿＿＿＿＿＿＿＿＿＿＿＿＿＿＿

   2) Ahora mismo salimos de casa.
      ちょうど今私たちは家を出ます（→出ようとしているところです）。
      →＿＿＿＿＿＿＿＿＿＿＿＿＿＿＿＿＿＿＿＿＿＿＿＿

   3) Ellos piensan cambiar de casa.
      彼らは引越ししようと考えています（→考えているところです）。
      →＿＿＿＿＿＿＿＿＿＿＿＿＿＿＿＿＿＿＿＿＿＿＿＿

   4) Mi hija duerme en el sofá.
      娘はソファで眠ります（→眠っています）。
      →＿＿＿＿＿＿＿＿＿＿＿＿＿＿＿＿＿＿＿＿＿＿＿＿

   5) ¿Qué me dices?
      私に何て言うの（→言っているの）？
      →＿＿＿＿＿＿＿＿＿＿＿＿＿＿＿＿＿＿＿＿＿＿＿＿

2. 現在分詞を用いてスペイン語に訳しましょう。

   1) A：あなたは何をしているところ？
      B：日を浴び（tomar el sol）ながら音楽を聞いているところです。

   2) A：君の祖父はその会社で働き続けているの？　B：はい，（それを）続けています。

   3) A：何年間，君はMaríaと付き合って（salir con）いるんですか？
      B：5年付き合い続けています。

   4) A：君たちは今何をしているの？
      B：彼女にあるお願いをしている（pedir un favor）ところです。

   5) 私の父は新聞を読みながら朝食を取ります。

対話形式の練習にチャレンジ！ ➡ 141ページ

Unidad 42 不定語と否定語

¿Conoces a alguien?　誰か知ってる？　▶▶▶ CD094

不定語と否定語：否定語は活用している動詞よりも前に来ると no が消滅し，活用している動詞よりも後に来ると no を動詞の前に置きますが，意味は変わりません。

1) **algo**（代名詞）「何か」⇔ **nada**「何も…ない」：英語の *something* ⇔ *nothing* に相当します。副詞で「少し」⇔「少しも…ない」「全然…ない」の意味でも用います。

   A: ¿Quieres beber **algo**?　B: No, ya **no** quiero beber **nada**.
   キエレス　ベベル　アルゴ　　　ノ　ジャ　ノ　キエロ　ベベル　ナダ
   A：何か飲みたい？　B：いいえ，もう何も飲みたくありません。

   A: ¿Es esa película interesante?　B: No, no es **nada** interesante.
   エス エサ　ペリクラ　インテレサンテ　　ノ　ノ　エス　ナダ　インテレサンテ
   A：その映画は面白いですか？　B：いいえ，全く面白くありません。

2) **alguien**（代名詞）「誰か」⇔ **nadie**「誰も…ない」：*somebody* ⇔ *nobody* に相当します。

   A: ¿Conoces a **alguien** aquí?　B: No, no conozco a **nadie**.
   コノセス　ア　アルギエン　アキ　　　ノ　ノ　コノスコ　ア　ナディエ
   A：ここで誰か知っていますか？　B：いいえ，誰も知りません。

3) **alguno**（形容詞［代名詞］）「いくつか［の］，いくらか［の］」⇔ **ninguno**「ひとつ［の…］も…ない」：*some*［+ 名詞］⇔ *no*［+ 名詞］に相当します。

   ▶ alguno と ninguno は，男性単数名詞を前から修飾する場合には，algún と ningún となります。

   A: ¿Sabes algunas palabras alemanas?　B: No, no sé ninguna.
   サベス　アルグナス　パラブラス　アレマナス　　　ノ　ノ　セ　ニングナ
   A：いくつかのドイツ語の単語を知っていますか？　B：いいえ，1つも知りません。

   A: ¿Alguno de ustedes quiere ver una corrida de toros?
   アルグノ　デ　ウステデス　キエレ　ベル　ウナ　コリダ　デ　トロス
   B: No, ninguno queremos verla.
   ノ　ニングノ　ケレモス　ベルラ
   A：あなた方のうち誰か闘牛を見たいですか？　B：いいえ，ひとりも（誰も）見たくありません。

4) **siempre**（副詞）「いつも」⇔ **nunca / jamás**「決して／一度も…ない」：*always* ⇔ *never* に相当します。

   A: ¿Siempre usas el ordenador para hacer las tareas?
   シィエンプレ　ウサス　エル　オルテナドル　パラ　アセル　らス　タレアス
   B: No, jamás lo uso para eso.
   ノ　ハマス　ろ　ウソ　パラ　エソ
   A：課題をやるのにいつもそのパソコンを使ってるの？　B：いや，そのためには一度も使ってないよ。

5) **y**（接続詞）「～と…」⇔ **ni**「～も…ない」：*and* ⇔ *neither* に相当します。(no) … (ni) A ni B「A も B も…ない」のように2つ以上のものを同時に否定する表現では，1つ目の ni は省略されることもあります。

   A: ¿Cómo es ella?　B: Pues, no es ni gorda ni delgada. Ni guapa ni fea. Es normal.
   コモ　エス　エジャ　　　プエス　ノ　エス　ニ　ゴルダ　ニ　デルガダ　ニ　グアパ　ニ　フェア　エス　ノルマル
   A：彼女はどんな人？　B：えーと，太っても痩せてもない。美人でも醜くもない。普通です。

練習問題

1. (　) に適切な単語を入れましょう。

1) A: ¿Vive (　　　　) en esta casa?　B: No, ahora no vive (　　　　).
   ［誰かこの家に住んでますか？］

2) A: ¿(　　　　) de ustedes sabe conducir?　B: Yo, sí.

3) A: ¿Quieres comer (　　　　)?［何か食べたいですか？］
   B: No, no quiero (　　　　).

4) A: Yo no sé nadar.　B: ¿Ah, sí? Yo (　　　　).

5) No tengo (　　　　) tiempo (　　　　) dinero.［私には時間もお金もない。］

2. スペイン語に訳しましょう。

1) A：君は誰かを待ってるの？　B：いいえ，誰も待ってませんよ。

2) A：君たちは君たちの新しい家のために何か家具（mueble）が欲しいですか？

   B：いいえ，結構です。ひとつも必要ではありません。

3) A：この靴はお高いと君は思いますか？　B：はい，少し高いと思います。

4) A：君は仕事も勉強もしていないの？　B：はい，でも家で母を手伝っています。

5) A：君は何か食べたい？　B：いいえ，何も食べたくありません。

対話形式の練習にチャレンジ！➡142ページ

Unidad 43 所有形容詞（後置形）

Este coche es mío.　この車は私のです。　▶▶▶ CD095

この課では所有形容詞（後置形）を見ていきましょう（前置形は14課 p.40）。-o で終わる形容詞は女性形がありますので，数の変化と合わせて，それぞれ4つの形があります。

所有形容詞（前置形）		所有形容詞（後置形）	
mi (-s)	nuestro (-a, -os, -as)	**mío** (-a, -os, -as) 私の	**nuestro** (-a, -os, -as) 私たちの
tu (-s)	vuestro (-a, -os, -as)	**tuyo** (-a, -os, -as) 君の	**vuestro** (-a, -os, -as) 君たちの
su (-s)		**suyo** (-a, -os, -as) 彼の，彼女の，あなたの，その 彼たちの，彼女たちの，あなた方の，それらの	

覚え方のヒント　前置形と違うところは，**mío**, **tuyo**, **suyo** の3つだけです。

1) **名詞 + 後置形**：un amigo (ひとりの友人) と mi amigo (私の友人) を同時に表したいとき，un mi amigo ではなく，後置形を用いて un amigo **mío** (私のひとりの友人) となります。

人称	男性単数	女性単数	男性複数	女性複数
1・単	un amigo **mío** [ウン アミゴ ミオ]	una amiga **mía** [ウナ アミガ ミア]	unos amigos **míos** [ウノス アミゴス ミオス]	unas amigas **mías** [ウナス アミガス ミアス]
2・単	un amigo **tuyo** [ウン アミゴ トゥジョ]	una amiga **tuya** [ウナ アミガ トゥジャ]	unos amigos **tuyos** [ウノス アミゴス トゥジョス]	unas amigas **tuyas** [ウナス アミガス トゥジャス]
3・単	un amigo **suyo** [ウン アミゴ スジョ]	una amiga **suya** [ウナ アミガ スジャ]	unos amigos **suyos** [ウノス アミゴス スジョス]	unas amigas **suyas** [ウナス アミガス スジャス]
1・複	un amigo **nuestro** [ウン アミゴ ヌエストロ]	una amiga **nuestra** [ウナ アミガ ヌエストラ]	unos amigos **nuestros** [ウノス アミゴス ヌエストロス]	unas amigas **nuestras** [ウナス アミガス ヌエストラス]
2・複	un amigo **vuestro** [ウン アミゴ ブエストロ]	una amiga **vuestra** [ウナ アミガ ブエストラ]	unos amigos **vuestros** [ウノス アミゴス ブエストロス]	unas amigas **vuestras** [ウナス アミガス ブエストラス]
3・複	un amigo **suyo** [ウン アミゴ スジョ]	una amiga **suya** [ウナ アミガ スジャ]	unos amigos **suyos** [ウノス アミゴス スジョス]	unas amigas **suya**s [ウナス アミガス スジャス]

2) **ser + 後置形**：後置形は ser 動詞の補語になります。

   A: ¿De quién es esta revista de moda?　B: No es **mía**. Es de mi hermana.
   　　デ キエン エス エスタ レビスタ デ モダ　　　　ノ エス ミア エス デ ミ エルマナ
   A：このファッション雑誌は誰のですか？　B：私のではありません。姉のです。

3) **所有代名詞：定冠詞 + 後置形**，後置形に定冠詞をつけると所有代名詞になります。英語の *mine* (私のもの) はスペイン語では，**el mío, la mía, los míos, las mías** の4つになります。上の文は "No es **la mía**." (私のものではありません) とも表せます。

   A: ¿Sabes dónde están mis llaves?
   　　サベス ドンデ エスタン ミス ジャベス
   B: **Las mías** están aquí. **Las tuyas** están allí.
   　　ラス ミアス エスタン アキ　ラス トゥジャス エスタン アジ
   A：僕の鍵どこにあるか知ってる？　B：私のはここにあるわ。君のはあそこにあります。

   ▶ las tuyas は las llaves tuyas と同じ意味です。定冠詞 **las** + 後置形 **tuyas** の形になっているので所有代名詞で，英語の *yours* (君のもの) に相当します。

練習問題　　　　　　　　　　　　　　　解答は238ページ

1. (　　) 内に適切な所有形容詞・所有代名詞 (定冠詞 + 後置形) を書き入れましょう。

   1) No voy a usar (　　) coche. Voy a usar (　　)(　　).
      僕は君の車を使わないでしょう。自分のを使うでしょう。

   2) A: ¿De quién son las gafas de sol?　B: No son (　　). Son de (　　) prima.
      A：そのサングラスは誰のですか？　B：私のではありません。私のいとこのです。

   3) A: ¿Sabes dónde está (　　) cartera?　B: Sí, (　　)(　　) está al lado del teléfono.
      A：僕の財布がどこにあるか知ってる？　B：うん，君のは電話の横にあるよ。

   4) A: ¿Cuál de estas copas es (　　)(　　)?
      B: No, sé. Tal vez esta es (　　)(　　).
      A：それらのグラスの内あなたのものはどれですか？
      B：分かりません。たぶんこれが私のものです。

   5) A: ¿Es esta (　　) casa?
      B: No, esta es la de (　　) padres, (　　)(　　) está detrás.
      A：これは君たちの家ですか？
      B：いいえ，これは彼女の両親の家で，私たちのは後ろにあります。

2. スペイン語に訳しましょう。

   1) A：君は僕の自転車 (bicicleta) がどこにあるか知ってる？
      B：君のは家の後ろに (detrás de) あるよ。
      _____

   2) A：これはあなたのスーツケース (maleta) です。で，私たちのはどこ？
      B：あなた方のはそこです。
      _____

   3) A：次の日曜に私のスペイン人の友人ひとりが日本に来るでしょう。　B：本当ですか？
      _____

   4) A：これらの CD (discos compactos) は君のですか？
      B：僕のではありません。僕の姉のです。
      _____

   5) A：これらの雑誌は誰のですか？君らのですか？　B：はい，私たちのです。
      _____

対話形式の練習にチャレンジ！→143ページ

Unidad 44 基数（3）（1000以上）

En total cuesta tres millones de yenes.
全部で300万円です。

▶▶▶ MP3 CD096

大きい数（1000以上）を覚えましょう。日本語では千や百万の単位をコンマ（,）で表しますが，スペイン語では下の表のようにピリオド（.）で表します。反対に小数点はコンマ（,）で表します。

1.000	mil [ミる]	1.000.000	un millón [ウン ミジョン] 100万
1.001	mil uno [ミる ウノ]	2.000.000	dos millones [ドス ミジョネス] 200万
2.000	dos mil [ドス ミる]	10.000.000	diez millones [ディエス ミジョネス] 1,000万
10.000	diez mil [ディエス ミる]	100.000.000	cien millones [シィエン ミジョネス] 1億
100.000	cien mil [シィエン ミる]	1.000.000.000	mil millones [ミる ミジョネス] 10億
		1.000.000.000.000	un billón [ウン ビジョン] 1兆

覚え方のヒント

un millón（100万）：名詞なので複数形があります。複数になるとアクセント符号が消えるので注意しましょう。

un billón（1兆）：un millón de millones とも表します。

1.991（mil novecientos noventa y uno）
　　　ミる　ノベシィエントス　ノベンタ　イ　ウノ
　▶普通，un mil とは言いません。

674.291 personas（seiscient**as** setenta y cuatro mil doscient**as** noventa y un**a**）
　　　　ペルソナス　セイスシィエントス　セテンタ　イ　クアトロ　ミる　ドスシィエンタス　ノベンタ　イ　ウナ
　▶女性複数名詞 personas（名／人）に合わせて，600と200が女性形になっている点に注意しましょう。y の位置を確認してみましょう。

5.501.000 euros（ユーロ）（cinco millones quinientos **un** mil）
　　　　　エウロス　　　　シィンコ　ミジョネス　キニエントス　ウン　ミる
　▶mil の前の uno は un になります。

301.127.413 yenes（円）（trescientos **un** millones ciento veintisiete mil cuatrocientos trece）
　　　　　　ジェネス　　　トレスシィエントス　ウン　ミジョネス　シィエント　ベインティシィエテ　ミる　クアトロシィエントス　トレセ
　▶millón / millones の前の uno は un になります。

A: ¿Cuántos habitantes tiene tu país?　B: Tiene ciento veinte millones **de** habitantes.
　　クアントス　アビタンテス　ティエネ　トゥ　パイス　　　ティエネ　シィエント　ベインテ　ミジョネス　デ　アビタンテス
A：君の国の人口は何人ですか？　B：1億2,000万人です。

　▶millón / millones の後に数字がなく，名詞が来るときは de でつなげます。

Unidad 44 ◆ 基数（3）（1000以上）

練 習 問 題

解答は239ページ

1. 次の数字をスペイン語で書きましょう。

   1) 125,752ユーロ：

   _____ euros

   2) 378,551時間：

   _____ horas

   3) 15,982,246人：

   _____ personas

   4) 1,112ページ：

   _____ páginas

   5) 209,673,001円：

   _____ yenes

2. 数字を聞いて書きましょう。　▶▶▶ CD097

   1) _____　2) _____　3) _____

   4) _____　5) _____

3. スペイン語に訳しましょう。

   1) A：中国の人口は何人ですか？　B：13億人くらいだと思います。

   _____

   2) その会社（compañía）は今年500万台のパソコンの販売する（vender）つもりです。

   _____

   3) A：このマンションはおいくらですか？　B：4,500万円です。

   _____

   4) A：この大学には何人の学生がいますか？　B：2万5千人の学生がいます。

   _____

   5) 現在（actualmente），約4億のスペイン語話者（hispanoparlantes）がいます。

   _____

💬 対話形式の練習にチャレンジ！➡144ページ

Unidad 45 比較表現 (1) ― 比較級

Yo soy más alto que mi padre.
私は父より背が高いです。

▶▶▶ MP3 CD098

1) 比較級

種類	比較構造	意味
①優等比較	(A) **más** + 形容詞 / 副詞 + **que** (B)	(A) は (B) より (形容詞 / 副詞) だ
②劣等比較	(A) **menos** + 形容詞 / 副詞 + **que** (B)	(A) は (B) より (形容詞 / 副詞) でない
③同等比較	(A) **tan** + 形容詞 / 副詞 + **como** (B)	(A) は (B) と同じくらい (形容詞 / 副詞) だ

英語の① *more ... than*, ② *less ... than*, ③ *as ... as* に相当します。

a) 形容詞の比較：形容詞は主語に合わせて語尾変化をするので注意しましょう。

A: ¿Es tu madre más baja que tú?　B: No, ella es tan alta como yo.
A：君の母親は君より背が低いの？　B：いや，彼女は私と同じくらい背が高いです。

A: ¿Es el español menos difícil que el inglés?　A：スペイン語は英語より難しくないの？
B: Me parece que ambos son difíciles.　B：両方とも難しいと思うよ。

b) 副詞の比較：副詞は語尾変化をしません。

A: ¿Tu padre vuelve a casa más tarde que tu madre?
B: No, él vuelve mucho más temprano.　A：君のお父さんはお母さんより遅く家に帰ってくるの？
　B：ううん，彼の方がずっと早く帰ってくるよ。

▶ mucho は比較級を修飾し，「ずっと」の意味で用います。

A: ¿Habla tu hermano español?　B: Sí, lo habla tan bien como un nativo.
A：君のお兄さんはスペイン語を話すの？　B：うん，ネイティヴと同じくらいうまく話すよ。

2) 不規則な比較形：スペルが似ているものに注意して覚えましょう。

形容詞		副詞	
mucho [ムチョ] 多くの	→ **más** [マス]	**mucho** [ムチョ] 大いに，たくさん	→ **más**
poco [ポコ] 少しの…しかない	→ **menos** [メノス]	**poco** [ポコ] 少ししか…ない	→ **menos**
bueno [ブエノ] 良い	→ **mejor** [メホル]	**bien** [ビエン] 良く，上手に	→ **mejor**
malo [マロ] 悪い	→ **peor** [ペオル]	**mal** [マル] 悪く，下手に	→ **peor**
grande [グランデ] 大きい	→ **mayor** [マジョル] (más grande)	▶「年上の」「年下の」の意味で mayor や menor を用います。	
pequeño [ペケニョ] 小さい	→ **menor** [メノル] (más pequeño)	▶形のあるものには más grande や más pequeño を用います。	

形容詞の中で，más と menos だけは性数変化しません。副詞は語尾変化しません。

A: ¿Estudias tú más que tu hermana mayor?　B: No, yo estudio menos que ella.
A：君は君のお姉さんよりたくさん勉強しているの？　B：いや，彼女より勉強してないよ。

A: ¿Hablas el inglés mejor que el español?　A：君はスペイン語より英語を上手に話すの？
B: Sí, pero yo hablo inglés peor que mi hermana.　B：はい，でも妹より英語を話すのが下手です。

A: ¿Tienes hermanos?　B: Sí, tengo dos hermanos mayores y una hermana menor.
A：兄弟いるの？　B：うん，兄がふたりと妹がひとりいるよ。

Unidad 45 ◆ 比較表現（1）―比較級

練習問題　　　解答は239ページ

1. 比較級を用いた文を考慮して,（　）に適切な1語を書き入れましょう。

    1) Yo soy mucho (　　　) grande (　　　) mi primo, pero soy cinco años (　　　).
       僕は従兄弟よりずっと体が大きいが，5歳年下です。

    2) Mi tío es (　　　) trabajador (　　　) mi tía, pero es (　　　) simpático.
       叔父は叔母より勤勉ではありませんが，より感じが良いです。

    3) Yo como (　　　)(　　　) mi hermano (　　　), pero bebo (　　　)
       (　　　) él.
       僕は兄よりたくさん食べるが，彼より少ししか酒を飲まない。

    4) A: ¿Bailas (　　　)(　　　) tu amigo?　B: No, yo bailo (　　　)(　　　) él.
       A：君の友人より踊りが上手なの？　B：いいえ，彼より下手です。

    5) A: ¿Es tu casa (　　　) grande (　　　) la mía?
       A：君の家は僕のと同じくらいの大きさかい？
       B: No, la mía es mucho (　　　)(　　　) que la tuya.
       B：いや，君のよりずっと小さいよ。

2. スペイン語に訳しましょう。

    1) A：あなたの奥さんはもうお元気ですか　B：ええ，ずっとよくなっています。

    2) A：この車はその車より高いのですか？　B：いいえ，これはそれより高くないです。

    3) A：誰が年上なの，君それとも君の奥さん？　B：僕の方が3つ年上だよ。

    4) A：今年は昨年より寒いですか？　B：いや，より寒くはないです。

    5) A：君には何人の兄弟がいますか？　B：2人の姉とひとりの弟がいます。

💬 対話形式の練習にチャレンジ！➡144ページ

Unidad 46　比較表現（2）—最上級，tanとtanto

Yo soy el más alto de mi familia.
私は家族で一番背が高いです。

▶▶▶ CD099

1) **最上級**：英語の *the most* + 形容詞（+ 名詞）+ *of* に相当します。

　定冠詞（el, la, los, las）（+ 名詞）+ **más** + 形容詞 + **de**... （…の中で最も…である）

　　A: ¿Quién es el más alto de tu familia?　B: Mi hermana menor es la más alta.
　　A：君の家族の中で誰が一番背が高いの？　B：妹が一番高いよ。

　　A: ¿Cómo es Toledo?　B: Es una de las ciudades más bonitas de España.
　　A：トレドはどんな感じ？　B：スペインで一番美しい町のひとつです。

　　▶最上級に名詞が入る場合は，定冠詞と **más** の間に置きます。

　　A: ¿Quién es este?　B: Es mi mejor amigo.　A：こちらはどなた？　B：僕の親友だよ。

　　A: ¿Eres la mayor de tus hermanas?　B: No, soy la menor.
　　A：君は姉妹の中で一番年上なの？　B：いいや，末っ子。

　　▶不規則な比較形も定冠詞（所有形容詞も可）とともに用いると最上級です。

2) **tan** と **tanto**

前の45課で同等比較として〈**tan** + 形容詞/副詞 + **como**〉（と同じくらい…だ）を学習しました。**tan** の他には **tanto** があり，2つの使い方をします。

① **tanto** + 名詞（+ **como**）［英語の *as many* (*much*) + 名詞 + *as*］

　形容詞なので **tanto, tanta, tantos, tantas** と次の名詞の性・数に合わせて変化します。

② 動詞 + **tanto**（+ **como**）［英語の *as much as*］副詞なので変化しません。

tan は **muy** に，**tanto** は **mucho** に似ていますが，その違いは，それぞれ前者が比較に関係している点です。

　　A: ¿Tienes tantas horas libres como yo?　A：君は僕と同じくらい暇（自由な時間があるの）かい？
　　B: No, no tengo tantas horas libres como tú.　B：いいや，君ほど暇じゃないよ。
　　A: ¿Comes tanto como tu hermano mayor?　B: No, yo como mucho menos que él.
　　A：君はお兄さんと同じくらいたくさん食べるのかい？　B：いいや，ずっと少なくしか食べないよ。

　　No hace falta estudiar tanto. El examen no es tan difícil como tú piensas.
　　そんなに勉強する必要はないよ。その試験は君が思っているほど難しくないよ。

　　▶ no tan ... como は「〜ほど…でない」で，英語の *not as ... as* に相当します。

　　A: No estás tan ocupada como tu jefe, ¿verdad?　A：君は君の上司ほど忙しくはないよね？
　　B: Sí, estoy tan ocupada como él o más.　B：いいえ，彼と同じくらいか，それ以上忙しいよ。

3) **más de** + 数（…以上）と **menos de** + 数（…以下）：数字には **de** を用います。

　　A: ¿En esta ciudad viven más de un millón de personas?
　　A：この市には100万人以上の人が住んでる？

　　B: No, menos de ochocientas mil.　B：いいや，80万人以下だよ。

練習問題

1. 比較表現を用いた文であることを考慮して（　　　）内に適切な1語を書き入れましょう。

   1) Mi piso no es (　　　) grande (　　　) el suyo.
      僕のマンションは彼女のほど大きくはありません。

   2) Mi abuelo toma (　　　) medicinas (　　　) el tuyo.
      私の祖父は君の祖父と同じくらいの量の薬を飲んでいます。

   3) María es (　　　) chica (　　　) inteligente (　　　) esta clase.
      マリアはこのクラスの中で最も頭が良い女の子です。

   4) Este país tiene (　　　)(　　　) cien millones de habitantes.
      この国の人口は1億人以上です。

   5) El restaurante de mi tía es (　　　)(　　　)(　　　) esta ciudad.
      私の叔母のレストランはこの町で最良です。

2. スペイン語に訳しましょう。

   1) A：君にとってこの3つのデザート (postre) の中でどれが一番おいしいの？
      B：私にとってはプリン (el flan) です。

   2) A：このパソコンはそれより高いのですか？　B：はい，全部の中で一番高いです。

   3) A：その5人の女の子達の中で誰が一番年上ですか？
      B：Pepaが一番年上で，Emiliaが一番年下です。

   4) A：君は君のお姉さんと同じくらい勉強してるの？
      B：いや，彼女ほどそんなには勉強してないよ。

   5) A：君は妹さんと同じくらいCDを持ってるの？
      B：うん，僕の方が彼女よりずっと多く持ってるよ。

対話形式の練習にチャレンジ！➡145ページ

Unidad 47 絶対最上級と中性冠詞のloと-mente

Este plato está buenísimo.
この料理はとてもおいしい。

▶▶▶ MP3 CD100

1) **絶対最上級**：形容詞に -ísimo をつけると「きわめて…，この上なく…，非常に…」の意味になります。絶対最上級の -ísimo をつけると -o で終わるので，性数変化（-ísimo, -ísima, -ísimos, -ísimas）に注意しましょう。

   a) 母音で終わっている形容詞は，母音をとって -ísimo をつけます。

   interesante → interesantísimo　きわめて興味深い
   インテレサンテ　　インテレサンティシィモ
   bueno → buenísimo　この上なくおいしい（よい）
   ブエノ　　ブエニシィモ

   ▶ただし，-co や -go で終わっている場合は，カ行やガ行を維持するように，それぞれ -quísimo や -guísimo につづりを変えるので注意しましょう。

   rico → riquísimo　非常にお金持ちの（美味しい）　largo → larguísimo　とても長い
   リコ　　リキシィモ　　　　　　　　　　　　　　　　ラルゴ　　ラルギシィモ

   b) 子音で終わっている形容詞は，そのまま -ísimo をつけます。

   fácil → facilísimo　きわめて簡単な　normal → normalísimo　とても普通の
   ファシィル　ファシィリシィモ　　　　　　ノルマル　　ノルマリシィモ

   A: ¿Qué te parece esta comida?　B: Está riquísima. Muchísimas gracias.
   ケ　テ　パレセ　エスタ　コミダ　　　　エスタ　リキシィマ　ムチシィマス　グラシィアス
   A：この料理はいかがですか？　B：とてもおいしいです。本当にどうもありがとう。

2) **中性冠詞の lo**：「lo + 形容詞」

   a) 「lo + 形容詞」で形容詞を名詞化して，「…なこと／もの」という意味になります。

   ▶動詞を名詞化するときは，不定詞のまま用いれば「…すること」となります（30課参照）。

   A: ¿Qué es lo más importante para ti?　B: Para mí lo más importante es vivir bien.
   ケ　エス　ろ　マス　インポルタンテ　パラ　ティ　　　パラ　ミ　ろ　マス　インポルタンテ　エス　ビビル　ビエン
   A：最も重要なことは何ですか？　B：私にとって最も重要なことはより良く生きることです。

   b) 「lo + que + 文」で文を名詞化して，「…であること」という意味になります。

   A: ¿Entiendes lo que te digo?
   エンティエンデス　ろ　ケ　テ　ディゴ
   B: No, no entiendo perfectamente lo que me dices, pero está bien.
   ノ　ノ　エンティエンド　ペルフェクタメンテ　ろ　ケ　メ　ディセス　ペロ　エスタ　ビエン
   A：君に言っていることが理解できますか？
   B：いいえ，君が私に言っていることを完璧には理解できませんが，大丈夫です。

3) **形容詞の副詞化**：形容詞に -mente をつけると副詞になります。相当する英語の -ly と同様に，どんな形容詞でも -mente をつけられるというわけではありません。

   a) -o で終わっている形容詞は，-o を -a にかえて -mente をつけます。

   perfecto → perfectamente　完全に，完璧に　tranquilo → tranquilamente　静かに，穏やかに
   ペルフェクト　ペルフェクタメンテ　　　　　　　トランキロ　　トランキラメンテ

   b) -o 以外で終わっている形容詞は，そのまま -mente をつけます。

   constante → constantemente　絶えず　general → generalmente　一般的に，概して
   コンスタンテ　コンスタンテメンテ　　　　　ヘネラル　　ヘネラルメンテ

   A: ¿Entiendes perfectamente lo que te digo?
   エンティエンデス　ペルフェクタメンテ　ろ　ケ　ディゴ
   B: No, no lo entiendo completamente, pero no importa.
   ノ　ノ　ろ　エンティエンド　コンプれタメンテ　ペロ　ノ　インポルタ
   A：君に言ってること完璧に理解できる？　B：ううん，完全には理解できないけど構わないよ。

練習問題

1. （　）内に適切な1語を書き入れましょう。

   1) Mi profesora me dice que el español es (　　　　　　), pero para mí es (　　　　　　).

      僕の先生はスペイン語がきわめて簡単だと言ってますが，僕にはとても難しいです。

   2) A: ¿Puede usted decirme (　　)(　　) piensa?　B: Sí, vale.

      A：あなたが考えていることを私に教えてくれますか？　B：はい，いいですよ。

   3) (　　) mejor es hacer las cosas bien.

      最良なことは，過不足なくちゃんとすることです。

   4) Mi hermano sabe hablar (　　　　　　) el inglés.

      兄は、英語は完璧に話せます。

   5) (　　　　　　) los ingredientes de la paella son (　　　　　　).

      普通，パエリャの食材はきわめて高価です。

2. スペイン語に訳しましょう。

   1) A：最善なことは何ですか？　B：それを良く考えることです。

   2) A：この本は難しいですか？

      B：はい，きわめて難しいですが，興味深いです。[絶対最上級で]

   3) A：一般的に，働くことはとても大変 (duro) です。

      B：はい，でも (人は) 生計を立て (ganarse la vida) なければならないのですから。

   4) A：君は田舎で静かに生活したいですか？　B：はい，私にはそれが理想的な (ideal) ことです。

   5) A：大切なことは何ですか？

      B：今は，私にとって大切なことは健康であること (tener buena salud) です。

対話形式の練習にチャレンジ！➡146ページ

Unidad 48 過去分詞と直説法現在完了

Hoy me he levantado temprano.
今日は早く起きました。

▶▶▶ MP3 CD101

1) 過去分詞の規則形は２種類あります。

規則形	cantar → cantado	語尾 -ar を取って語根に -ado をつける
	beber → bebido vivir → vivido	それぞれ -er, -ir を取って -ido をつける
不規則形	abrir → abierto　cubrir → cubierto　morir → muerto　volver → vuelto poner → puesto　escribir → escrito　freír → frito　ver → visto hacer → hecho　decir → dicho　romper → roto	

▶ leer → leído　oír → oído　caer → caído　creer → creído

　語尾 -er, -ir の直前に強母音がある場合，-i- にアクセント符号をつけ - ído にします。

2) 現在完了：「haber + 過去分詞」で表し，英語の「*have* + 過去分詞」に相当。

haber	+ 過去分詞
he has ha hemos habéis han	+ { cant**ado** beb**ido** viv**ido** }

今の時点において完了している，もしくは，していないことを表します。「今」と「過去」を同時に表せるのが現在完了の特徴です。この場合の過去分詞は性・数変化しません。

現在完了の３つの用法

a) 現在までに**完了**した事柄を表します。ya（もう）や todavía（まだ）をよく用います。

A: ¿Ya has hecho los deberes?　A：もう，宿題したの？
B: No, todavía no los he hecho. Ahora voy a hacerlos.　B：いや，まだしてないよ。今するよ。

b) 現在までの**経験**を表します。antes（以前），alguna vez（かつて，これまでに），una vez（１度，１回），nunca（決して…ない，１度も…ない）などをよく用います。

A: ¿Habéis estado alguna vez en Filipinas?　B: Sí, hemos estado dos veces.
A：君たちはこれまでにフィリピンに行ったことがある？　B：うん，２度行ったことがあるよ。

　▶「…に行ったことがある」の表現は「estado en + 場所」の他に「ido a + 場所」もあります。

c)「**今**」の枠内で起こった過去の表現：今朝，今日，今週，今月，今年など既に終わっているが，まだ時間的に関係している場合は過去形ではなく現在完了形を用います。

A: ¿Te has levantado temprano esta mañana?
B: No, me he levantado muy tarde. Por eso no he llegado a tiempo a clase.
A：今朝早く起きたの？　B：いや，とても遅く起きたよ。だから授業に間に合わなかったんだ。

▶例えば，今日が土曜日として「今週雨がたくさん降った」という表現は，日本語では過去形を用いますが，土曜日はまだ今週のことなので，スペイン語では現在完了形を用います。

練習問題　　　　　　　　　　　　　解答は240ページ

1. 次の不定詞を過去分詞にしましょう。

   1) pensar → _____　　2) salir → _____
   3) poner → _____　　4) dormir → _____
   5) mirar → _____　　6) leer → _____
   7) escribir → _____　8) romper → _____
   9) decir → _____　　10) ver → _____

2. (　　) 内に haber 動詞を適切な形にし _____ に適切な過去分詞を書き入れましょう。

   1) Este año (　　　　) _____ mucho.　今年はたくさん雨が降りました。
   2) ¿(　　　　) _____ tú esa película?　その映画を見たことがありますか？
   3) El tren para Toledo (　　　　) _____ ya.　トレド行きのその列車はもう出発しました。
   4) ¿(　　　　　) _____ vosotros "el Quijote"?　ドン・キホーテを読んだことがある？
   5) Nosotros (　　　　　) _____ la cerveza española.
      そのスペインのビールを飲んだことがあります。

3. 現在完了形を用いて，スペイン語に訳しましょう。

   1) A：あなたは今週何をしましたか？　B：スペイン語をたくさん勉強しました。
      _____

   2) A：Galicia 行きのバスはもう出発しましたか？　B：いいえ，まだ出発していません。
      _____

   3) A：君はその映画が好きかい？　B：本当は (en realidad) まだそれを見てないんだ。
      _____

   4) A：もう，君のお父さんは君に何か言ったの？　B：いや，まだ僕に何も言ってないよ。
      _____

   5) A：君たちは今までメキシコに行ったことがありますか？
      B：いいえ，一度も行ったことがありません。
      _____
      _____

💬 対話形式の練習にチャレンジ！➡ 147ページ

対話形式の練習にチャレンジ！〈3〉

➡ 解答は 240 ページ

Unidad 36　次の対話文を読み，訳しましょう。　▶▶▶ CD102

(en la cafetería)

Luis:　　Marisa, aquí tengo dos **entradas** para el **partido** de esta tarde, ¿vienes conmigo?
Marisa:　Ah, lo siento, no puedo. Estoy muy cansada. Además, mañana vienen unos amigos de París, y **seguro que** tengo que estar todo el día con ellos.
Luis:　　**¿Es la primera vez que** vienen a Madrid?
Marisa:　No, pero no conocen muy bien la ciudad y ...
Luis:　　Bueno. Voy a decírselo a Juan. **A ver** si quiere venir conmigo.
Marisa:　¿Qué **equipos** juegan?
Luis:　　El Real Madrid y el Barcelona.
Marisa:　Va a ser un partido muy **emocionante**, ¿no?
Luis:　　Sí, eso espero.

Notas　entrada 入場券　partido 試合　seguro que きっと　es la primera vez que... …するのは初めて
a ver さあ　equipo チーム　emocionante 盛り上がる

Unidad 37　次の対話文を読み，訳しましょう。　▶▶▶ CD103

(En la cafetería)

Marisa:　Oye, Luis, ¿estás **libre** esta tarde?
Luis:　　Perdona, pero con este **ruido** no te oigo nada, ¿qué dices?
Marisa:　Digo que si estás libre esta tarde.
Luis:　　¿Por qué me lo preguntas?
Marisa:　Es que quiero ir al cine y a ver si quieres venir conmigo.

Luis: ¿Y qué película quieres ver?
Marisa: Es una española, y **se titula** "Mar adentro".
Luis: Ah, sí. Últimamente oigo hablar mucho de ella. **Dicen** que es muy interesante, pero lo siento, hoy no puedo ir contigo. ¿Por qué no se lo dices a Sandra? Seguro que ella va.
Marisa: Bueno, pues voy a llamarla. A ver si quiere acompañarme.

Notas
libre 暇　ruido 騒音　se titula...（← titularse）…というタイトルの
dicen（← decir）多くの人が言っている

Unidad 38　次の対話文を読み，訳しましょう。　CD104

(en la universidad)

Risa: Roberto, ¿a qué hora te acuestas normalmente?
Roberto: **Depende,** a veces a la una o dos de la **madrugada**.
Risa: Entonces, ¿cuántas horas duermes?
Roberto: Bueno, eso depende también. Suelo dormir unas 6 horas, pero a veces **me echo la siesta**.
Risa: ¿Qué haces después de levantarte?
Roberto: Primero, me ducho y **me afeito**, con esto me despierto; después desayuno un café y una tostada.
Risa: Por la noche, ¿qué haces?
Roberto: **Me lavo los dientes** y escucho música; a veces hago yoga porque me **relaja** antes de dormir.

Notas
depende（← depender...）…による　madrugada 夜中
me echo la siesta（← echarse la siesta）昼寝する　me afeito（← afeitarse）髭をそる
lavarse los dientes 歯を磨く　relaja（← relajar）リラックスさせる

Unidad 39　次の対話文を読み，訳しましょう。　▶▶▶ CD105

(en la universidad)

Risa:　　Juan, te veo muy cambiado.

Juan:　　Sí, acabo de cortarme el pelo. Siempre me lo corto al empezar el verano.

Risa:　　Te queda mejor corto. Además, así tardas poco tiempo en **secártelo**.

Juan:　　Yo me ducho dos veces al día, pero nunca me seco el pelo. Con este **clima** el pelo se seca enseguida.

Risa:　　Sí, es verdad. Yo **me baño** por la noche, pero antes de acostarme ya lo tengo seco.

Juan:　　¿Te bañas todos los días?

Risa:　　En Japón sí, pero aquí solo una vez a la semana. Normalmente me ducho después de levantarme.

Juan:　　Sí, claro. Es que el agua **escasea** en España, ¿verdad?

Notas　secártelo（← secarse el pelo）髪を乾かす　clima 気候　me baño（← bañarse）風呂に入る
escasea（← escasear）少なくなる

Unidad 40　次の対話文を読み，訳しましょう。　▶▶▶ CD106

(en la oficina)

Luis:　　Marisa, ¿ya te vas a casa?

Marisa:　Sí, estoy un poco cansada y me duele la cabeza. Además me esperan las **labores domésticas**: lavar, **planchar, cocinar** etc. ¡Qué **ganas tengo de pasar** unos días en el **campo** sin hacer nada!

Luis: Sí, yo te veo un poco **agobiada**. ¿Por qué no os vais, toda la familia, a pasar el fin de semana en la **sierra**? Yo conozco un **lugar**, no muy lejos de Madrid.
Marisa: ¿Sí?
Luis: Sí, en coche se tarda unos 45 minutos y el lugar está en **plena** naturaleza. Se pueden **practicar** muchos **deportes**: hay **piscinas**, **campos de fútbol** etc... Pienso que los niños **se lo** pueden **pasar fenomenal**.
Marisa: ¿Y para las personas mayores?
Luis: Pues, mira, hay **canchas** de tenis y si quieres dar un paseo para **relajarte**, se alquilan bicicletas. También hay **spa**.
Marisa: Pues, me tienes que decir cómo se va a ese lugar.

Notas
labores domésticas 家事　planchar アイロンをかける　cocinar 料理する
tener ganas de... …したい　pasar 過ごす　campo 田舎　agobiado/a 疲れた　sierra 山　lugar 場所
pleno/a 一杯の　practicar deportes スポーツをする　piscina プール　campos de fútbol サッカー場
relajarse リラックする　spa スパ

Unidad 41　次の対話文を読み，訳しましょう。　▶▶▶ MP3 CD107

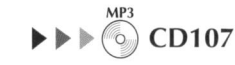

(en el piso)

Roberto: Hola Risa, ¿qué haces?
Risa: Estoy leyendo un libro sobre el flamenco **actual**.
Roberto: ¿Sigues practicándolo?
Risa: Sí, claro, aunque ahora estoy un poco cansada y **no** lo practico **mucho**.
Roberto: ¿Llevas mucho tiempo bailándolo?
Risa: Llevo más de seis meses. ¡Este baile es muy **complicado**!
Roberto: **Oye**, ¿dónde está Sandra que no la veo?
Risa: Está durmiendo.
Roberto: No sé, **siempre que** os visito, la encuentro durmiendo.
Risa: Sí, es que es una **dormilona**. Además se pasa la noche **navegando por**

Internet y **se va a la cama** muy tarde.

Roberto: Ah claro, ahora lo entiendo.

Notas

actual 今の，現在の　no...mucho あまり…ない　complicado 複雑な
oye（←oír）ねえ，聞いて（túに対する命令表現）　siempre que …する時はいつも
dormilón / dormilona よく眠る人　navegando（←navegar）por Internet ネットサーフィンをする
se va（←irse）a la cama ベットに入る

Unidad 42　次の対話文を読み，訳しましょう。　▶▶▶ CD108

(en la biblioteca)

Risa: **Mira** cómo empieza el libro de **Don Quijote**: "En un lugar de **La Mancha**...."

Roberto: Sí, es un libro muy interesante.

Risa: Yo lo estoy leyendo en **castellano**, pero no entiendo nada. ¿Entiendes tú algo?

Roberto: Sí, llevo estudiándolo **mucho tiempo**. Es mi **especialidad**. Risa, ¿por qué no visitas algunas de las ciudades de La Mancha **relacionadas con** el libro? Así lo vas a entender **mejor**.

Risa: ¿Aquí en Madrid, conoces a alguien de La Mancha?

Roberto: Sí, mi **antiguo** profesor de español es de Toledo. Él te puede presentar a algún amigo de su **tierra** y así visitáis juntos La Mancha.

Risa: Muchas gracias. **Me hace mucha ilusión** viajar por algunos de los lugares que salen en el libro.

Notas

mira（←mirar）ねえ，見て（túに対する命令表現）　Don Quijote ドン・キホーテ（セルバンテスの小説【正題は
El Ingenioso Hidalgo Don Quijote de la Mancha（才知あふるる郷士ドン・キホーテ・デ・ラ・マンチャ）】
La Mancha ラ・マンチャ（スペイン中南部の高原地方でドン・キホーテの舞台）
castellano カスティージャ語、スペイン語　mucho tiempo 長い間
especialidad 専門，専攻　relacionadas（←relacionarの過去分詞）
con... ～と関係のある　mejor より良く　antiguo 昔からの　tierra 故郷
Me hace mucha ilusión... 私は～するのをとても楽しみにしている

Unidad 43　次の対話文を読み，訳しましょう。　▶▶▶ CD109

(en la oficina)

Luis:　　Mira Marisa, una foto de mi familia.
Marisa:　¿Esta es vuestra casa?
Luis:　　No, es la casa de mis padres, la nuestra está detrás.
Marisa:　Pues, es muy grande y además tiene **garaje**.
Luis:　　¿La tuya no lo tiene?
Marisa:　No, la mía no tiene garaje.
Luis:　　Entonces, ¿dónde dejáis los coches?
Marisa:　El mío lo dejo en el garaje de mis padres. Es que el suyo es muy grande y viven al lado.
Luis:　　¿Y el coche de tu marido?
Marisa:　Bueno, el suyo lo deja en un garaje público, cerca de casa.

Notas　garaje 車庫，ガレージ

Unidad 44

次の対話文を読み，訳しましょう。　▶▶▶ CD110

(en la biblioteca)

Risa: ¿Qué haces Roberto?
Roberto: Estoy **consultando la Gran Enciclopedia Panhispánica**.
Risa: ¿Cuántos habitantes tiene México?
Roberto: Según la estadística de 2005 tiene 104.812.817 habitantes y una **superficie** de 1.964.375 **km²**.
Risa: Solo en el area de la Ciudad de México hay más de 23 millones, ¿no?
Roberto: Sí, así es. ¿Cuántos habitantes tiene Japón?
Risa: Pienso que **pasa** de los 127 millones de habitantes, pero tiene una superficie de tan solo 378.000 km².
Roberto: Está **superpoblado**, ¿no?
Risa: Sí, tiene más de 376 habitantes por km².

Notas
consultando（← consultar の現在分詞）〜を調べる
la Gran Enciclopedia Panhispánica 汎イスパニカ大百科事典　estadística 統計　superficie 面積
km²（kilómetros cuadrados）　pasa（← pasar）…を超える　superpoblado 人口過密の

Unidad 45

次の対話文を読み，訳しましょう。　▶▶▶ CD111

(en la calle)

Roberto: Lilian, ¿**me acompañas** a los **Grandes Almacenes el Corte Inglés**?
Lilian: Sí, vale. Yo también quiero comprarme ropa.

(en el Corte Inglés)

Roberto: Lilian, ¿te gustan estos zapatos marrones?
Lilian: No, me gustan más los negros.
Roberto: Es que esos son más caros que los marrones...
Lilian: ... pero los negros son **de mejor calidad** que los marrones. **Veo que** no quieres **gastarte** mucho dinero. Bueno, vamos a la planta de **ropa de mujer**.
Roberto: Venga, vamos.
Lilian: Roberto, ¿qué falda **me queda** mejor, la blanca o la gris?
Roberto: Bueno, la blanca te queda tan bien como la gris. No sé qué decirte. ¿Qué

　　　　　　　precio tienen?

Lilian: 　La blanca es más cara que la gris.

Notas
me acompañas（acompañar）私に同行する，一緒に行く
Grandes Almacenes el Corte Inglés 百貨店コルテ・イングレス　de mejor calidad より質が良い
Veo que... …であることが分かる　gastar 費やす　ropa de mujer 婦人服　me queda 私に似合う

Unidad 46　次の対話文を読み，訳しましょう。　▶▶▶ CD112

(en la oficina)

Luis: 　Marisa, ¿cuántos hermanos tienes?

Marisa: 　Tengo tres hermanos: el mayor se llama Antonio y es **cocinero**. Es el más **responsable** y serio de la familia, además es muy trabajador. Es el **dueño** del restaurante "El Abuelo".

Luis: 　Ah sí, es muy famoso, pero un poco caro, ¿no?

Marisa: 　Sí, es caro, pero es uno de los mejores de la ciudad.

Luis: 　¿Y los otros hermanos?

Marisa: 　Sí, el segundo se llama Francisco y es **funcionario**. Es el más **tímido** de la familia, pero es muy buena persona. **Por último** está mi hermana menor, se llama Ana, es **universitaria**.

Luis: 　Es guapa, ¿no?

Marisa: 　Sí, es muy guapa y es la más inteligente de la familia, pero también es la más **vaga**. Y tú, ¿tienes hermanos?

Luis: 　No, soy hijo **único**.

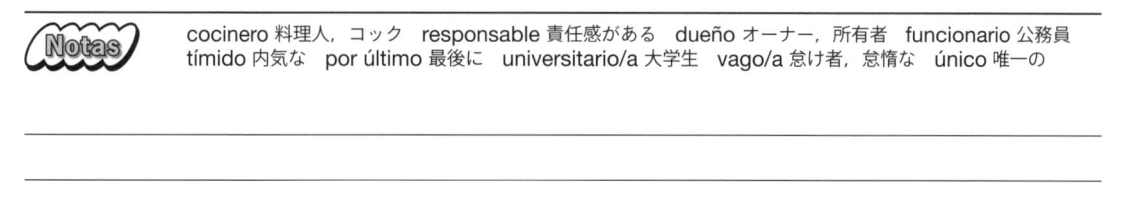

Notas
cocinero 料理人，コック　responsable 責任感がある　dueño オーナー，所有者　funcionario 公務員
tímido 内気な　por último 最後に　universitario/a 大学生　vago/a 怠け者，怠惰な　único 唯一の

Unidad 47 次の対話文を読み，訳しましょう。　　　　　▶▶▶ CD113

(en la cafetería)

Luis: Marisa, llevas un **jersey** bonitísimo. Normalmente, ¿dónde compras la ropa?

Marisa: Yo suelo comprarla en Zara. Ahora, **precisamente**, la ropa está **rebajadísima**. Puedes encontrar trajes **a muy buen precio**. **Lo mejor** es ir **cuanto antes** porque tienes muchos **modelos** para **escoger**.

Luis: Yo, normalmente, compro la ropa en Adolfo Domínguez.

Marisa: Esta marca es carísima.

Luis: Sí, pero **de buenísima calidad**. Yo también compro **en tiempo de rebajas**. **De todos modos**, para mí **lo más importante** es llevar ropa **cómoda**.

Notas
jersey セーター　precisamente 正に　rebajadísimo/a とても値下げしている
a muy buen precio とてもお手ごろな価格　lo mejor 最も良いこと　cuanto antes できるだけ速く
modelos モデル，型　escoger 選ぶ　de buenísima calidad 質がとてもよい
en tiempo de rebajas セールの時期　de todos modos とにかく　lo más importante 最も大切なこと
cómodo/a 快適な

Unidad 48　次の対話文を読み，訳しましょう。　▶▶▶ CD114

(en la cafetería)

Roberto: Risa, ¿has terminado ya la **tarea** de la clase de español de esta semana?
Risa: No, todavía no la he terminado. ¿Por qué me lo preguntas?
Roberto: Es que quiero **proponer**te un plan.
Risa: Ah, muy bien. La tarea **no importa**, la voy a **terminar este fin de semana**.
Roberto: ¿Has estado alguna vez en el museo Thyssen?
Risa: No, no he estado nunca, pero tengo muchas ganas de ir.
Roberto: Bueno, yo he pensado que podemos ver una exposición del **Impresionismo del siglo XIX**. ¿Qué te parece?
Risa: Ah, me parace **estupendo**. Esta semana he estado muy ocupada con mis clases y ahora estoy un poco cansada. Esto me va a **servir para relajarme** .
Roberto: Yo ya la he visto una vez, pero quiero verla **otra vez** contigo.

Notas
tarea 課題，宿題　proponer（← proponer）提案する　no importa（← importar）重要ではない，構わない
terminar este fin de semana 今週末終える　Impresionismo 印象派　del siglo XIX 19世紀の
estupendo 素晴らしい　servir para relajarme 私がリラックスするのに役立つ　otra vez もう一度

ティッセン＝ボルネミッサ美術館外観

48課までのまとめ (enfoque comunicativo)　解答は243ページ

1. 下の表から1つ適切な動詞を選び，下線部に正しい形にして書き入れ，和訳しましょう。

> ducharse　lavarse　acostarse　gustar
> bañarse　levantarse　jugar　limpiarse

Normalmente los días de trabajo 1)_____ muy temprano, a las 6, porque me 2)_____ hacer deporte antes de desayunar. Desayuno tranquilamente y leo el periódico. Tomo un café con leche y una tostada con mantequilla y mermelada. Después 3)_____ y salgo de casa a eso de las 8. Voy en metro al trabajo. Normalmente trabajo de 9 a 6 de la tarde. Los martes 4)_____ al tenis unas dos horas. Ese día vuelvo a casa un poco tarde. 5)_____ las manos y charlo un poco con la familia. A las 8:30 cenamos todos juntos. Después de cenar veo la tele o navego por Internet. A eso de las 10 6)_____ y 7)_____ los dientes. A veces escucho música o leo un libro, 8)_____ a eso de las 12.

2. 例のように現在分詞を用いて文を作り，和訳しましょう。

   例）*Pasan la tarde mientras juegan a las cartas.* ⇒ *Pasan la tarde jugando a las cartas.*

   訳：トランプで遊んでいる間に時間が過ぎる。→トランプで遊んでいると時間が過ぎます。

   1) Come pipas mientras ve la televisión.

      ⇒ 1) _____

      _____

   2) Oyen música mientras cantan y llevan el ritmo con el pie.

      ⇒ 2) _____

      _____

   3) Espero el tren mientras duermo en la sala de espera.

      ⇒ 3) _____

      _____

   例）*Si estudias , puedes aprobar el examen.* ⇒ *Estudiando puedes aprobar el examen.*

   訳：勉強すればその試験に君は合格できる。

   4) Si ahorras 200.000 euros, puedes comprarte una casa en España.

      ⇒ 4) _____

   5) Si pintas tu habitación, te va a quedar una habitación muy bonita.

      ⇒ 5) _____

   6) Si practicas con este libro, vas a entender muy bien la gramática española.

      ⇒ 6) _____

3. 接続詞，y, pero のどちらかを選んで，例のように矢印で左の文と右の文を結び付け，和訳しましょう。

   例）1) Tengo muchos amigos → y → d) muchas amigas.

      訳：私には多くの男の友人と女の友人がいます。

1) Tengo muchos amigos		a) conozco pocas ciudades.
2) Llevo estudiando español 2 años	y	b) practicarlo.
3) Me gusta ver el fútbol por la tele		c) es difícil.
4) Vivo en España		d) muchas amigas.
5) Me gusta estudiar español	pero	e) me acuesto muy tarde.
6) Me levanto		f) no lo hablo muy bien.

   _____
   _____
   _____
   _____
   _____

4. 下の表にはペレス家とガルシア家に関する情報が示されています。例を参考にして，比較級を用いた文を完成させ，和訳しましょう。

	los Pérez	los García
例）Altura media	178 cm	170 cm
1）Coeficiente intelectual	110	110
2）Hora de levantarse	Entre 7 y 8	Entre 6 y 7
3）Hora de acostarse	24:00	23:00
4）Días que practican deportes al mes	10 días	2 días
5）Euros que gastan al mes en alimentación	500 euros	500 euros
6）Número de accidentes de coche	3	0
7）Número de horas de trabajo	40	45

例）Los Pérez son más altos que los García.

訳：ペレス家はガルシア家より背が高いです。

1）Los García _____ inteligentes _____ los Pérez.

2）Los García _____ temprano _____ los Pérez.

3）Los Pérez _____ tarde _____ los García.

4）Los Pérez _____ (bueno) deportistas _____ los García.

5）Los García _____ dinero _____ los Pérez.

6）Los Pérez (conducir)_____ (mal) _____ los García.

7）Los Pérez (trabajar) _____ los García.

5. 下の2つの対話文の空欄に alguno, ninguno を用いて，必要であれば正しい形にして文を完成させ，和訳しましょう。

1º diálogo　Roberto:　Perdón, ¿Sabe si hay 1)＿＿＿＿＿ librería por aquí?
　　　　　　Señora:　No, no hay 2)＿＿＿＿＿. Quizás puede encontrar 3)＿＿＿＿＿ al final de la calle.

_____
_____
_____

2º diálogo　Roberto:　Buenas tardes, ¿tienen 4)＿＿＿＿＿ libro sobre García Lorca?
　　　　　　Señorita:　No, no tenemos 5)＿＿＿＿＿. Quizás en la librería de enfrente puede encontrar 6)＿＿＿＿＿.

_____
_____
_____
_____

6. 下の2つの対話文の空欄に所有代名詞を用い文を完成させ，和訳しましょう。

Roberto:　Oye, Risa, ¿De quién es este ordenador?
Risa:　　Es 1)＿＿＿＿＿. Lo tengo desde el año pasado
Roberto:　¿Y el de Sandra?
Risa:　　El 2)＿＿＿＿＿ lo tiene en su habitación.
Roberto:　¿De quién es este jarrón?
Risa:　　Es 3)＿＿＿＿＿, de Sandra, de Lilian y 4)＿＿＿＿＿.
　　　　　［それは，私たちの，（つまり）サンドラとリリアンと私のです］
Roberto:　¿Y estas dos gafas de sol son de Lilian y Sandra?
Risa:　　No, no son 5)＿＿＿＿＿. Son 6)＿＿＿＿＿. Las 7)＿＿＿＿＿ están en la mesa.
　　　　　［いいえ，彼女たちのではなく，わたしのです。彼女たちのはテーブルの上にあるよ。］

151

Unidad 49 直説法点過去──規則動詞（1）-ar動詞

Ayer estudié español dos horas.
私は昨日２時間スペイン語を勉強しました。

▶▶▶ CD115

スペイン語にはふたつの直説法過去形の活用形があります。点過去形と線過去形です。

| hablar | hablé | hablaste | habló | hablamos | hablasteis | hablaron |

-ar 動詞：-ar を取り，**-é, -aste, -ó, -amos, -asteis, -aron** の各語尾をつけます。

▶ ①１人称単数形，３人称単数形の最終音節にアクセント符号。 ②１人称複数形の活用形は現在形の１人称複数形の活用形と同じ。 ③２人称複数形にアクセント符号はつかない。

綴り字に注意する動詞　①不定詞の活用語尾に -c-ar，-g-ar がある動詞はカ行音，ガ行音にするために -u- を入れて **-que, -gue** と綴る。（buscar（探す）　llegar（到着する）など）②不定詞の活用語尾に -z-ar がある動詞は -zé と綴らずに，**-cé** と綴る。（empezar（始まる，始める））など（buscar: bus**qué**, buscaste..., / llegar: lle**gué**, llegaste..., / empezar: empe**cé**, empezaste...）

語根母音変化動詞　直説法現在形語根母音変化動詞の **-ar 動詞，-er 動詞は，点過去形では語根母音変化しない。-ir 動詞は，点過去形で語根母音変化**。（52課を参照）

点過去形の用法

過去のある特定の時点や一定期間に完結した事柄を表します。また文中に特定の時点，期間（始まりや終わり）を意味する表現がある時は点過去を使います。

A: ¿Estudiaste español ayer?
B: Sí, lo estudié anoche desde las nueve hasta las once.
A：君は昨日スペイン語を勉強した？　B：うん，僕は昨夜９時から11時まで（それを）勉強したよ。

A: ¿Llegaste tarde anteayer?　B: Sí, llegué un poco tarde.
A：君はおととい遅刻したの？　B：うん，僕は少し遅刻したんだ。

Me robaron la cartera hace dos días.　▶ hace + 期間（…前に），この時 hacer は３人称単数形で用いる。
私は２日前に財布をすられました。

A: ¿Encontraste la llave?　B: No, la busqué todo el día, pero no la encontré.
A：君，鍵を見つけた？　B：いいや，（それを）一日中探したよ，でも見つからなかったよ。

A: ¿Se te olvidó llamar a tu madre ayer?　B: Ah, sí, se me olvidó. ▶再帰（無意思）
A：昨日お母さんに電話するのすっかり忘れたんじゃない？　B：ああ，すっかり忘れていたよ。

A: ¿Reservaste el viaje la semana pasada?
B: Sí, lo reservé por internet y lo pagué con la tarjeta de crédito.
A：先週旅行の予約をした？　B：うん，インターネットで（それを）予約して（それを）クレジットカードで払ったよ。

過去を表す語，句（1）

ayer（昨日）　anoche（昨晩）　anteayer（おととい）　el lunes pasado（先週の月曜日）
la semana pasada（先週）　el mes pasado（先月）　el año pasado（昨年）
el verano pasado（去年の夏）　hace...（…前に）　en（…に）　desde...hasta ...（…から…まで）
durante...（…の間）

Unidad 49 ◆ 直説法点過去──規則動詞（1）–ar動詞

練習問題   解答は244ページ

1. 動詞を直説法点過去形の適切な形にし，文を完成させましょう。1語とは限りません。

    1) Normalmente mi marido se levanta a las seis, pero ayer _____ (levantarse) a las cinco.
    私の夫はいつも6時に起きます。でも昨日は5時に起きました。

    2) Después de mucho tiempo anteayer _____ (jugar) al fútbol.
    しばらくぶりにおととい僕はサッカーをしました。

    3) _____ (dejar) el trabajo cuando _____ (casarse).
    私は結婚した時仕事をやめました。

    4) _____ (sacar) dinero del cajero anoche. 私は昨夜ATMでお金を下ろしました。

    5) ¿Cuándo _____ (cortarse) el pelo usted por última vez?
    最後に髪を切ったのはいつですか？

2. スペイン語に訳しましょう。

    1) A：君はコンサート（concierto）でギターを弾いたの？　B：いいや，ヴァイオリン（el violín）を弾いたんだ。

    2) A：あなたは去年の夏泳ぎましたか？　B：いいえ，でも私は友人たちとテニスをしました。

    3) 私は昨日私の友人に電話して，私たちは一緒にあるスペイン料理店で食事をしました。

    4) A：君は誰にバイクを貸したの？　B：僕は先週の土曜日にそれを弟に貸したよ。

    4) A：君たちはスペインで何年働いたの？　B：僕たちは5年，2001年から2005年まで働いたよ。

対話形式の練習にチャレンジ！➡172ページ

直説法点過去―規則動詞 (2) -er動詞と-ir動詞

Unidad 50

¿Cuántos años vivisteis en Alemania?
君たちはドイツに何年住んだの？

▶▶▶ MP3 CD116

-er，-ir 動詞の点過去形，規則活用の活用語尾は同形です。

| comer | comí | com**iste** | com**ió** | com**imos** | com**isteis** | com**ieron** |
| vivir | viví | viv**iste** | viv**ió** | viv**imos** | viv**isteis** | viv**ieron** |

▶1人称単数形，3人称単数形の最終音節の母音にアクセント符号。

-er，-ir 動詞：-er，-ir を取り，-í, -iste, -ió, -imos, -isteis, -ieron の各語尾をつけます。

綴り字に注意する動詞

leer（読む）: leí, leíste, leyó, leímos, leísteis, leyeron
oír（聞く）: oí, oíste, oyó, oímos, oísteis, oyeron

▶① leer，oír の3人称単数形，3人称複数形の活用語尾は，-ió ではなく -yó，-ieron ではなく -yeron（母音に挟まれた i は y に変わる）。②1人称単数形，3人称単数形の最終音節の母音にアクセント符号。③2人称単数形，1人称複数形，2人称複数形にもアクセント符号。

A: ¿Cuántos años vivisteis en Alemania?　B: Vivimos en Berlín un año.
A：君たちはドイツに何年住んだの？　B：僕たちはベルリンに1年住んだよ。

A: ¿Estudiaste para el examen?　B: Sí, estudié mucho, pero me suspendieron.
A：君は試験のために勉強したの？　B：うん，僕は沢山勉強したよ。でも僕は落とされちゃった。

A: ¿Escribió usted una carta a la embajada?　B: Sí, la escribí la semana pasada.
A：あなたは大使館へ手紙を書きましたか？　B：はい，私は（それを）先週書きました。

A: ¿Leísteis la novela por fin?　B: No, no la leí. Pero mi hermana, sí la leyó.
A：ついに君たちはその小説を読んだ？　B：僕は（それを）読まなかった。でも僕の妹は（それを）読んだよ。

A: ¿Cuándo oyó usted esta canción por primera vez?
B: La oí hace ya mucho tiempo.
A：あなたはいつこの歌を初めて聞きましたか？　B：私は（それを）もうずいぶん前に聞きました。

A: ¿Qué vio usted el domingo pasado?　B: Vi una película mexicana.
A：あなたはこの前の日曜日何を見ましたか？　B：私はメキシコ映画を見ました。

▶vi，vio にアクセント符号はつかない。

A: ¿Por dónde salisteis anoche?
B: Salimos por el barrio de La Latina. Bebimos y tomamos unas tapas.
A：君たちは昨夜どのあたりに出かけたの？　B：ラティーナ地区へ出かけたんだよ。お酒を飲んでタパスを食べたよ。

A: ¿Llovió mucho anoche?　B: Sí, llovió a cántaros.
A：昨夜は大雨だった？　B：うん，すごく降ったよ。

A: ¿A qué hora volviste a casa ayer?　B: Volví a las nueve.
A：昨日君は何時に家に帰った？　B：9時だよ。

A: ¿En qué año nació tu abuelo?　B: Nació en 1890.
A：君のおじいさんは何年に生まれたの？　B：1890年だよ。

Unidad 50 ◆ 直説法点過去—規則動詞（2）-er動詞と-ir動詞

練習問題

解答は244ページ

1. 動詞を直説法点過去形の適切な形にし文を完成させましょう。1語とは限りません。

   1) A: ¿_____ (coger) tú la gripe el año pasado?
      A：君去年インフルエンザにかかった（coger la gripe）？
      B: No, no (_____).
      B：いいや，かからなかったよ（目的格代名詞を用いて）。

   2) A: ¿A qué hora _____ (volver) tus hijos a casa el viernes pasado?
      A：君の息子たちは先週の金曜日何時に帰宅した？
      B: _____ (volver) a las tres de la madrugada.
      B：彼らは朝の3時に帰宅しました。

   3) Anoche no _____ (atreverse) a decirle a mi padre la verdad.
      僕は昨夜父に思い切って本当のことを言えませんでした。

   4) A: ¿Quién _____ (recibir) los paquetes el miércoles pasado?
      A：誰が先週の水曜日に小包を受け取ったの？
      B: El portero _____ (recibir) por la mañana.
      B：午前中に守衛さんが（それを）受け取りました。

   5) El año pasado el precio de los pisos _____ (subir) mucho.
      去年マンションの価格はとても上がりました。

2. スペイン語に訳しましょう。

   1) A：君はどこで生まれたの（nacer）？　B：僕はマドリッドで生まれたんだ。（Madrid）
   _____

   2) A：君のおじさんたちはどれくらいスペインに住んだ？
      B：彼らは5年そこに住んだよ。
   _____
   _____

   3) A：君は明日のその試験について何か聞いた？　B：いいえ，僕は何も聞かなかったよ。
   _____

   4) A：あなた方は大学で何か国語（idiomas）学びましたか？　B：3か国語学びました。
   _____

   5) A：君は休暇中に（durante las vacaciones）何冊本を読んだ？　B：3冊読んだよ。
   _____

対話形式の練習にチャレンジ！➡172ページ

51 直説法点過去─不規則動詞（1）（u型, i型）

¿Dónde estuviste anoche?
君は昨夜どこにいたの？

▶▶▶ CD117

不規則動詞の活用形は，**活用語尾だけでなく語根の母音も変化します。**

点過去形不規則活用（-u型, -i型）：語尾の -ar, -er を取り，-e, -iste, -o, -imos, -isteis, -ieron の各語尾をつけます。

▶① u 型は語根の母音が -u に，-i 型は語根の母音が -i に変化。②動詞によってはこの他に変化する箇所がある（活用表の太字）。③ 1 人称単数形，3 人称単数形にアクセント符号はつかない。

1) u 型

tener	tuve	tuviste	tuvo	tuvimos	tuvisteis	tuvieron
estar	estuve	estuviste	estuvo	estuvimos	estuvisteis	estuvieron
haber	hube	hubiste	hubo	hubimos	hubisteis	hubieron
poder	pude	pudiste	pudo	pudimos	pudisteis	pudieron
poner	puse	pusiste	puso	pusimos	pusisteis	pusieron
saber	supe	supiste	supo	supimos	supisteis	supieron

tener: -n → -v　estar: -v が入る　poner: -n → -s　saber: -b → -p

A: ¿Dónde estuviste anoche?　B: Estuve en el despacho.
A：君は昨夜どこにいたの？　B：僕はオフィスにいたよ。

A: ¿Cuándo supiste esta noticia?　B: La supe el mes pasado.
A：君はいつこのニュースを知ったの？　B：僕は（それを）先月知ったんだ。

A: ¿Qué tal el fin de semana?　B: Estuve en casa. Es que tuve que estudiar mucho.
A：週末はどうだった？　B：家にいたよ。たくさん勉強しなければならなかったから。

A: ¿Qué le pasó a tu tío el otro día?
B: Lo empujaron en el tren y se rompió el pie. Estuvo en el hospital un mes.
A：先日君の叔父さんに何があったの？　B：電車の中で押されて足を折ったんだ。1か月入院したんだよ。

A: ¿Qué pusieron anoche en la televisión?
B: Pues, pusieron una película uruguaya muy divertida.
A：昨夜テレビで何をやっていた？　B：ええと，とても面白いウルグアイ映画をやっていたよ。

2) i 型

venir	vine	viniste	vino	vinimos	vinisteis	vinieron
hacer	hice	hiciste	hizo	hicimos	hicisteis	hicieron
querer	quise	quisiste	quiso	quisimos	quisisteis	quisieron

hacer: 3人称単数形 -c → -z（-c のままではカ行音。-c から -z に綴りを変えるとサ行音）

A: ¿Cómo viniste anteayer?　B: Vine en coche.
A：君はおとといどうやって来たの？　B：僕は車で来たんだ。

A: ¿Qué hiciste el lunes?　B: Trabajé hasta las diez.
A：君は月曜日何をしたの？　B：10時まで働いたよ。

Mis padres se quisieron mucho durante toda su vida.　僕の両親は生涯とても愛し合いました。

Unidad 51 ◆ 直説法点過去―不規則動詞（1）（u型，i型）

練習問題　　　　　　　　　　　　　　解答は244ページ

1. 動詞を直説法点過去形の適切な形にし，文を完成させましょう。1語とは限りません。

   1) A: ¿Cuánta gente _____ (venir) a la fiesta el sábado pasado?
      A：先週の土曜日パーティにはどれくらいの人が来た？
      B: _____ (venir) más de treinta.　B：30人以上来たよ。

   2) A: ¿Qué chaqueta _____ (ponerse) ayer?
      A：君は昨日どの上着を着たの？
      B: _____ (ponerse) la azul.　B：僕は青いのを着たよ。

   3) A: ¿Qué tiempo _____ (hacer) en Salamanca anteayer?
      B: _____ (hacer) mucho calor.
      A：おとといサラマンカはどんな天気だった？　B：とても暑かったよ。

   4) Yo _____ (querer) viajar en verano, pero al final no _____ (poder).
      僕は夏に旅行したかったけれど，結局できなかった。

   5) A: ¿_____ (haber) clases ayer?　A：昨日授業はあった？
      B: No, porque _____ (tener) fiesta.　B：ないよ。僕たちは休みだったから。

2. スペイン語に訳しましょう。

   1) 僕はコンサート（concierto）のチケット（entrada）を2枚受け取っていたけれど行けなかった。

   2) 昨日僕はメガネ（gafas）を居間（el salón）に置いて，今はそれがどこにあるか知らない。（わからない）

   3) 僕たちは昨夜明け方の3時まで試験の勉強をしなければならなかったんだ。

   4) 数日前チリで大地震（gran terremoto）がありました。

   5) A：君は昨夜何をした？　B：宿題（los deberes）を終えて（terminar）からジョギング（footing）したよ。

対話形式の練習にチャレンジ！➡173ページ

Unidad 52 直説法点過去—不規則動詞（2）(j型, その他の不規則動詞)

¿Qué dijo la radio ayer?
昨日ラジオは何と言っていた？

▶▶▶ CD118

1) j型：decir（言う） conducir（運転する） traducir（翻訳する）

| decir | di**j**e | di**j**iste | di**j**o | di**j**imos | di**j**isteis | di**j**eron |

▶ ①全ての活用形に **j** が入る。②3人称複数形の活用語尾は **-ieron** ではなく **-eron**。

¿Qué dijo la radio ayer?　ラジオは昨日何を報じていた？
A: ¿Quién tradujo la novela al japonés?　B: La tradujo mi profesor.
A：誰がその小説を日本語に訳したの？　B：私の先生が（それを）訳しました。

2) その他の不規則動詞

| dar | di | diste | dio | dimos | disteis | dieron |
| ir / ser | fui | fuiste | fue | fuimos | fuisteis | fueron |

▶ di, dio / fui, fue にはアクセント符号はつかない。

A: ¿Qué hicisteis ayer?　B: Dimos un paseo en bicicleta.
A：君たちは昨日何をしたの？　B：僕たちはサイクリングをしたよ。
A: ¿Cómo fuiste al lago?　B: Fui a pie.　A：君は湖へどうやって行ったの？　B：歩いて行ったよ。
A: ¿Qué obra de teatro viste cuando fuiste a Madrid por última vez?
B: Vi "El Rey León" en La Gran Vía.
A：君は最後にマドリッドに行った時に何の舞台を見た？　B：グランビアで「ライオンキング」を見たよ。

3) **語根母音変化動詞**（ir 動詞のみ）

① e → i（現在形は e → ie）型	e → i 型（現在形は e → i）	② o → u 型（現在形は o → ue）
pref**e**rir（好む）	rep**e**tir（繰り返す）	d**o**rmir（眠る）
preferí	repetí	dormí
preferiste	repetiste	dormiste
pref**i**rió	rep**i**tió	d**u**rmió
preferimos	repetimos	dormimos
preferisteis	repetisteis	dormisteis
pref**i**rieron	rep**i**tieron	d**u**rmieron
同じ型の活用形を持つ動詞		
sentir	pedir, seguir, servir, vestirse	morir

①活用語尾は**点過去の規則形**。　②3人称単数形，3人称複数形に語根母音変化（活用語尾に近いほうの母音が変化）。

A: ¿Qué tal lo pasaste el fin de semana?　A：週末はどう過ごしたの？
B: Me sentí mal y me quedé en casa los dos días.　B：具合が悪かったから2日間家にいたの。
A: ¿Durmió usted bien anoche?　B: Sí, dormí como un tronco.
A：あなたは昨夜よく眠れましたか？　B：はい，ぐっすり眠りました。

Unidad 52 ◆ 直説法点過去―不規則動詞（2）（j型, その他の不規則動詞）

練習問題   解答は 244 ページ

1. 動詞を直説法点過去形の適切な形にし文を完成させましょう。1語とは限りません。

   1) A: Ayer _____ (dar) vosotros una vuelta por la ciudad?

      A：君たちは昨日街を散歩した？

      B: No, porque _____ (llover) todo el día.

      B：いいや，一日中雨が降ったから。

   2) A: ¿Qué _____ (elegir) usted para regalarle a su novia en el día de su cumpleaños?

      A：あなたは恋人の誕生日に彼女にプレゼントをするために何を選びましたか？

      B: _____ (elegir) unos pendientes.　B：僕はピアスを選びました。

   3) A: ¿Después de la comida _____ (dormir) ustedes la siesta?

      A：あなた方は食事のあと昼寝をしましたか？

      B: No, no _____ (dormir) porque _____ (ir) al museo.

      B：いいや，（それを）しませんでした。僕たちは美術館へ行ったから。

2. スペイン語に訳しましょう。

   1) A：君たちは昨夜家で何か言われた？　B：いいや，何も言われなかったよ。
      _____

   2) 私たちは3日間アリカンテ（Alicante）へ行きました。旅行中僕が運転しました。（durante todo el viaje）
      _____

   3) 僕の弟は先週の月曜日うっかりパスポート（pasaporte）を無くしてしまった。（perdérsele a mi hermano）
      _____

   4) A：君たちその映画をどう思った？

      B：私たちはとても良かったと思った。僕たちは笑い死にしそうだったよ。（morirse de risa）
      _____
      _____

   5) 昨日は彼女は気分が悪かった。
      _____

💬 対話の練習にチャレンジ！ ➡173ページ

Unidad 53 直説法線過去─規則動詞

Antes vivía mucha gente en este pueblo.
この村には以前多くの人が住んでいました。

▶▶▶ CD119

-er，-ir 動詞の線過去形規則活用の活用語尾は同形です。

hablar	hablaba	hablabas	hablaba	hablábamos	hablabais	hablaban
comer	comía	comías	comía	comíamos	comíais	comían
vivir	vivía	vivías	vivía	vivíamos	vivíais	vivían

▶① 1人称単数形，3人称単数形の活用語尾は同形。② -ar 動詞は -a- に，-er，-ir 動詞は -i- にアクセント。アクセントの位置はずれない。

-ar 動詞：語尾の -ar を取り，-aba, -abas, -aba, -ábamos, -abais, -aban の各語尾をつけます。
-er，-ir 動詞：語尾の -er，-ir を取り，-ía, -ías, -ía, -íamos, -íais, -ían の各語尾をつけます。

線過去形の用法

点過去，線過去の用法を区別して覚えましょう。

1) 過去において継続中の行為や状態，点過去で表されている出来事の背景を表します。
   A: ¿Qué hacías cuando te llamé por teléfono?　B: Leía una novela policíaca.
   A：電話をしたとき君は何をしていたの？　B：推理小説を読んでいたんだ。
   ¿Cuántos años tenía la abuela, cuando se casó?　結婚したときおばあさんは何歳だった？
   Antes vivía mucha gente en este pueblo.　この村には以前多くの人が住んでいました。
   Mi hermana trabajaba en Perú por aquel entonces.　私の妹はあのころペルーで働いていました。
   No teníamos coche en aquella época.　当時僕らは車を持っていませんでした。
   A: ¿En qué pensabas mientras escribías el informe?
   B: Pensaba en las vacaciones de Semana Santa.
   A：君は報告書を書いている間何を考えていたの？　B：聖週間の休暇のことを考えていたんだよ。

2) 過去の習慣，反復的行為を表します。
   A: De niña ¿qué hacías por la tarde?
   B: Ayudaba a mi madre y cuidaba a mi hermana menor.
   A：君は小さいころ午後に何をしていたの？　B：お母さんの手伝いをしたり，妹の面倒をみていたよ。

3) 時制の一致，過去のある時点における現在：主節の動詞が過去時制の場合，従属節内の動詞の活用形として使われます。
   A: ¿Qué le dijiste a Carlos?
   B: Le dije que estaba muy ocupado y tenía muchas cosas que hacer.
   A：君はカルロスに何を言ったの？　B：僕はとても忙しくて，しなくてはならないことが沢山あると言ったよ。

4) 現在における行為，感情を婉曲的に表します。
   A: Buenas tardes, ¿puedo ayudarlo?　B: Quería un billete para Sevilla.
   A：こんにちは，お手伝いできますか？　B：セビージャ行きのチケットを一枚欲しいんですが。

点過去と線過去の違い

点過去はその継続時間の長さにかかわらず，過去に終了した出来事を表し，線過去は過去の事柄を，その始まりも終わりも示さずに，継続していることと捉えて表します。

練習問題

解答は **245** ページ

Unidad 53 ◆ 直説法線過去―規則動詞

1. (　　　) の動詞を適切な過去形の活用形にし（1語とは限りません）文を完成させましょう。

   1) No _____ (saber) que esta canción japonesa _____ (tener) tanto éxito en Perú.

      僕たちはこの日本の歌がペルーでそんなにヒットしているとは知りませんでした。

   2) Antes _____ (permitirse) fumar en la oficina, pero desde hace un año lo prohibieron. Por eso muchos _____ (dejar) de fumar.

      以前はオフィス内で喫煙が認められていましたが，1年前から禁じられています。だから多くは喫煙をやめました。

   3) Yo le _____ (preguntar) a mi profesor qué _____ (hacer) en las vacaciones de verano.

      僕は先生に夏休みに何をするのか尋ねた。

   4) A: ¿Qué tiempo _____ (hacer) cuando _____ (llegar) a la estación?

      B: _____ (estar) despejado.

      A：君たちが駅に着いた時どんな天気だった？　B：晴れていたよ。

   5) Ayer _____ (tener) que asistir a clase, pero no _____ (poder). Es que me _____ (doler) una muela.

      昨日授業に出席しなければならなかったけれど歯が痛くて出来なかった。

2. スペイン語に訳しましょう。

   1) 以前この街には映画館が3つありました。
   _____

   2) スペインにいた時よく中国人と間違えられました。(tomarme por un chino)
   _____

   3) 君は昨日僕にもう飲まないつもりだと言ったじゃないか。
   _____

   4) 彼らは私になぜスペイン語を勉強しているのか尋ねました。
   _____

   5) A：何をおもとめですか？　B：この靴を履いてみたいのですが。(probarme)
   _____

💬 対話形式の練習にチャレンジ！➡ 174ページ

Unidad 54 直説法線過去──不規則動詞（ser, ir, ver）

Cuando era pequeño, había tres cines en mi pueblo.
僕が小さいころ，村には映画館が3つありました。

不規則活用の動詞は ser, ir, ver の3つです。

ser	era	eras	era	éramos	erais	eran	e にアクセント
ir	iba	ibas	iba	íbamos	ibais	iban	i にアクセント
ver	veía	veías	veía	veíamos	veíais	veían	

線過去の用法（53課ですでに提示）

1) 過去において継続中の行為や状態，点過去で表されている出来事の背景

   Cuando era pequeño, había tres cines en mi pueblo. 僕が小さい頃，村には映画館が3つあった。
   Cuando era niño, en mi ciudad solo había 5 hospitales. Ahora hay más de 20.
   僕が子供だった頃僕の町には病院は5つだけありました。今は20以上あります。
   ¿Qué hora era cuando me desperté anoche? 昨夜私が目覚めたのは何時だったかしら？
   A: ¿Qué veíais en la tele cuando te llamé por teléfono?
   B: Veíamos un documental sobre México.
   A：僕が君に電話したとき，君たちはテレビで何を見ていたの？　A：僕たちメキシコのドキュメントを見ていたよ。
   A: ¿Qué te gustaba hacer cuando eras niño?　B: Me gustaba mucho nadar.
   A：子供の頃，君は何をするのが好きだった？　B：僕は泳ぐのがとても好きだった。
   A: ¿Qué querías ser de pequeño?　B: Quería ser nadador.
   A：君は小さい頃何になりたかった？　B：僕は水泳選手になりたかったよ。
   A: ¿Cuántos miembros erais del club de español en la universidad?
   B: Éramos diez.
   A：大学のスペイン語部にはどのくらいのメンバーがいましたか？　B：僕たちは10人でした。

2) 過去の習慣，反復的行為

   A: ¿Qué hacías todos los veranos?　B: Iba al mar.
   A：君は毎年夏には何をしていたの？　B：海へ行っていました。

3) 時制の一致，過去のある時点における現在：主節の動詞が過去時制の場合，従属節内の動詞の活用形

   Un hombre me preguntó qué hora era. 男の人が何時か私に尋ねました。
   A: ¿Pensabas que iba a llover?　B: No, pensaba que iba a hacer buen tiempo.
   A：君は雨が降ってくると思っていた？　B：いいや，僕はいい天気になるだろうと思っていたよ。
   A: ¿Creías que éramos gemelas?　B: Sí, es que os parecéis mucho.
   A：君は私たちが双子だと思っていた？　B：うん，だって君たちは良く似ているもの。
   A: ¿Qué te dijo Carlos?
   B: Me dijo que le gustaba hablar de política. (間接話法)
   A：カルロスは君に何と言ったの？　B：私に政治について話すのが好きだと言いました。
   Me dijo: "Me gusta hablar de política." 彼は僕に言った「私は政治について話すのが好きだ」と。(直接話法)

過去を表す語，句(2)

antes（以前）　en aquella época（当時）　por aquel entonces（あのころ）　hasta entonces（その時まで）

Unidad 54 ◆ 直説法線過去—不規則動詞 (ser, ir, ver)

練習問題   解答は245ページ

1. 日本語に従って動詞を適切な形にし，文を完成させましょう。

   1) Cuando _____ (ir) a pagar, me _____ (dar) cuenta de que no _____ (llevar) la cartera.

      ▶ darse cuenta de...　…に気付く

      僕はお金を払いに行こうとしたとき，財布を持っていないことに気が付いた。

   2) A: ¿Cómo _____ (ser) tú de niño?　A：君は子供の頃どんな子だった？

      B: Según mi madre, _____ (ser) muy travieso.

      B：母によるととてもいたずらっ子だったって。

   3) Elena _____ (decir) que _____ (verse) María y José muy a menudo.

      エレナはマリアとホセはとても頻繁に会っていると言ったよ。

   4) Carmen _____ (decir) que _____ (querer) ir al cine el sábado siguiente.

      カルメンは次の土曜日に映画へ行きたいと言ったよ。

   5) Manolo nos _____ (preguntar) si _____ (ir) a ir a España este verano.

      マノロは僕たちに今年の夏スペインへ行くつもりかどうか尋ねました。

2. スペイン語に訳しましょう。

   1) 僕は駅へ行くときに先生と出くわした (encontrarse con)。
   _____

   2) 一昨日その地震が起こった (ocurrir) のは何時だった？
   _____

   3) 先週ヘスス (Jesús) が僕に君の誕生日はいつかと尋ねたよ。
   _____

   4) 私の祖父は次の日に (al día siguiente) 雪が降るだろうと言っていました。
   _____

   5) 僕は娘の恋人にどこの出身かと尋ねました。
   _____

対話形式の練習にチャレンジ！➡174ページ

Unidad 55 直説法過去完了

Cuando llegué al aeropuerto, ya había salido el avión.
僕が空港に着いた時，もう飛行機は出発してしまっていたんだ。

▶▶▶ MP3 CD121

直説法過去完了は現在完了形（haber + 過去分詞）の haber を線過去形にします。

直説法過去完了の活用形　　haber の直説法線過去 + 過去分詞

| haber | había | habías | había | habíamos | habíais | habían | ＋過去分詞 |

直説法過去完了の用法

1) 過去のある時点または主節より前の時点に完了した事柄を表します。

   A: ¿Qué te pasó?　B: Cuando llegué al aeropuerto, ya había salido el avión.
   A：君どうしたの？　B：僕が空港に着いたとき，もう飛行機は出発してしまっていたんだ。

   Cuando llegué a Bilbao, había muchas hojas caídas en las calles, porque había llovido mucho toda la semana.
   僕がビルバオに着いたとき，1週間雨が降ったので通りに葉が沢山落ちていた。

   No sabía que mi hermano ya había vuelto de Italia hacía una semana.
   僕はお兄さんが1週間前にすでにイタリアから戻ってきているとは知らなかった。（時制の一致：había, hacía）

   Mis amigos me comentaron que no habían leído ninguna novela interesante aquel verano.
   僕の友人たちはあの夏は面白い小説を全く読まなかったと言った。（時制の一致）

   Le pregunté a mi hermana si se había encontrado con mi profesor en el museo el miércoles pasado.
   私は妹に先週の水曜日美術館で私の先生に出会ったかどうか尋ねました。

   Mi mujer me preguntó con quién había salido la noche anterior.
   私の妻は前の晩誰と出かけていたか僕に尋ねた。（時制の一致）

2) 過去のある時点より前の経験を表します。

   Hasta el 2010, España no había ganado ningún mundial de fútbol.
   2010年までスペインはサッカーのワールドカップを勝ち取ったことがありませんでした。

   Hasta entonces mis abuelos nunca habían viajado en avión.
   その時まで僕の祖父母は飛行機で旅をしたことがありませんでした。

   Alicia dijo que no había visto nunca un lago tan grande.
   アリシアはこんなに大きな湖は今まで見たことがないと言いました。（時制の一致）

   A: ¿Qué te dijeron?　B: Me dijeron que nunca habían probado el cochinillo asado.
   A：彼らは君に何て言ったの？　B：彼らは僕に仔豚の丸焼きを食べたことはなかったと言ったよ。

Unidad 55 ◆ 直説法過去完了

練習問題

解答は245ページ

1. 日本語に従って動詞を適切な形にし，文を完成させましょう。1語とは限りません。

   1) Le _____ (comprar, yo) un coche a mi hijo para su cumpleaños, ya que se lo _____ (prometer).
      息子の誕生日に車を買ってやりました。以前に約束していたので。

   2) _____ (saber, yo) que _____ (estudiar, tú) francés antes, pero no _____ (saber) que _____ (vivir) en Canadá.
      僕は君が以前フランス語を勉強したことがあるのは知っていたよ。でも君がカナダに住んだことがあるのは知らなかったよ。

   3) Ayer cuando _____ (salir, yo) de casa, mis padres todavía no _____ (levantarse).
      昨日私が家を出たとき，両親はまだ起きていなかった。

2. スペイン語に訳しましょう。

   1) 私が帰宅したとき，夫 (mi marido) はまだ帰っていませんでした。
      _____

   2) 先生は僕たちに何かゴヤ (Goya) の絵 (algún cuadro) を見たことがあるかと尋ねました。
      _____

   3) 子供たちはたくさん走ったので足 (los pies) が痛いと言いました。
      _____

   4) A：あなた方はスペインを訪れる前に生ハム (jamón serrano) を食べたことがありましたか？
      B：いいえ，私たちは (それを) 食べたことはありませんでした。
      _____
      _____

   5) A：君はそのときまでにスペイン映画を何本か見ていた？　B：うん，僕は何本か見ていたよ。
      _____

対話形式の練習にチャレンジ！➡175ページ

関係詞

56

Ahora me apetece comer una tortilla que me ha preparado mi madre.
私は今お母さんが私に作ってくれたオムレツが食べたい。

▶▶▶ MP3 CD122

スペイン語の関係詞は省略できません。用法（制限用法，非制限用法，独立用法），文法上の役割（主語，目的語）により関係詞を使い分けます。

1) **que**：先行詞は人，物，事。制限用法，非制限用法，いずれも主語，目的語として使えます。定冠詞をつけずに独立用法を作ることはできません。
    Los estudiantes que escuchan bien, hablan bien.
    良く聞いている学生たちは上手に話します。（制限用法）
    Los estudiantes, que escuchan bien, hablan bien.
    その学生たちは，彼らは良く聞いているのですが，上手に話します。（非制限用法）

2) 定冠詞 **el / la / los / las / lo + que**：先行詞は人，物，事。関係詞の前に前置詞がある場合，前置詞＋定冠詞＋関係詞を先行詞の後ろにつけます。前置詞と関係詞の間の定冠詞は原則省略しません。
    La que está allí es Clara.　あそこにいる女の子はクララです。
    A: ¿Qué es esto?
    B: Es una bombilla. Es el recipiente con el que los argentinos toman el mate.
    A：これは何？　B：ボンビージャだよ。アルゼンチン人がマテを飲む容器だよ。
    Esta es la novela de la que te hablé el otro día.　これが先日私が君に話した小説です。

3) **quien/ quienes**：先行詞は人。制限用法の主語には使えません。
    A quien madruga, Dios le ayuda.　早起きは三文の徳。

4) **cuyo / cuya / cuyos / cuyas**：先行詞は人，物。先行詞は関係詞の後ろの名詞を所有しています。**関係詞は後ろの名詞に性，数一致します。**
    Aquí hay una silla cuyas patas están rotas.　ここに脚が壊れている椅子が一脚あります。

5) **donde**：場所を表す関係副詞です。前置詞＋que で置き換え可能な場合があります。
    Vamos a tomar algo en este bar, donde vienen muchos famosos.
    このバルで何か飲もう。有名人が沢山来るところだ。

6) **cuando**：時を表す接続詞です。
    A esta hora, a las dos, es cuando comen los españoles.
    この時間2時がスペイン人が昼ごはんを食べる時間です。（強調構文）

関係詞を使う文の語順　先行詞 + 関係詞 + 動詞（＋主語）
    Ahora me apetece comer la tortilla. / Mi madre me ha preparado la tortilla.
    私は今オムレツが食べたい。　　　　　私のお母さんは私にオムレツを作ってくれた。
    → Ahora me apetece comer la tortilla que me ha preparado mi madre.
    私は今お母さんが私に作ってくれたオムレツが食べたい。

練習問題

解答は 245 ページ

1. 日本語に従い適切な語を入れ，文を完成させましょう。1語とは限りません。

   1) Conozco a una chica (　　　　　　　) canta y baila bien.
      僕は歌と踊りがうまい女の子を知っているよ。

   2) (　　　　　　　) quieren perfeccionar su español van a España.
      もっとスペイン語に磨きをかけたい人はスペインへ行きます。

   3) Te espero (　　　　　　　) se cruzan las calles Goya y Serrano.
      君をゴヤ通りとセラーノ通りの交差しているところで待っているよ。

   4) Tenemos dos habitaciones libres (　　　　　　　) ventanas dan al patio.
      窓が中庭に面している空き部屋がふたつあります。

   5) Son los sábados a las siete (　　　　　　　) ponen este programa por la televisión.
      その番組がテレビで放送されているのは毎週土曜7時です。

2. スペイン語に訳しましょう。

   1) 毎週土曜日は，子供たちはおばあさんが作ってくれるボカディージョ（サンドウィッチ）(bocadillo) を持って (llevar) 遠足 (a la excursión) へ行きます。
   _____

   2) 喫茶店に君が好きな女の子がいるよ。
   _____

   3) こちらが私の兄が結婚するだろう女の人 (chica) です。
   _____

   4) これが私が生まれた病院です。
   _____

   5) 英語を上手に話す人はマリアです。
   _____

   対話形式の練習にチャレンジ！➡176ページ

Unidad 57　過去分詞を用いた表現

Quería comprar pan recién hecho.
出来立てのパンを買いたいのですが。

▶▶▶ MP3 CD123

48課で学習した過去分詞を用いて現在完了以外の表現をみてみましょう。過去分詞は現在完了で用いられるときは，性・数の変化をしませんが，この課にでてくる用法では，過去分詞は形容詞的な特性で用いられるので語尾変化をします。

1) 名詞句の補足部：過去分詞を形容詞と同じように用います。過去分詞は修飾する名詞と性・数が一致します。

   A: Una hamburguesa y un paquete de patatas **fritas**, por favor.
   B: Sí, ahora mismo.
   A：ハンバーガー1つとフライド・ポテトを1パックお願いします。　B：はい，ただいますぐ。

   A: ¿Este pan está recién **hecho**?　B: Sí, lo acabamos de sacar del horno.
   A：このパンは出来立てですか？　B：はい，オーブンから出したばかりです。

   A: Aquí hay una carta **escrita** en español. ¿Puedes leérmela?　B: Sí, claro.
   A：ここにスペイン語で書かれた手紙があります。私のためにそれを読んでもらえませんか？　B：はい，もちろん。

2) **estar + 過去分詞**：ある行為をしたその結果の状態を表します。この過去分詞は主格補語として用いられ，主語と性・数が一致します。

   A: ¿Estás **cansada**?
   B: No, no estoy tan **cansada** como piensas tú, aunque estoy muy ocupada.
   A：疲れてるの？　B：いいえ，とても忙しいんだけれども君が思っているほど疲れていませんよ。

   A: ¿Estaba **abierta** la tienda cuando llegaste allí?
   B: Sí, pero estaban a punto de cerrarla.
   A：そこに着いたときそのお店は開いていたの？　B：ええ，でも閉めようとしているところでした。

   A: ¿Está Emilia **enamorada** de Carlos?
   B: No, está **enamorada** de su hermano, no de Carlos.
   A：エミリアはカルロスに恋しているの？　B：いや，カルロスじゃなくて，彼のお兄さんに恋をしているんだよ。

3) **ser** + 過去分詞 + **por** + 動作主：「…によって…された」の受身表現。動作主は por で示されますが，省略されることもあります。過去分詞は主語と性・数が一致します。

   A: Esta novela **fue publicada por** el profesor García, ¿no?　B: Sí, así es.
   A：この小説はガルシア先生によって出版されたんでしたよね。　B：はい，その通りです。

   A: Estos cuadros **fueron pintados por** Picasso, ¿verdad?　B: No, son réplicas.
   A：これらの絵はピカソによって描かれたんですよね　B：いいえ，それらはレプリカです。

4) 目的格補語や状況補語として用いられます。過去分詞は目的格補語の場合は目的格と，状況補語の場合は主語と性・数が一致します。

   A: ¿Anoche volvieron tus hijas muy tarde?
   B: Sí, volvieron tarde y además **cansadas**.
   A：昨夜君の娘さんたちはとても遅く戻りましたか？　B：はい，遅くその上疲れて戻りました。

   ¿Al salir dejaste **abiertas** las ventanas?　出たとき窓を開けたままにした？

Unidad 57 ◆ 過去分詞を用いた表現

練習問題   解答は246ページ

1. 不定詞からひとつ選び過去分詞の適切な形にして，（ ）に書き入れましょう。

   conocer   sentar   hacer   escribir   cerrar   freír

   1) A mí me gustan mucho el pescado （   ） y el arroz recién （   ）.
      僕は（油で）揚げた魚と炊きたてのご飯が大好きです。

   2) Esas pianistas son （   ） en todo el mundo.
      そのピアニストたちは世界的に知られています（有名です）。

   3) ¿Puede usted leerme esta carta （   ） en francés?
      フランス語で書かれたこの手紙を読んでいただけますか？

   4) A esta hora el supermercado está （   ）.
      この時間にはそのスーパーは閉まっています。

   5) ¿Quién es la chica que está （   ） al lado de tu hermana?
      君のお姉さんの横に座っている女の子は誰ですか？

2. スペイン語に訳しましょう。

   1) A：この本は私の父により出版されました。   B：どれどれ（A ver, a ver）。

   2) A：スペインではレストランは午後の8時にまだ開いていないというのは本当ですか？
      B：はい，本当です。

   3) 私は父にペルー製のセーターを贈りました。

   4) A：昨夜，どんな状態で帰ったの？
      B：たくさん残業（hacer muchas horas extras）した後，とても疲れて戻ったよ。

   5) A：私はMaríaの誕生日パーティーに招待されています。   B：僕も招待されているんだ。

   💬 対話形式の練習にチャレンジ！➡176ページ

Unidad 58 感嘆文

¡Qué suerte!　何と運が良いのでしょう!　▶▶▶ CD124

感嘆文でよく使用される感嘆詞は，qué です。感嘆詞 qué は次に名詞や形容詞や副詞を用いることができます。感嘆文は（＋動詞＋主語＋目的語など）が省略されることがよくあります。

1) **¡Qué ＋ 名詞！**

    A: **¡Qué peliculón!**　B: Estoy de acuerdo. Es una película buenísima.
    A：何という名画なのでしょう！　B：同感だよ。とてもいい映画だよ。

    ¡Qué niño!　何て子でしょう！　// **¡Qué suerte!**　何と幸運なのでしょう！

2) **¡Qué ＋ 形容詞！**

    A: ¿Quieres probar mi tarta?　B: Sí, claro. **¡Qué rica!**
    A：私のケーキ食べてみたい？　B：うん，もちろん。何と美味しいんでしょう！。

    A: ¿Quieres mirar esta foto? Es mi hija.　B: **¡Qué preciosa!**
    A：この写真見たい？　僕の娘だよ。　B：何と可愛いのでしょう！

3) **¡Qué ＋ 副詞！**

    ¡Qué bien hablas español!　君は何とスペイン語を上手に話すんでしょう！

    ¡Qué temprano se levanta mi madre!　私の母親は何と早起きなんでしょう！

次に形容詞と名詞をひとつの感嘆文の中で使用する場合を見てみましょう。スペイン語では，形容詞と名詞を同時に用いるときは，通常，名詞＋形容詞の順になることは既に学習しました。そうすると ¡Qué ＋ 名詞 ＋ 形容詞！となりますが，これだと「何と…！」は形容詞にではなく前の名詞にしか影響を及ぼさないことになります。よって，形容詞の前にも感嘆詞 qué と同様に意味を強める語 **más** あるいは **tan** を置きます。**más** でも **tan** でも意味は同じです。

4) **¡Qué ＋ 名詞 ＋ más / tan ＋ 形容詞！**

    ¡Qué chica **tan** simpática!　何と感じが良い女の子なんでしょう！

    ¡Qué chocolate **más** rico!　何と美味しいチョコレートなんでしょう！

ただし，通常名詞の前に置く特別な形容詞（**bueno, malo** など）があります。このような形容詞は感嘆文でも「形容詞＋名詞」の順になります。

5) **¡Qué ＋ 形容詞 ＋ 名詞！**

    ¡Qué buen tiempo hace hoy!　今日は何と良い天気なんでしょう！

    ¡Qué mala cara tienes!　何と悪い顔をしてるの！

6) その他の感嘆詞には **cuánto**「何とたくさん（の）…！」があります。**cuánto** は qué mucho と同じ意味ですが，qué mucho の替わりに cuánto を使います。

    a) **¡Cuánto ＋ 動詞！**
    ¡Cuánto me **alegro!**　ああうれしい！

    b) **¡Cuánto ＋ 名詞！**：名前に前置する **cuánto** は語尾変化します。
    ¡Cuánta gente ha venido!　何と多くの人が来たのでしょう！
    ¡Cuánto tiempo sin vernos!　久しぶりですね！

Unidad 58 ◆ 感嘆文

練習問題　　　解答は246ページ

1. （　）内に適切な一語を書き入れましょう。

   1) ¡(　　　) día (　　　) espléndido!　　何と素晴らしい日なのだろう！

   2) ¡(　　　) llueve hoy!　　今日は何と雨がたくさん降るのだろう！

   3) ¡(　　　)(　　　) bailas tú!　　君は何と踊りが上手なのだろう！

   4) ¡(　　　) casa (　　　) grande tienes!　　君は何と大きな家を持っているのだろう！

   5) ¡(　　　) libros tiene mi abuelo!　　僕の祖父は何とたくさん本を持っていることよ！

2. スペイン語に訳しましょう。

   1) A：君の友人は何と上手にピアノを弾くのだろう！
      B：彼女は3歳からピアノを弾いているからです。

   2) A：何と気持ちの良い（agradable）日なのだろう！　B：公園を散歩しましよう！

   3) A：君は何とたくさん働いているのだろう！
      B：はい，それは本当です。僕は少し休まなくてはいけないね。

   4) A：何と難しい本なのだろう！　B：そうです（Así es）。その本はとても難しいよ。

   5) A：君は何とたくさんの小説を書いたことだろう！　B：200冊以上は書きました。

💬 対話形式の練習にチャレンジ！ ➡177ページ

古典的な風車

対話形式の練習にチャレンジ！〈4〉

➡解答は246ページ

Unidad 49 次の対話文を読み，訳しましょう。　▶▶▶ CD125

(en la biblioteca)

Risa: Roberto, ¿cuándo empezaste a estudiar español?
Roberto: Lo empecé hace 5 años, y después **tuve ocasión** de practicarlo en una agencia de viajes. Más tarde viajé por Latinoamérica.
Risa: ¿Qué países visitaste?
Roberto: Visité México, Guatemala, Ecuador y Perú.
Risa: ¿Qué país te gustó más?
Roberto: Me gustaron todos, pero me encantó Guatemala. Este país es un **paraíso**.
Risa: **¡Qué ganas tengo de** visitar algún día Latinoamérica!

Notas tuve（←tener 直説法点過去不規則活用，51課参照） ocasión 機会　agencia de viajes 旅行会社　paraíso 楽園　¡Qué ganas tengo de + 不定詞！感嘆文「なんと…する意欲があるのだろう！」

Unidad 50 次の対話文を読み，訳しましょう。　▶▶▶ CD126

(en el piso)

Roberto: Sandra, tú eres brasileña, ¿no?
Sandra: Sí, mis padres también, pero mis abuelos nacieron en Italia.
Roberto: Y ¿por qué vivieron en Brasil?
Sandra: Hace muchos años mis abuelos visitaron Río de Janeiro. Les gustó tanto que se quedaron a trabajar allí.
Roberto: ¿Cómo se conocieron tus padres?
Sandra: Se conocieron en la universidad, **se enamoraron** y se casaron. **Al principio** vivieron en Brasilia, **actualmente** viven en Sao Paulo.

Notas se enamoraron（←enamorarse 愛し合う）　al principio 始めは　actualmente 今は

Unidad 51

次の対話文を読み，訳しましょう。　▶▶▶ CD127

(en la oficina)

Luis: Oye, Marisa, ¿dónde pasaste las vacaciones el verano pasado?
Marisa: Mi amiga y yo estuvimos en Galicia, en la Ría de Arosa.
Luis: Ah, por allí hay pueblos preciosos y se come **de maravilla**.
Marisa: Sí, estuvimos en Cambados y comimos unas **ostras buenísimas**.
Luis: ¿Visitasteis la Isla de Grove?
Marisa: Sí, estuvimos dos días en el **balneario** de "La Toja".
Luis: ¿Hicisteis alguna excursión?
Marisa: Mi amiga no vino conmigo, pero visité yo sola Pontevedra. Me encantó la ciudad.

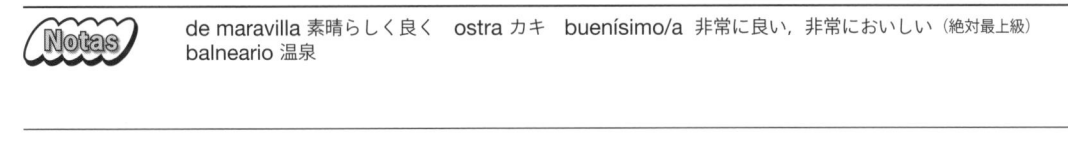

Notas

de maravilla 素晴らしく良く　ostra カキ　buenísimo/a 非常に良い，非常においしい（絶対最上級）
balneario 温泉

Unidad 52

次の対話文を読み，訳しましょう。　▶▶▶ CD128

(en la oficina)

Marisa: ¿Qué hicisteis ayer, domingo?
Luis: Mi mujer y yo fuimos al restaurante "El **Toledano**". Ella pidió un **filete de ternera** y yo pedí una **perdiz estofada**.
Marisa: ¿Qué tal la perdiz?
Luis: ¡Exquisita! Es **especialidad** de la casa.
Marisa: ¿Y de **postre**?
Luis: Ah, nos sirvieron un postre **riquísimo** con un té muy **aromático**. A mi mujer le gustó tanto el té que repitió.
Marisa: ¡Pues qué bien!

Notas Toledano トレドっ子 filete de ternera 子牛のステーキ perdiz うずら estofada シチュー
especialidad 名物 postre デザート riquísimo とても美味しい（絶対最上級） aromático 香の良い

Unidad 53   次の対話文を読み，訳しましょう。　▶▶▶ CD129

(en la oficina)

Luis:　　Y tú, ¿qué hiciste el fin de semana pasado?

Marisa:　Pues, mira, yo estaba en la ducha. **De pronto** alguien tocó el **timbre**. Mi marido fue a abrir la puerta y ¡qué **sorpresa**!, eran nuestros amigos los Pérez.

Luis:　　¿No los esperabais?

Marisa:　Pues no. Nos dijeron que pasaban por allí y **se acercaron** a saludarnos.

Luis:　　Fue una sorpresa, ¿no?

Marisa:　Sí, después nos fuimos juntos a dar un paseo por la **ribera** del río. Hacía tiempo que no paseaba por allí.

Notas de pronto 突然 timbre ベル sorpresa 驚き，不意 se acercaron (←acercarse) 立ち寄る ribera 岸辺

Unidad 54   次の対話文を読み，訳しましょう。　▶▶▶ CD130

(en la oficina)

Luis:　　Marisa, ¿dónde vivías cuando eras pequeña?

Marisa:　Vivía en un pueblo de la **provincia** de Santander.

Luis:　　¿Cómo eras?

Marisa:　Era una chica delgada y estaba muy alta para mi edad. Me acuerdo que mis

compañeros me llamaban la **larguirucha**.
Luis: ¿Cómo ibas al colegio?
Marisa: Iba en bicicleta, pero cuando llovía **iba a pie**.
Luis: ¿A qué jugabas con tus amigas?
Marisa: Pues, como todas, al **escondite**. También veíamos películas de **dibujos animados**.

Notas: provincia 県　larguirucha ひょろなが　iba a pie (← ir a pie) 歩いて　escondite かくれんぼ　dibujos animados アニメ

Unidad 55　次の対話文を読み，訳しましょう。　CD131

(en la universidad)

Risa: Roberto, ¿qué te pasó ayer que no te vi en la **parada** del autobús?
Roberto: Pues, después de salir de casa, **a mitad de camino**, me di cuenta de que me había olvidado el **abono**. Total que perdí el autobús.
Risa: Claro, cuando llegaste a la universidad, la clase ya había empezado.
Roberto: Sí, Risa. ¿A ti nunca te ha pasado esto?
Risa: Sí, ayer cuando Lilian y yo llegamos al concierto, este ya había terminado.
Roberto: Pues, fue una pena, ¿no?

Notas: parada 停留所　a mitad de camino 道の途中で　abono 定期券

Unidad 56　次の対話文を読み，訳しましょう。　▶▶▶ CD132

(en la cafetería)

Sandra:　Roberto, ¿cómo se llama el hotel donde **nos alojamos** en Sevilla?
Roberto:　La Mezquita, ¿no?
Sandra:　¡No, **hombre**! Ese es el de Córdoba. ¿No te acuerdas del taxista que le preguntamos si conocía algún hotel barato y él nos llevó hasta allí?
Roberto:　Ah, sí, ya recuerdo, el hotel Santa Cruz.
Sandra:　La **pareja** de novios con la que hablamos en ese hotel era muy simpática y hablaba muy bien el inglés.
Roberto:　No, **mujer**, esa es la pareja que nos encontramos en el hotel La Mezquita.

Notas　nos alojamos（←alojarse）泊まる　hombre（男性に対する呼びかけことば）　pareja カップル
mujer（女性に対する呼びかけことば）

Unidad 57　次の対話文を読み，訳しましょう。　▶▶▶ CD133

(en la fiesta)

Roberto:　Lilian, la **tortilla** está buenísima. ¿Cómo la has hecho?
Lilian:　Está hecha con **patatas**, **pimientos rojos** y **atún**. ¿Quieres un poco más?
Roberto:　No, gracias. Es que estoy muy **lleno**.
Sandra:　Oye, Roberto, ¿por qué no nos **acompañas con** la guitarra?
Roberto:　Lo siento, Sandra, pero es que la guitarra está **rota**.
Sandra:　Entonces, ¿por qué no **tocas** la **quena**?
Roberto:　Bueno, ¿qué **pieza** os toco?
Sandra:　Una del Perú, por favor.
Roberto:　Las canciones peruanas son muy conocidas en **todo el mundo**.
Risa:　Oye Roberto, ¿de qué material está hecha la quena?
Roberto:　Pues, no sé.

Notas　tortilla トルティージャ（スペイン風オムレツ）　patatas ジャガイモ　pimientos rojos 赤ピーマン（パプリカ）
atún ツナ，マグロ　lleno お腹がいっぱいの　acompañas con（←acompañar）〜で伴奏する
rota（←roto）壊れている　tocas（←tocar）演奏する，弾く　quena ケーナ（縦笛）　pieza 楽曲
todo el mundo 世界中

Unidad 58 次の対話文を読み，訳しましょう。　▶▶▶ CD134

(en La Gran Vía)

Marisa: ¡**Caramba**, Roberto! ¡Qué **sorpresa** más agradable!
Roberto: Yo también me alegro de verte.
Marisa: Ya me han contado que has **suspendido** el examen. Lo siento. ¡**Qué pena**!
Roberto: ¡Bah, no importa! Lo **intentaré** otra vez. ¿Y de dónde venís vosotros?
Marisa: Del teatro. Hemos visto una obra de teatro buenísima.
Roberto: ¡**Qué suerte**! Yo hace mucho tiempo que no voy al teatro.
Marisa: ¿Sabes qué? Si te parece, la semana próxima podemos ir al teatro otra vez.
Roberto: ¡Qué bien! Me apetece **un montón**.
Marisa: **Hecho**, te llamo por teléfono y **quedamos**.
Roberto: Vale y gracias por tu invitación.

Notas

caramba あらまあ！　sorpresa 驚き　suspendido (←suspender) 不合格にする，(試験を) 落とす
¡Qué pena! 何て残念なんでしょう！　intentaré (←intentar) 試みる（未来形）
¡Qué suerte! 何て運が良いんでしょう！　un montón とても，たくさん
hecho よろしい，承知した　quedamos (←quedar) 会う約束をする

58課までのまとめ (enfoque comunicativo)

解答は248ページ

1. 例のように矢印で左の文と右の文を結び付けましょう。更に右の空欄に現在完了，過去完了，点過去，線過去の中から文脈に合ったものを選び，正しい形にして文を完成させ，和訳しましょう。

    例） 1) ¿Puedo hablar con el jefe? → c) Lo siento, pero todavía no (llegar) *ha llegado*.

    訳) 上司と話せますか？ → c) ごめんなさい。でもまだ戻ってないんです。

1) ¿Puedo hablar con el jefe?	a) No, es que (hacer) _____ frío y además (estar) _____ cansados.
2) Oye, ¿cuánto tiempo viviste en Berlín?	b) Sí, lo (comprar) _____ la semana pasada.
3) ¿Has estado alguna vez en Toledo?	c) Lo siento, pero todavía no (llegar) *ha llegado*.
4) Voy a preparar un bocadillo, ¿te preparo uno a ti?	d) Sí, (estar) _____ hace 5 años.
5) ¿Por fin, fuisteis al teatro el sábado?	e) No, gracias. (tomar) _____ unos pinchos hace un momento.
6) ¿Has comprado ya el billete de avión?	f) Pues, viví 8 años. Todavía no (derribar, ellos) _____ el muro.

    2) _____

    3) _____

    4) _____

    5) _____

    6) _____

2. 下の表はリサと彼女の友達が先日トレドへ日帰り旅行した時のメモです。例のように表の情報を利用して，疑問詞を用いた質問文とその答えの文を作り，和訳しましょう。

EXCURSIÓN A TOLEDO

1) 9:30 Salida en el AVE desde Atocha.
2) 10:00 llegada a Toledo.
3) 10:30 visita a la Catedral.
4) 12:00 paseo por la ciudad y visita Alcázar.
5) 13:30 comida en el restaurante "Adolfo".
6) 15:30 tiempo libre
7) 17:00 visita a la Sinagoga.
8) 18:00 visita al museo Víctor Macho.
9) 19:00 visita al Parador.
10) 20:00 regreso a Madrid en el AVE.

例) Destino de la excursión　　¿A dónde fueron de excursión?　　Fueron a Toledo.
　　小旅行の目的地　　　　　　小旅行でどこへ行きましたか？　　　トレドへ行きました。

1) Medio de Transporte

2) Hora de llegada a Toledo

3) Visitas por la mañana

4) Lugar de la comida

5) Hora de la comida

6) Visitas por la tarde

7) Hora de regreso

3. 1)〜29) の不定詞を文脈から，点過去か線過去のいずれかを選択し，正しい形にして下線部を埋め，和訳しましょう．

El mes pasado Roberto y yo 1)_____ (ir) a esquiar a los Pirineos. 2)_____ (tomar) el tren en la estación de Chamartín. Desde el tren el paisaje 3)_____ (ser) muy bonito: todo 4)_____ (estar) cubierto de nieve. Los dos 5)_____ (estar) contentos porque 6)_____ (ir) a pasarlo muy bien juntos. Por fin 7)_____ (llegar) a la estación. 8)_____ (tener) reservada la habitación.

Al día siguiente por la mañana, 9)_____ (levantarse) bastante temprano para esquiar todo el día. 10)_____ (estar) desayunando cuando Roberto 11)_____ (decir) que él no 12)_____ (poder) ir conmigo porque no 13)_____ (sentirse) bien. Yo 14)_____ (insistir), pero al final Roberto 15)_____ (quedarse) en el hotel. Yo 16)_____ (subir) sin él a la montaña y allí 17)_____ (esquiar) mientras Roberto 18)_____ (aburrirse) en el hotel. 19)_____ (bajar, yo) al hotel cuando ya 20)_____ (ser) de noche, y cuando 21)_____ (entrar) en el hotel, no 22)_____ (poder) encontrar a Roberto. Un botones me 23)_____ (decir) que él 24)_____ (estar) en la piscina. Yo 25)_____ (comprobar) que él 26)_____ (estar) de mejor humor y que 27)_____ (querer) salir a cenar. A mí me 28)_____ (alegrar) esta noticia; 29)_____ (subir, nosotros) muy contentos a nuestras habitaciones para vestirnos para la cena.

4. 例のように（　）の中から適切な語（句）を選び，下線をつけ，和訳しましょう。

例) Me encontré con Sandra (donde, <u>cuando</u>, como) iba a la universidad.
　訳) 私が大学に行っていた時，サンドラと出会った。

1) Luis trabajaba en una tienda (la que, con la que, donde) yo iba a comprar.

2) Es una chica muy simpática (el que, cuyo, con el que) nombre no recuerdo.

3) Fue en enero (cuando, donde, quien) la vimos por última vez.

4) Esta es la carretera por (que, como, la que) se va a Toledo.

5) El artista (con el que, quien, del que) te hablé, se casa este año.

6) El cirujano (quien, que, cuyo) me operó es muy famoso.

7) El empresario para (quien, que, cuyo) trabajo es extranjero.

Unidad 59 直説法未来―規則動詞

Pronto lloverá. すぐに雨が降るだろう。

直説法未来形の活用語尾は -ar 動詞，-er 動詞，-ir 動詞ともに同形です。

hablar	hablar**é**	hablar**ás**	hablar**á**	hablar**emos**	hablar**éis**	hablar**án**
comer	comer**é**	comer**ás**	comer**á**	comer**emos**	comer**éis**	comer**án**
vivir	vivir**é**	vivir**ás**	vivir**á**	vivir**emos**	vivir**éis**	vivir**án**

不定詞のうしろに活用語尾 -é, -ás, -á, -emos, -éis, -án の各語尾をつけます。

▶ 1人称複数形以外の活用語尾にアクセント符号。

直説法未来の用法

1) 未来に起きるはずの出来事の予測，意志を表します。
   Está nublado. Pronto lloverá.　雲っている。すぐに雨が降るだろう。（Pronto va a llover.）
   ▶ ir + a + 不定詞に置き換えることも出来ます。ir + a + 不定詞はもっと近い未来の出来事の予測を表します。
   Hoy será un gran día.　今日は素晴らしい日になるでしょう。
   A: ¿A dónde vas a ir si tienes tiempo?　B: Iré al cine.
   A：君は時間があったらどこへ行く？　B：映画へ行こうかな。
   Dentro de poco la casa se terminará de construir.　もう少しで家が出来上がります。
   ¿Cuándo nos llevarás al mar?　いつ僕たちを海へ連れて行ってくれるの？
   Entre tú y yo luego lo hablaremos.　君と僕とで後でそのことを話そう。
   A: ¿Qué quieres ser en el futuro?　B: No sé. Lo que será será.
   A：君は将来何になりたい？　B：分からない。なるようになるさ。
   Ya verás como mi mujer no me escucha.
   私の妻がどんなに私に耳を貸してくれないか今にわかるでしょう。
   Si practicas yoga, te relajarás.　ヨガをするとリラックスするよ。
   Te paso esta novela. A ver, ¿te gustará o no te gustará?
   君にこの小説を貸すよ。さあ，気に入るかなそれとも気に入らないかな？

2) 現在の出来事の推量を表します。
   A: ¿Qué hora será?　B: Serán las once de la noche.
   A：何時かしら？　B：大体夜の11時くらいじゃない？
   Llaman a la puerta ¿Quién será?　戸口で呼んでいます。誰かしら？
   ¿Cuánto costará un Mercedes-Benz?　ベンツっていくらするんだろう。
   Esta novela estará traducida a más de veinte idiomas.
   この小説は20カ国語以上に翻訳されていることでしょう。

3) 命令，義務を表します。
   Tú te quedarás hoy en casa.　今日は家にいなさい。
   Te acostarás a las diez y no más tarde.　10時に寝なさい。それ以上遅くなってはだめ。
   Vosotros os quedaréis castigados aquí todo el día.　君たち1日中お仕置きでここにいなさい。

Unidad 59 ◆ 直説法未来—規則動詞

練習問題

解答は249ページ

1. 日本語に従って動詞を直説法未来形の適切な形にし，文を完成させましょう。

   1) Según el pronóstico del tiempo, _____ (estar) despejado mañana.
   天気予報によると明日は晴れるでしょう。

   2) Al llegar al hotel, te _____ (llamar, yo).
   僕はホテルに着いたら君に電話するよ。

   3) Hoy es viernes. Mis hijos _____ (volver) muy tarde.
   今日は金曜日です。子供たちは帰りがとても遅いでしょう。

   4) Con este libro _____ (entender, tú) mejor.
   この本があれば，君はより良く理解できるだろう。

   5) ¿_____ (hablar) japonés el profesor estadounidense?
   そのアメリカ人の先生は日本語が話せるのかな？

2. 未来形を使ってスペイン語の文を作りましょう。

   1) 次のバスは何時に到着するだろうか？

   2) この辞書は君の役に立つ（ayudarte）だろう。

   3) 君の成績を見たら（al ver tus notas）ご両親は喜ぶでしょう。

   4) あの男性（señor）が僕たちの今年の英語の先生なのかな？

   5) 学業が終わったら（al terminar la carrera）君はご両親と住むのかな？

対話形式の練習にチャレンジ！➡206ページ

直説法未来―不規則動詞

Unidad 60

No podremos llegar a tiempo.
僕らは時間に間に合わないだろう。

▶▶▶ CD136

直説法未来不規則動詞の活用語尾は規則形と同形です。

①poder（e 削除型）：poder : podré, podrás... / caber（入る）: cabré, cabrás... /
haber : habré, habrás... / querer : querré, querrás... /
saber : sabré, sabrás...

②tener（d 代入型）：tener : tendré, tendrás... / poner : pondré pondrás... /
salir：saldré, saldrás... / venir : vendré, vendrás... /
valer：valdré, valdrás...

③decir（ec 削除型）：diré, dirás...

④hacer（ce 削除型）：haré, harás...

直説法未来の用法 （59 課ですでに提示）

1) 未来に起きるはずの出来事の予測，意志を表します。

   No podremos llegar a tiempo porque hay un atasco.
   渋滞しているから僕らは時間に間に合わないだろう。

   Hemos comprado marisco fresco. Seguro que le saldrá una paella muy buena a mi mujer.
   新鮮な海の幸を買ったよ。きっと妻には今日はおいしいパエジャが出来るだろう。

   Mañana salgo a las cinco de la mañana. A esa hora hará mucho frío.
   明日は朝の 5 時に家を出る。その時間はとても寒いだろうな。

   Mañana tendré que levantarme muy temprano.　明日はとても朝早く起きなければならないだろう。
   Hoy lloverá. ¿Habrá partido de béisbol?　今日は雨が降るでしょう。野球の試合はあるかな？

2) 現在の出来事の推量を表します。

   ¿Cuántas personas cabrán en este ascensor?　このエレベーターに何人入るだろう？
   ¿Hará buen tiempo en Barcelona hoy?　バルセロナは今日いい天気かしら？
   Seguro que ella me dirá que no.　きっと彼女は私に "no" と言うだろう。

3) 命令，義務を表します。

   Harás los deberes antes de la cena.　夕食の前に宿題をしなさい。

現在形と未来形の用法

直説法現在形も未来に起きることを表します。現在形は出来事が確かに起こることを表します。
また直説法現在形を使うときは未来の時点を表す語，句をともに用います。

   Esta noche los invitados vienen tarde.　招待客たちは今夜遅くに来ます。
   Esta noche los invitados vendrán tarde.　招待客たちは今夜遅くに来るだろう。

Unidad 60 ◆ 直説法未来―不規則動詞

練習問題　　　　　　　　　　　　　　　解答は249ページ

1. 動詞を直説法未来形の適切な形にし，文を完成させましょう。1語とは限りません。

   1） Es que mis padres son unos cabezotas...a ver, ¿quién _____ (tener) razón ?

   僕の両親は頑固だから・・・さあ，どっちが理にかなってるかな？（tener razón 理にかなう）

   2） A: ¿_____ (caber, nosotros) los cinco en este coche?

   B: Lo _____ (intentar).

   A：この車に私たち5人乗れるかしら？　B：やってみよう。

   3） ¿_____ (querer, vosotros) viajar conmigo por Europa este año?

   君たちは今年私と一緒にヨーロッパを旅行したいでしょうか？

   4） ¿_____ (poner) alguna película buena en la televisión hoy?

   今日はテレビでいい映画をやっているかな？

   5） A: ¿Cuánto _____ (valer) este anillo?

   B: Ahora te lo _____ (decir) la dependienta.

   A：この指輪はいくらするのかな？　B：店員が今君にそのことを言ってくれるだろう。

2. 未来形を使ってスペイン語の文を作りましょう。

   1） 君はこの仕事を明日までに終えられる？

   _____

   2） A：次のタクシーはいつ来るだろうか？　B：すぐに来るだろうと思うよ。

   _____

   3） 子供たちは今ごろお腹をすかせているかな？

   _____

   4） A：君，僕たちを手伝ってくれる？

   B：はい，僕は君たちを助けるために出来る限りのこと（todo lo posible）をするつもりだよ。

   _____

   5） 明日はどんな天気かな？　もし天気が良かったら僕たちキャンプ（hacer camping）をしよう。

   _____

💬 対話形式の練習にチャレンジ！➡206ページ

直説法過去未来

Unidad 61

El profesor dijo que tendríamos un examen de inglés al día siguiente. 先生は次の日に英語の試験をするだろうと言った。

規則活用の活用語尾は -ar 動詞，-er 動詞，-ir 動詞ともに同形です。

hablar	hablaría	hablarías	hablaría	hablaríamos	hablaríais	hablarían
comer	comería	comerías	comería	comeríamos	comeríais	comerían
vivir	viviría	vivirías	viviría	viviríamos	viviríais	vivirían

不定詞のうしろに活用語尾 -ía, -ías, -ía, -íamos, -íais, -ían の各語尾をつけます。

▶全ての活用語尾にアクセント符号。

▶不規則活用形：未来形の不規則性と同じ。① poder（e 削除型）: podría, podrías... /
② tener（d 代入型）: tendría, tendrías... / ③ decir（ec 削除型）: diría, dirías... /
④ hacer（ce 削除型）: haría, harías...

過去未来形の用法

1) 過去のある時点からみた未来の出来事の予測，推量を表します。
   El profesor dijo que tendríamos un examen de inglés al día siguiente. （間接話法）
   先生は次の日に英語の試験をするだろうと言った。

   El profesor dijo: "Tendremos un examen de inglés mañana." （直接話法）
   先生は「明日英語の試験をするでしょう」と言った。

   Mi padre le preguntó al dependiente cuánto costaría el vino.
   父は販売員にワインがいくらするのだろうかと尋ねました。

   La radio decía que llegaría un huracán al cabo de unos días.
   ラジオは数日後にハリケーンが来るだろうと言っていた。

2) 過去の出来事の推量を表します。
   Juan no cogió el teléfono anoche. ¿Dónde estaría?
   フアンは昨夜電話に出なかった。どこにいたんだろう？

   Serían las dos de la madrugada cuando ocurrió el terremoto anteayer.
   おととい地震があったのは真夜中の 2 時くらいだったでしょう。

   Pienso que mis abuelos vivirían mejor en aquella época que ahora.
   祖父母たちはあの当時今よりもより良い暮らしをしていただろうと思う。

   Por aquel entonces habría más espacios verdes en Tokio.
   あの当時東京にはもっと緑の空間があったでしょう。

3) 現在における婉曲的表現
   A: Me gustaría hablar con usted.　B: Sí, con mucho gusto.
   A：（出来たら）あなたとお話したいのですが　B：はい，喜んで。

   ¿Querría pasarme la sal?　塩をとっていただけませんか？

4) 非現実的な過程に基づく現在の出来事の推量を表します。（帰結節として）
   Yo en tu lugar, haría lo mismo. 君の立場なら，同じことをするだろうに。
   Yo que tú, no gastaría tanto en comida. 僕が君だったら，そんなに食べ物にお金を使わないだろうに。

Unidad 61 ◆ 直説法過去未来

練習問題　　　　　　　　　　　　　　　　　　　解答は249ページ

1. 日本語に従って動詞を適切な形にし，文を完成させましょう。

    1) ＿＿＿＿＿＿＿＿ (venderse) el piso del vecino. ¿Cuánto ＿＿＿＿＿＿ (valer)?

       隣のマンションが売れたよ。いくらしたんだろうか？

    2) ＿＿＿＿＿＿＿ (suponer) que ＿＿＿＿＿＿ (estar) tú resfriado porque no ＿＿＿＿＿＿ (venir) a clase ayer.

       昨日君が授業に来なかったから僕たちは君が風邪をひいているんじゃないかと思っていたんだ。

    3) Me ＿＿＿＿＿＿＿ (prometer) que ＿＿＿＿＿ (hacer) por mí todo lo posible por ayudarme.

       君は僕を助けるために出来る限りのことをしてくれるつもりだと僕に約束したじゃないか。

    4) Alberto me ＿＿＿＿＿＿ (preguntar) si ＿＿＿＿＿＿ (querer, yo) trabajar en la empresa.

       アルベルトは僕にその会社で働きたいかどうか尋ねた。

    5) Perdone, ¿＿＿＿＿＿ (poder, usted) venir a recogerme a la estación?

       すみません，駅に迎えに来て頂けませんか？

2. 過去未来形を使ってスペイン語の文を作りましょう。

    1) サッカーの監督（entrenador de fútbol）は次の週試合をする（jugar un partido）予定だと私たちに言った。

    2) 新聞は翌月フランスの首相が来日する予定だと言っていた。

    3) カルロスは私に夏休みに何をする予定かと尋ねました。

    4) カルメンが結婚した時彼女は何歳だったんだろう？

    5) 僕が君だったら，彼女にそんなことは言わないだろうに。

    💬 対話形式の練習にチャレンジ！ ➡ 207ページ

Unidad 62 直説法未来完了，直説法過去未来完了

Habré terminado de leer esta novela para el fin de las vacaciones de verano.
私はこの小説を夏休みの終わりまでに読み終えているだろう。

▶▶▶ MP3 CD138

直説法未来完了の活用形　haber の直説法未来 + 過去分詞

| haber | habré | habrás | habrá | habremos | habréis | habrán | + 過去分詞 |

直説法未来完了の用法

1) 未来のある時点までに完了する出来事の予測，推量を表します。
   Habré terminado de leer esta novela para el fin de las vacaciones de verano.
   私はこの小説を夏休みの終わりまでに読み終えているだろう。▶ terminar de + 不定詞 〜し終える
   El presidente del gobierno habrá llegado al aeropuerto de Adolfo Suárez a las cinco.
   首相は5時にはアドルフォ・スアレス空港へ到着しているだろう。
   El nuevo edificio de la facultad se habrá construido para septiembre.
   学部の新しい校舎は9月までに完成しているでしょう。

2) 現在までに完了した出来事の推量を表します。
   Los invitados habrán llegado al hotel a estas horas. 招待客たちは今頃ホテルに到着しているでしょう。
   Son las tres. Mi familia ya habrá comido.　3時です。家族はもう食事をしたでしょう。

直説法過去未来完了の活用形　haber の直説法過去未来 + 過去分詞

| haber | habría | habrías | habría | habríamos | habríais | habrían | + 過去分詞 |

直説法過去未来完了の用法

1) 過去のある時点から見た未来に完了した出来事の予測，推量を表します。
   Mis padres dijeron que habría vuelto mi hermana de Alemania para el fin de año.
   私の両親は姉は年末までにはドイツから帰ってきているだろうと言った。
   Le pregunté al panadero a qué hora se habría cocido el pan.
   私はパン屋さんに何時にパンが焼きあがっているか尋ねました。

2) 過去のある時点までに完了した出来事の推量を表します。
   Eduardo sacó muy buena nota. Seguro que habría estudiado mucho.
   エドゥアルドはとてもいい点をとった。きっととても勉強してきていたのだろう。
   Eran las tres. Suponía que mi familia ya habría comido.
   3時でした。家族はもう食事をしていただろうと思っていました。

3) 非現実的な仮定に基づく完了した出来事の推量を表します。（帰結節として）
   Yo en tu lugar, se lo habría dicho cuanto antes.
   僕が君の立場にいたら，僕は彼らにできるだけ早くその事を言っていただろうに。
   Pedro dejó el trabajo para viajar por todo el mundo. Y tú, ¿qué habrías hecho?
   ペドロは世界中を旅するために仕事をやめた。で，君だったらどうしていただろうか？

練習問題　　　　　　　　　　　　　　　　　　　　　解答は250ページ

1. 日本語に従って動詞を適切な形にし，文を完成させましょう。1語とは限りません。

   1) La carta que _____ (mandar) a Granada hace tres días, ya _____ (llegar).

      僕が3日前にグラナダへ出した手紙はもう着いているだろう。

   2) _____ (llegar) a la universidad muy tarde ayer. _____ (Suponer) que ya _____ (terminar) el examen.

      僕は昨日大学に大幅に遅刻したんだ。僕は試験はすでに終わってしまっていると思っていたよ。

   3) Le _____ (decir) a mi jefe que _____ (terminar) de escribir el informe para el día siguiente.

      私は上司に翌日までに報告書を書き終えているだろうと言った。

   4) Por aquel entonces _____ (decir) que estos dos cantantes _____ (casarse) por la fama.

      当時世間はこの2人の歌手たちは名声の為に結婚したのだろうと言っていました。

   5) Sin su ayuda, este proyecto nunca _____ (tener) éxito por aquel entonces.

      あなた方の助けがなかったら，当時このプロジェクトは成功していなかったでしょう。

2. スペイン語に訳しましょう。

   1) 僕たちはこの仕事を週末までに終えているだろう。

   2) 11時です。両親はもう横になっているでしょう。

   3) 君は3日後 (tres días después) には旅行から帰ってきていると僕に言ったじゃないか。

   4) 夫は私にこの映画を見たことがあったかどうか良く思い出せない (recordar) と言った。

   5) 僕が君の立場だったらその時同じ事をしていただろうに。

対話形式の練習にチャレンジ！➡208ページ

接続法現在（1）名詞節

Quiero que leas esta novela.
君にこの小説を読んでもらいたいよ。

▶▶▶ CD139

これまで学習してきた直説法がある事柄を事実として客観的に述べるのに対し，接続法は話者の主観的な内容を述べるときに使われます。

hablar	hable	hables	hable	hablemos	habléis	hablen
comer	coma	comas	coma	comamos	comáis	coman
vivir	viva	vivas	viva	vivamos	viváis	vivan

-ar 動詞：-e, -es, -e, -emos, -éis, -en // -er, -ir 動詞：-a, -as, -a, -amos, -áis, -an

▶① 1人称単数形，3人称単数形の活用語尾は同形。② 2人称複数形にはアクセント符号。

綴り字に注意 buscar:bus**que**,bus**ques**... // llegar:lle**gue**,lle**gues**... // coger:co**ja**, co**jas**..

語根母音変化動詞 ▶①，③は -ar, -er 動詞。直説法と同様に1, 2, 3人称単数形，3人称複数形が語根母音変化。②, ④, ⑤は -ir 動詞。全ての人称，数が語根母音変化。

① e → ie 型（-ar,-er 動詞）cerrar : c**ie**rre, c**ie**rres , c**ie**rre, cerremos, cerréis, c**ie**rren
② e → ie/i 型（-ir 動詞）sentir : s**ie**nta, s**ie**ntas, s**ie**nta, sintamos, sintáis, s**ie**ntan
③ o → ue 型（-ar,-er）poder : p**ue**da, p**ue**das, p**ue**da, podamos, podáis, p**ue**dan
④ o → ue/u 型（-ir）morir : m**ue**ra, m**ue**ras, m**ue**ra, muramos, muráis, m**ue**ran
⑤ e → i 型（-ir）pedir : p**i**da, p**i**das, p**i**da, p**i**damos, p**i**dáis, p**i**dan

綴り字に注意 jugar：jue**gue**, jue**gue**s... // empezar：empie**ce**, empie**ce**s...

接続法の用法

1) **名詞節**：従属節の動詞に接続法を用います。

①願望（esperar, querer），命令（mandar），許可（permitir），禁止（prohibir），忠告（aconsejar）
　Quiero que **leas** esta novela. 君にこの小説を読んでもらいたいよ。// Quiero **leer** esta novela. この小説が読みたいな。（× Quiero que yo lea esta novela.）// Te aconsejo que **leas** esta novela.（Te aconsejo leer esta novela.）君にこの小説を読むように薦めるよ。▶ mandar, pedir, prohibir, aconsejar, recomendar は（主動詞 + 目的語（人）+ 不定詞）の文を作ることも出来る。

②感情（喜び alegrarse de，悲しみ sentir，恐れ temer，好み gustar）
　Siento que no **puedas** venir a la cena. 君が夕食に来られないのを残念に思う。
　Siento no **poder** ir a la cena. 僕が夕食へ行けないのを残念に思う。

③疑惑（dudar），否定（no pensar, no creer）
　No pienso que **lleguen** a la hora. 僕は彼らが間に合うとは思わない。（no pensar que + 接続法）
　cf. Pienso que **llegan** a la hora. 僕は彼らは間に合うと思う。（pensar que + 直説法）
　Dudo que **vuelvan** pronto. 彼らがすぐに帰ってくるかどうかは疑わしい。

④価値判断（ser bueno / malo / mejor / interesante / necesario），可能性（poder, ser posible）
　Es posible que **llueva** mañana. 明日雨が降るかもしれない。

練 習 問 題

解答は 250 ページ

1. 日本語に従って（　）に動詞の接続法現在の適切な活用形を入れ，文を完成させましょう。

   1) Espero que te lo _____ (pasar) bien en las vacaciones.
      君が休暇を楽しく過ごすことを願うよ。

   2) Te doy este disco compacto. Espero que te _____ (gustar).
      君にこのCDをあげるよ。気に入ってくれると良いな。

   3) El médico me ha mandado que no _____ (ducharse) y _____ (acostarse) pronto.
      お医者さんは私にシャワーを控え，早く横になるように命じました。

   4) A mi madre no le gusta que _____ (volver, yo) muy tarde.
      私の母は私が遅くに帰宅するのを好みません。

   5) Es bueno que los domingos _____ (poder) entrar a los museos nacionales gratuitamente.
      毎週日曜日に国立の美術館に無料で入場できるのは良いことです。

2. スペイン語に訳しましょう。

   1) 私の子供たちには米国で勉強して欲しい。
      _____

   2) 僕は君にこのズボンを試着（probarse）してみるように薦めるよ。
      _____

   3) 君たちがついに結婚するのが僕は嬉しいよ。
      _____

   4) 僕は電車が遅れるのではないかと心配です（temer）。
      _____

   5) 君は明日早く家を出たほうがいいよ。
      _____

対話形式の練習にチャレンジ！➡208ページ

Unidad 64 接続法現在（2）形容詞節，接続法現在完了

Buscamos unos recepcionistas que sepan hablar chino.
中国語が話せる受付係を探しています。

▶▶▶ CD140

直説法1人称単数現在形から作る動詞

hacer : ha**g**a, ha**g**as... // poner : pon**g**a, pon**g**as... // tener : ten**g**a, ten**g**as... //
salir : sal**g**a, sal**g**as... // decir : di**g**a, di**g**as... // oír : oi**g**a, oi**g**as... //
enviar : env**í**e, env**í**es... // continuar : contin**ú**e, contin**ú**es... //
averiguar : averi**gü**e, averi**gü**es... // construir : constru**y**a, constru**y**as... //
conocer : cono**z**ca, cono**z**cas... // ver : **v**ea, **v**eas...

その他の不規則動詞

ser	sea	seas	sea	seamos	seáis	sean	1単, 3単は同形, 母音 -e が残る。
estar	esté	estés	esté	estemos	estéis	estén	1複以外アクセント符号つき。
dar	dé	des	dé	demos	deis	den	1単, 3単は同形, アクセント符号つき。
ir	vaya	vayas	vaya	vayamos	vayáis	vayan	v と y が入る。
haber	haya	hayas	haya	hayamos	hayáis	hayan	b が取れて y が入る。
saber	sepa	sepas	sepa	sepamos	sepáis	sepan	a が e に, b が p になる。

接続法の用法 （63課より続き）

2) **形容詞節**：関係節を用います。意味によって法が変わります。

Buscamos unos recepcionistas que **sepan** hablar chino.
中国語が話せる受付係を探しています。▶先行詞の名詞は架空の存在（存在は未確定, 非現実）

cf. En mi hotel hay unos recepcionistas que **saben** hablar chino.
私のホテルには中国語が話せる受付係が何人かいます。▶先行詞の名詞は実際に存在（現実）

Después de los exámenes, puedes hacer lo que **quieras**.
試験が終わったら君のしたいことをしていいよ。

接続法現在完了　活用形：**haber** の接続法現在 + 過去分詞

haber	haya	hayas	haya	hayamos	hayáis	hayan	+ 過去分詞

接続法現在完了の用法

直説法現在完了又は直説法未来完了が接続法として用いられる場合に使います。

Me alegro de que **hayas aprobado** el examen.　私は君が試験に合格して嬉しいよ。
¿En esta clase hay alguien que **haya estado** en Perú?
このクラスにペルーへ行ったことのある人はいますか？
Te llamaré cuando **haya preparado** la cena.　夕食の準備ができたら君を呼ぶでしょう。
¡Ojalá que **hayas aprobado** el examen!　君が試験に合格しているといいなあ！

練習問題　　　　　　　　　　　　　　　解答は 250 ページ

1. 〔　〕には関係詞を，下線部には動詞の活用形を入れ，文を完成させましょう。1語とは限りません。

   1) Lástima que no _____ (llegar) a tiempo al concierto de hoy.
      君が今日のコンサートに間に合わなかったのは残念だな。

   2) Es extraño que no te _____ (decir) nada del examen el profesor.
      先生が君に試験のことについて何も言わなかっただなんて奇妙だね。

   3) En el futuro quiero vivir en una casa 〔　　　〕 _____ (tener) piscina.
      将来はプールのある家に住みたいな。

   4) No tengo ninguna amiga 〔　　　〕 _____ (saber) tocar la guitarra.
      私にはギターを弾ける女友達は1人もいません。

   5) ¿Hay alguna habitación 〔　　　〕 _____ (dar) al patio?
      中庭に面している部屋はありますか？

2. スペイン語に訳しましょう。

   1) ロレンソ (Lorenzo) がそれをしたとは思えない (dudar)。

   2) もう遅い。僕はもう試験が始まってしまっているのではないかと心配している。

   3) ミゲルとイサベルがもう駅に着いているとは思えない (no creer)。

   4) 君が今日できることをしなければならないよ。

   5) 誰か外国で勉強したことのある人はいる？

対話形式の練習にチャレンジ！➡209ページ

接続法現在（3）副詞節

Unidad 65

Te he traído esta película para que la veas.
君が見るようにこの映画を持ってきたよ。

▶▶▶ CD141

接続法の用法 （63課，64課より続き）

3) **副詞節**：目的，時，様態，条件，譲歩を表す接続詞とともに使われます。

① **目的**（**para que, a fin de que**「するように」，**no sea que**「しないように」）（未確定，常に接続法）

Te he traído esta película para que la **veas**. 君が見るようにこの映画を持ってきたよ。

El profesor nos lo ha explicado bien a fin de que lo **podamos** entender mejor.
先生は僕たちがもっと良く理解できるようにそのことを良く説明してくれた。

Tenéis que abrigaros no sea que **cojáis** frío.
風邪を引かないように着込まなければいけない。

② **時**（**cuando**「する時」，**antes de que**「する前に」，**hasta que**「するまで」，**en cuanto**「するとすぐ」）

Cuando **vaya** a España, voy a visitar el Museo del Prado.
スペインへ行ったらプラド美術館を訪れるつもりです。（未実現）

cf. Cuando **voy** a España, visito el Museo del Prado.
スペインへ行くときはプラド美術館を訪れています。（習慣）

Vamos a casa antes de que **se ponga** el sol. 日が沈む前に家へ帰ろう。

Es mejor que **te quedes** en cama hasta que **te sientas** mejor.
気分がよくなるまでベッドにいたほうがいいよ。

Te avisaré en cuanto lo **sepa**. そのことがわかったらすぐに君に知らせよう。

③ **様態**（**como**「のように」，**de manera que, de modo que**「のやり方で」，**sin que**「…しないで」）

Vamos a hacer la maleta de manera que **quepan** más cosas.
もっと多く物が入るようなやり方で荷造りしよう。

Es difícil preparar los regalos de Navidad sin que **se enteren** los niños.
子供たちに気付かれずにクリスマスプレゼントを用意するのは難しいね。

④ **条件**（**en el caso de que**「…の場合は」，**a no ser que, a menos que**「…でなければ」，**con tal de que**「するなら」）

Haré todo lo posible en el caso de que **necesites** mi ayuda.
君に僕の助けが必要な場合は出来る限り何でもするよ。

⑤ **譲歩**（**aunque**「たとえ…でも」，**a pesar de que**「…だとしても」，

por + $\begin{cases} \text{muy} + 形容詞/副詞 \\ \text{más/mucho} + 名詞 \\ \text{más/mucho} \end{cases}$ + **que**「どんなに…でも」）

Aunque no lo **conozca**, lo ayudaré. たとえ彼と面識がなくとも，僕は彼の力になろう。

cf. Aunque no lo **conozco**, lo ayudo. 彼と面識はないが，僕は彼の力になろう。

A pesar de que **llueva** mañana, jugaremos al fútbol.
たとえ明日雨が降ってもサッカーをするよ。

Unidad 65 ◆ 接続法現在 (3) 副詞節

練習問題

解答は250ページ

1. ［ ］には適切な語または句を，下線部には動詞の接続法現在の適切な活用形を入れ，文を完成させましょう。1語とは限りません。

　1) Puedes llamarme ［　　　　　］ ＿＿＿＿＿ (querer).
　　君のしたいときに電話をしていいよ。

　2) Mañana saldremos de casa ［　　　　　　　］ ＿＿＿＿＿ (salir) el sol.
　　明日は日が昇る前に家を出るよ。

　3) La semana que viene voy a España ［　　　　　　　］ ＿＿＿＿＿ (pasar) algo imprevisto. 不測の事態が起きなければ来週スペインへ行くよ。

　4) Te lo digo ［　　　　　　］ no se lo ＿＿＿＿＿ (decir) a nadie.
　　君が誰にも言わないならそのことを教えてあげるよ。

　5) Iremos al cine este fin de semana ［　　　　　　］ no ＿＿＿＿＿ (querer) ir.
　　君が行きたければ今週末映画へ行こう。（君が行きたくないのじゃなかったら）

2. スペイン語に訳しましょう。

　1) 君がそれらを読むように，君に本を何冊か薦めよう (recomendar)。
　　_____

　2) 僕たちの友達が来るまで図書館で勉強しましょう。
　　_____

　3) 私には両親に気づかれずに夜出かける (salir de noche) のは難しいよ。
　　_____

　4) たとえ彼にお金 (dinero) が無くても私は彼と結婚する。
　　_____

　5) たとえどんなに疲れていても仕事に行かなければならない。
　　_____

💬 対話形式の練習にチャレンジ！➡210ページ

接続法現在（4）独立文

¡Ojalá (que) me toque la lotería!
宝くじが当たりますように。

▶▶▶ CD142

独立文

①願望文：**ojalá +（que）+ 接続法**　「どうか～しますように」

　　¡Ojalá (que) me **toque** la lotería!　宝くじが当たりますように。
　　¡Ojalá (que) me **haya tocado** la lotería.　宝くじが当たっていますように。
　　Que **aproveche**.　召し上がれ。
　　Que **descanse**.　おやすみなさい。ゆっくり休んでください。
　　Que **tengas** un buen día.　いい一日になりますように。
　　¡**Viva** España!　スペイン万歳。

②間接命令文：**que + 接続法**　「～するように」

　　Que me **llames**, por favor.　お願いだから私に電話して。
　　Que os **comportéis** bien.　君たち行儀良くして（← comportarse）。

③疑惑文：**tal vez + 接続法，quizá (quizás) + 接続法，acaso + 接続法**

　▶ tal vez, quizá (quizás) は可能性が高い場合は直説法を使います。
　▶ acaso は tal vez, quizá (s) より可能性が低い場合に使います。

　　Tal vez **nieve** esta noche.　もしかしたら今晩雪が降るかもしれない。
　　cf. Tal vez **nieva** esta noche.　多分今晩雪が降るだろう。
　　Quizás no **sea** verdad lo que dice el periódico.
　　新聞が言っていることはもしかしたら本当ではないのかもしれない。
　　cf. Quizás no **es** verdad lo que dice Alberto.
　　アルベルトが言っていることは多分本当ではないだろう。
　　Quizás mis abuelos hayan llegado a casa a esta hora.
　　もしかしたら祖父母はこの時間もう家へ着いているかもしれない。
　　Acaso los periodistas no **sepan** la verdad.
　　ひょっとすると新聞記者たちは真実を知らないのかもしれない。

副詞節：　その他の譲歩構文（65課より続き）

接続法の動詞 + 接続法の動詞　「たとえ…でも」

　　Vayas a donde **vayas**, siempre pensaré en ti.
　　君がどこへ行こうとも僕はいつも君のことを考えているよ。

　　Haga el tiempo que **haga**, iremos al campo este fin de semana.
　　どんな天気であれ僕たちは今週末田舎へ行くよ。

　　Sea lo que **sea**, tienes que avisarnos cuanto antes.
　　何であれできるだけ早く僕たちに知らせてくれなくてはいけないよ。

Unidad 66 ◆ 接続法現在（4）独立文

練習問題

解答は251ページ

1. ［ ］には適切な語または句を，下線部には動詞の適切な活用形を入れ，文を完成させましょう。

   1) ［　　　　　］ ＿＿＿＿ (hacer) buen tiempo mañana.
      明日はいい天気になりますように。

   2) ¡＿＿＿＿(vivir) México! メキシコ万歳！

   3) ［　　　　　］ Roberto no ＿＿＿＿ (saber) conducir.
      もしかしたらロベルトは車の運転ができないのかもしれない。

   4) ＿＿＿＿ (pasar) ［　　　　　］ ＿＿＿＿ (pasar), tenéis que tener en cuenta todas las posibilidades.
      たとえ何が起ころうとも君たちは全ての可能性を考慮に入れておかなくてはならないよ。

   5) ＿＿＿＿ (ser) ［　　　　　］ ＿＿＿＿ (ser), tenemos que ayudarlo cuando ＿＿＿＿ (tener) problema. 何であれ困っているときは助けなければいけないよ。

2. スペイン語に訳しましょう。

   1) 君，うまくいきますように。
   ＿＿＿＿＿＿＿＿＿＿＿＿＿＿＿＿＿＿＿＿

   2) あなた方，良い旅を。
   ＿＿＿＿＿＿＿＿＿＿＿＿＿＿＿＿＿＿＿＿

   3) 私はどうか合格していますように。
   ＿＿＿＿＿＿＿＿＿＿＿＿＿＿＿＿＿＿＿＿

   4) もしかしたら電車はもう出発してしまったかもしれない。
   ＿＿＿＿＿＿＿＿＿＿＿＿＿＿＿＿＿＿＿＿

   5) たとえどんな天気でも，僕らは山へ行くよ。
   ＿＿＿＿＿＿＿＿＿＿＿＿＿＿＿＿＿＿＿＿

💬 対話形式の練習にチャレンジ！➡210ページ

Unidad 67 接続法過去

En el futuro quisiera ser futbolista.
将来サッカー選手になれたらなあ。

▶▶▶ MP3 CD143

接続法過去形の活用語尾は -ar, -er, -ir 動詞のいずれも同形です。① -ra 形，② -se 形があります。どちらもほぼ同じ用法に使われますが，婉曲表現には -ra 形を使います。

① -ra 形：直説法点過去形 3 人称複数形の -ron を取り，**-ra**, **-ras**, **-ra**, **-ramos**, **-rais**, **-ran** をつけます。

hablar	habla**ra**	habla**ras**	habla**ra**	hablá**ramos**	habla**rais**	habla**ran**
comer	comie**ra**	comie**ras**	comie**ra**	comié**ramos**	comie**rais**	comie**ran**
vivir	vivie**ra**	vivie**ras**	vivie**ra**	vivié**ramos**	vivie**rais**	vivie**ran**

② -se 形：直説法点過去形 3 人称複数形の -ron を取り，**-se**, **-ses**, **-se**, **-semos**, **-seis**, **-sen** をつけます。

hablar	habla**se**	habla**ses**	habla**se**	hablá**semos**	habla**seis**	habla**sen**
comer	comie**se**	comie**ses**	comie**se**	comié**semos**	comie**seis**	comie**sen**
vivir	vivie**se**	vivie**ses**	vivie**se**	vivié**semos**	vivie**seis**	vivie**sen**

▶ 1 人称単数形，3 人称単数形の活用語尾は同形。1 人称複数形にアクセント符号。

語根母音変化動詞 （e → i 型）**sentir**: sintieron → sintie**ra**, sintie**ras**... // sintie**se**, sintie**ses**..., **pedir**: pidieron → pidie**ra**, pidie**ras**... // pidie**se**, pidie**ses**..., （o → u 型）**dormir**: durmieron → durmie**ra**, durmie**ras**... // durmie**se**, durmie**ses**...

不規則動詞 （u 型）**estar**: estuvieron → estuvie**ra**, estuvie**ras**... // estuvie**se**, estuvie**ses**..., （i 型）**hacer**: hicieron → hicie**ra**, hicie**ras**... // hicie**se**, hicie**ses**..., （j 型）**decir**: dijeron → dije**ra**, dije**ras**... // dije**se**, dije**ses**...

その他の不規則動詞 **dar**: dieron → die**ra**, die**ras**... // die**se**, die**ses**..., **ir / ser**: fueron → fue**ra**, fue**ras**..., fue**se**, fue**ses**...

接続法過去の用法

① 時制は点過去，線過去，過去未来に相当し，接続法を用いる場合に使います。
Sentí mucho que no **pudieras** venir a la fiesta de mi cumpleaños.
君が僕の誕生日パーティに来られないのを残念に思ったよ。

② **como si** + 接続法過去 「あたかも…であるかのように」
Juan habla inglés como si **fuera** un nativo.
フアンはまるでネイティブであるかのように英語を話します。

③ 婉曲表現：現在の意思，願望を遠回しに表します。-ra 形を使います。
En el futuro **quisiera** ser futbolista. 将来サッカー選手になれたらなぁ。
Quisiera pedirles una cosa. あなた方にお願いがあるのですが。

④ 非現実的条件文：条件節（si + 接続法過去），帰結節（直説法過去未来）（61 課参照）
Si me **tocara** la lotería, compraría una isla en el Caribe.
もし宝くじにあたったら，カリブ海に島を買うのになぁ。

Unidad 67 ◆ 接続法過去

練習問題

解答は251ページ

1. [ ] には適切な語または句を，下線部には動詞の適切な接続法過去の活用形を入れ，文を完成させましょう。1語とは限りません。

   1) No creía que a esa hora _____ (haber) una mesa libre en el restaurante.
      その時間にレストランに空席があるとは思っていなかったよ。

   2) Era natural que _____ (estar) enfadado contigo.
      彼が君に腹を立てたのは当然だったよ。

   3) Por aquel entonces no había nadie [   ] _____ (tener) móvil.
      その当時携帯電話を持っている人などいませんでした。

   4) Mi amigo me prestó un libro de gramática [   ] _____ (estudiar) en casa.　私の友達は家で勉強するように文法の本を私に貸してくれた。

   5) _____ (querer) preguntarle una cosa.　1つあなたに質問があるのですが。

2. スペイン語に訳しましょう。

   1) 私たちの女の先生は私たちに翌日までに練習問題 (ejercicios) をしてくるように言った。

   2) 両親は僕が大学で法律 (Derecho) を勉強することを望んでいた。

   3) どうかその知らせが真実でありますように。

   4) 彼女はあたかもプロ歌手 (una cantante profesional) であるかのように上手に歌う。

   5) もし僕が君だったらスペインで勉強するのになぁ。

対話形式の練習にチャレンジ！➡211ページ

Unidad 68 接続法過去完了

Me alegré de que hubieras pasado el examen.
君が試験に合格して私はとても嬉しかったよ。

▶▶▶ CD144

接続法過去完了　活用形：haber の接続法過去形 (-ra, -se) ＋ 過去分詞

| haber | hubiera
hubiese | hubieras
hubieses | hubiera
hubiese | hubiéramos
hubiésemos | hubierais
hubieseis | hubieran
hubiesen | ＋過去分詞 |

接続法過去完了の用法

直説法過去完了が接続法として用いられる場合に使います。

1) 名詞節

   Me alegré de que **hubieras pasado** el examen.
   君が試験に合格して私は嬉しかったよ。

   No creía que mi padre **hubiera dicho** tonterías.
   私の父が馬鹿なことを言っただなんて信じられませんでした。

   Estábamos muy preocupados de que **hubierais tenido** un accidente de tráfico.
   君たちが交通事故にあったんじゃないかととても心配していたんだ。

   Era extraño que **se hubiera ido** sin decirte nada.
   彼が君に何も言わずに行ってしまったのは奇妙だった。

2) 形容詞節

   Por aquel entonces en mi compañía no había nadie que **hubiera estado** en el extranjero.　その当時私の会社には外国へ行ったことがあった人などいませんでした。

   La empresa buscaba estudiantes que **hubieran estudiado** Medicina.
   会社は医学を勉強した学生たちを探していました。

3) 副詞節

   Me dijo que me llamaría cuando **hubiera preparado** la cena.
   彼女は夕食の準備ができたら私を呼ぶだろうと言った。

   Aunque **hubiera tenido** mucho dinero, no habría comprado esa casa.
   たとえたくさんお金を持っていたとしても，その家を買わなかっただろうに。

   ▶接続法過去完了（過去の事実に反する仮定）＋ 直説法過去未来完了（過去の事実に反する推量）

4) 独立文（過去の事実に反する願望）

   ¡Ojalá que **hubiéramos estudiado** más antes del examen!
   試験の前にもっと勉強していたらなぁ。

5) 条件節

   Si no **hubieras estudiado** tanto anoche, no podrías hacer el examen bien hoy.
   もし君が昨夜たくさん勉強してこなかったら，君は今日試験がよくできないだろうに。

   ▶接続法過去完了（過去の事実に反する仮定）＋ 直説法過去未来（現在の事実に反する推量）

   Si **hubieras conducido** con más prudencia, no te **habrían puesto** la multa.
   もしも君がもっと慎重に運転していたら，違反切符を切られることはなかったのになぁ。

   ▶接続法過去完了（過去の事実に反する仮定）＋ 直説法過去未来完了（過去の事実に反する推量）

練習問題

解答は251ページ

1. 日本語に従って [ ] には適切な語または句を，下線部には動詞の適切な形を入れ，文を完成させましょう。1語とは限りません。

   1) No creía que los paquetes ＿＿＿＿＿＿ (llegar) a España ya.
      荷物がもうスペインへ着いたとは思っていませんでした。

   2) [＿＿＿＿＿] ＿＿＿＿＿＿ (hacer) mal tiempo, ＿＿＿＿＿＿ (salir).
      たとえ悪天候であっても，僕たちは出掛けていただろうに。

   3) ¡[＿＿＿] yo ＿＿＿＿＿＿ (comprar) aquella casa hace 10 años!
      私は10年前にあの家を買っていたらなぁ。

   4) Si ＿＿＿＿＿＿ (estudiar) más ayer, no te ＿＿＿＿＿＿ (suspender).
      もし君が昨日もっと勉強していたら落第していなかったのにね。

   5) Mi padre me dijo que le ＿＿＿＿＿＿ (pasar) el periódico [＿＿] lo ＿＿＿＿＿＿ (leer).
      私の父は私が読み終わったら新聞を彼に渡すように言った。

2. スペイン語に訳しましょう。

   1) 私は彼らが外国へ行ってしまったのをとても残念に思いました。

   2) その当時スペインには日本に住んだことのある人はいませんでした。

   3) もし君がもっと早く家を出ていたら，授業に遅れることはなかったのにね。

   4) 私の娘がその試験に合格したんだなんて信じられませんでした。

   5) 私は彼らが結婚したのが嬉しかった。

対話形式の練習にチャレンジ！➡212ページ

命令表現 (1)

Sé puntual. 時間を守りなさい。

命令表現には肯定命令，否定命令があります。それぞれ命令の対象になる人の人称，数によって異なる活用形を使います。整理して覚えましょう。

	tú	vosotros/as	usted	ustedes	nosotros/as
肯定命令	命令法 tú	命令法 vosotros/as	接続法 usted	接続法 ustedes	接続法 nosotros/as
ar 動詞 er 動詞 ir 動詞	**habla** **come** **vive**	**hablad** **comed** **vivid**	hable coma viva	hablen coman vivan	hablemos comamos vivamos
否定命令	no + 接続法	no + 接続法	no + 接続法	no + 接続法	no + 接続法
ar 動詞 er 動詞 ir 動詞	no hables no comas no vivas	no habléis no comáis no viváis	no hable no coma no viva	no hablen no coman no vivan	no hablemos no comamos no vivamos

命令法は 2 人称に対する肯定命令に使う活用形です。2 人称単数形の活用形には不規則形があります。2 人称複数形の活用形は規則形のみです。1 人称複数，3 人称に対する肯定命令と全ての否定命令には接続法現在の活用形を使います。再帰代名詞を伴う 1 人称複数形，2 人称複数形の肯定命令は形が変わります。（70 課参照）

命令法の活用形 (規則形)

tú：直説法現在 3 人称単数形と同形です。▶語根母音変化動詞，不規則活用動詞も同様。
vosotros/as：不定詞の語尾 -r を取り，-d をつけます。

▶再帰代名詞を伴う場合は形が変わる。（70 課参照）

Niño, come y calla. ぼうや，食べて黙って。
Tomad nota. 君たちメモをとって。
Profesor, hable más despacio, por favor. 先生，もっとゆっくり話してください。
Pasen por aquí. ここを通って下さい。
Siga todo recto y gire a la derecha. ずっとまっすぐ行ってください。そして右に曲ってください。
No tengáis miedo al hablar en público. 君たち人前で話すのを恐れないで。
No abran la ventana. 窓を開けないでください。

命令法の活用形 (不規則形)　tú に対する肯定命令に使います。

decir → **di**, hacer → **haz**, ir → **ve**, poner → **pon**, salir → **sal**, tener → **ten**, ser → **sé**, venir → **ven**

Haz los deberes al llegar a casa. 家に帰ってきたら宿題をしなさい。
Sal de la cama ahora mismo. 今すぐベッドから出なさい。
Tened paciencia. 君たち辛抱して。
Ana, ven aquí. アナ，ここへ来なさい。
Nos vemos mañana a las ocho. Sé puntual. 明日 8 時に会いましょう。時間を守りなさい。

練習問題　　　　　　　　　　　　　　　解答は251ページ

1. decir, mirar, oír, venir のうちのひとつを使って，スペイン語の決まり表現を作りましょう。2回使う動詞があります。

   1) ねえ（聞いて）_____ (tú).　　2) ねえ（聞いて）_____ (usted).

   3) ねえ（見て）_____ (tú).　　4) ねえ（見て）_____ (usted).

   5) もしもし (usted) ¿_____?　　6) さあ _____ (usted).

2. 下線部に動詞の適切な活用形を入れ，文を完成させましょう。

   1) _____ (seguir) esta calle todo recto y _____ (girar) a la izquierda.
   君たちこの道をまっすぐ行って左に曲って。

   2) Por favor, _____ (apagar, Uds.) el móvil.
   携帯電話のスイッチは切ってください。

   3) No _____ (hacer, vosotros) ruido. 君たち音を立てないで。

   4) Alguien que _____ (cerrar) la puerta, por favor.
   誰か扉を閉めてください，お願いします。

   5) _____ (escuchar, nosotros) atentamente lo que dice el profesor.
   先生の言っていることをもっと注意深く聴こう。

3. スペイン語に訳しましょう。

   1) 君スポーツをしなさい。(hacer deporte)　　_____

   2) あなた方ここに車を止めないでください。(aparcar)　　_____

   3) お客様 (señor, señora) レジへどうぞ (pasar por caja)。　　_____

   4) 忘れずに私に電話して (olvidar llamarme)。　　_____

   5) 君たち急いで (rápido) 来なさい。　　_____

　　対話形式の練習にチャレンジ！➡213ページ

Unidad 70 命令表現 (2)

Llámame. 僕に電話して。　▶▶▶ CD146

命令文中の代名詞の位置

1) 肯定命令文では再帰代名詞，間接目的格（に格），直接目的格（を格）は動詞の後ろにつけ，ひとつの単語として綴ります。動詞の後ろに代名詞がつくことで動詞のみで発音したときのアクセント位置が後ろの代名詞に移ってしまう場合は代名詞がつく前の（動詞のみで強かった）位置にアクセント符号をつけます。

　　Escríbele una carta a tu padre pronto.　すぐにお父さんに手紙を書きなさい。
　　↓
　　Escribe + **se** + la（← ~~le~~ + la）
　　↓
　　Escríbe**sela**.　彼にそれを書きなさい。

①目的格代名詞

　　Llámame.　君，僕に電話して。（← llamarme）
　　Dime tu nombre.　君の名前を教えて。（← decir + me）
　　Dadme la dirección.　君たち住所を僕に教えて。（← dar + me）
　　Escríbame su teléfono.　僕にあなたの電話番号を書いてください。（← escribir + me）
　　Pásame la sal.　塩を取って。（← pasar + me）
　　Póngame un café.　コーヒーをください。（← poner + me）

②再帰代名詞

　　肯定命令2人称複数形：-d をとり -os をつける。
　　　▶ただし ir は -d を取らない。irse（vosotros）→ Idos.
　　肯定命令1人称複数形：...mos̶nos → monos
　　irse（nosotros）→ Vamos + nos → Vamos̶nos → Vámonos.
　　Quítese el sombrero.　帽子を取ってください。（← quitarse）
　　Ponte la chaqueta.　上着を着て。（← ponerse）
　　Vete a la cama.　君ベッドへ行きなさい。（← irse）
　　Siéntate en este sofá.　君はこのソファに座って。（← sentarse）
　　Quédate en casa.　君，家にいなさい。（← quedarse）
　　Vámonos.　行こう。
　　Poneos cómodos.　君たちくつろいで。

③再帰代名詞 + 目的格代名詞

　　Láveselo.（← lavarse + lo）それを洗ってください。
　　A: Me gustan estos zapatos.　B: Pruébeselos.（← probarse + los）
　　A：この靴が気に入りました　B：(それらを) 試着してください。

2) 否定命令の場合，代名詞の位置は平叙文と同じ（活用している動詞の前）です。

　　No te vayas.　君行かないで。
　　No me lo diga, por favor.　私にそんなことを言わないでください。

Unidad 70 ◆ 命令表現（2）

練習問題　　　　　　　　　　　　　　　　　　　　解答は251ページ

1. 日本語に従って下線部に動詞の適切な活用形を入れ，文を完成させましょう。

    1) Niñas, _____ (abrigarse).　子どもたち，コートを着て。

    2) Hijo mío, _____ (darse) prisa.　息子よ，急いで。

    3) A: Niños, _____ (irse) a la cama.　子どもたち，君たちベッドへ行きなさい。

        B: Sí, _____ (irse).　うん，行こう。

    4) Señora, no _____ (ducharse) cuando tenga fiebre.

        奥さん，熱があるときはシャワーを浴びてはいけません。

    5) _____ (dejarme) pensar.　私に考えさせて。

2. (　　) 内の不定詞を命令表現にし，文を完成させましょう。さらに，～～部を人称代名詞に変えましょう。

    例) _____ (leer, tú) esta novela. → Lee esta novela. → Léela.

    1) _____ (levantar, tú) la mano. → _____

    2) _____ (limpiarse, tú) los dientes. → _____

    3) _____ (dejarme, tú) el diccionario. → _____

    4) No le _____ (decir, vosotros) mentiras. → _____

    5) No _____ (poner, usted) la televisión. → _____

3. スペイン語に訳しましょう。

    1) 君，怒らないで (enfadarse)。　　　　　_____

    2) パブロ (Pablo)，心配しないで (preocuparse)。　_____

    3) 君，私をそっとしておいて (dejarme en paz)。　_____

    4) 君たちパーティーで楽しんで。　　　　_____

    5) あなたがそれを読み終わったら僕に渡してください (pasar)。　_____

💬 対話形式の練習にチャレンジ！➡214ページ

対話形式の練習にチャレンジ！〈5〉

➡解答は 252 ページ

Unidad 59 次の対話文を読み，訳しましょう。　▶▶▶ CD147

(en casa)

Roberto: Risa, veo que estás muy ocupada.

Risa: Sí, es que mi profesor me ha **mandado hacer** un trabajo sobre el viaje que hice por las ciudades de la Mancha.

Roberto: Bueno, pero eso lo acabas este fin de semana, ¿no?

Risa: Sí, pienso que lo acabaré el sábado.

Roberto: Es que el próximo lunes iré a Aranjuez, ¿quieres venir conmigo?

Risa: Lo siento, Roberto, pero pensaba ir con Lilian.

Roberto: ¿Lilian?, ella ya ha estado allí muchas veces.

Risa: **De todos modos** creo que no le **importará** ir otra vez conmigo.

Roberto: ¿En qué iréis?

Risa: No sé todavía. Eso lo hablaré con Lilian.

Notas　mandado hacer（←mandar＋不定詞）するように命じる　de todos modos とにかく
importará（←importar）構う

Unidad 60 次の対話文を読み，訳しましょう。　▶▶▶ CD148

(en la universidad)

Risa: Pienso que no podré ir a Aranjuez con Lilian.

Roberto: ¿Por qué?

Risa: Es que a finales de este mes vendrán a España unos **familiares** y tendré que estar con ellos.

Roberto: ¿Por qué no los llevas a Aranjuez?

Risa: No, porque seguramente querrán ir a Andalucía.

Roberto: Sí, claro. Todo el mundo quiere conocer Granada y Sevilla. De todos modos

Risa: puedes llevarlos a Aranjuez después de volver de Andalucía, ¿no?
No, porque querrán visitar Barcelona y no tendremos mucho tiempo para estar aquí en Madrid.
Roberto: Pues nada, la próxima vez será.

Notas familiar 親戚

Unidad 61 次の対話文を読み，訳しましょう。 CD149

(en la cafetería)

Roberto: Lilian, ¿**te quedarías** a vivir, aquí en España?
Lilian: Bueno, dependería de las **circunstancias**. Por ejemplo; casarme con un español.
Roberto: ¿No volverías a vivir en Francia?
Lilian: Sí, hombre, **algún día** volvería.
Roberto: Risa me dijo que para ella sería muy difícil vivir en España. **Echaría** mucho **de menos** a su familia.
Lilian: Claro, es que Japón está muy lejos, sin embargo Francia está al lado. ¿Y tú, qué harías?
Roberto: **Yo por mí**, me quedaría a vivir aquí, pero mi novia española me ha dicho que a ella le gustaría vivir en Londres en el futuro.

Notas te quedarías (← quedarse) 残る，留まる　circunstancia 状況　algún día いつか
echaría de menos (← echar de menos) いなくて寂しく思う　yo por mí 僕としては

Unidad 62　次の対話文を読み，訳しましょう。　▶▶▶ CD150

(en la universidad)

Roberto: ¿Por qué no fue Risa al cine con vosotras **el otro día**?
Lilian: No sé, seguramente ya habría visto la película. De todos modos estaba un poco **preocupada**.
Roberto: ¿Por qué?
Lilian: Es que no encontraba su **cámara fotográfica**, probablemente la habría **extraviado**.
Roberto: ¿Y qué hizo?
Lilian: Yo le dije que quizás se la habrían robado.
Roberto: ¿Fue a la policía?
Lilian: No, ella se compró otra. Yo, en su lugar, habría **dado parte a** la policía.
Roberto: Claro, es lo más natural.

Notas　el otro día この前　preocupado/a 心配している　cámara fotográfica カメラ　extraviar 紛失する
dado parte a (← dar parte a)　届け出る，通報する

Unidad 63　次の対話文を読み，訳しましょう。　▶▶▶ CD151

(en la calle)

Risa: Hola Juan, ¿qué tal estás?
Juan: **No es que** esté muy bien, pero vamos **tirando**. ¿Y tú?
Risa: Muy ocupada. Mañana llegan unos familiares de Japón.
Juan: ¿A qué hora llegan?
Risa: El avión tiene la **llegada** a las 8 de la tarde, pero no creo que llegue a la hora.

Juan:	Sí, los vuelos internacionales siempre **se retrasan**. ¿Por dónde pensáis ir?
Risa:	Vamos a ir a Andalucía.
Juan:	Yo te aconsejo que cojas el **AVE** y visitéis primero Córdoba, Sevilla y Granada, por este **orden**. Los dos últimos días los podéis pasar en la Costa del Sol.
Risa:	Gracias, así lo haremos.
Juan:	Adiós, espero que **disfrutéis** mucho.

Notas
no es que という訳ではない　tirando（← tirar）持ちこたえる　llegada 到着
se retrasan（← retrasarse）遅れる　AVE（Alta Velocidad Española）スペイン高速鉄道
orden 順番　disfrutéis（← disfrutar）楽しむ

Unidad 64　次の対話文を読み，訳しましょう。　CD152

(hablando por el móvil)

Juan:	Hola, Risa, ¿dónde estáis ahora?
Risa:	Ya hemos vuelto a Madrid. Ahora estamos descansando en el hotel.
Juan:	¿Qué tal lo habéis pasado por Andalucía?
Risa:	A mis familiares les ha encantado todo: las ciudades, su gente, la **comida**, el AVE...
Juan:	Me alegro mucho de que lo hayáis pasado tan bien. ¿Qué vais a hacer hoy?
Risa:	Pues, pensamos visitar el **Palacio Real**, pero necesito alguien que nos lo explique.
Juan:	Ah, pues yo estoy libre esta tarde. Si quieres, os puedo acompañar.
Risa:	Pues te los **agradecería** muchísimo, Juan.

Notas
comida 食事　Palacio Real 王宮　agradecería（← agradecer）感謝する

Unidad 65　次の対話文を読み，訳しましょう。　▶▶▶ CD153

(en la cafetería)

Lilian: No sé que me pasa, pero cuando no tengo la gripe, tengo dolor de **espalda** o me duelen los **ojos**. Siempre estoy enferma.

Roberto: Es que tienes que **cuidarte**. Yo te recomiendo que cuando tengas gripe, vayas al médico **cuanto antes** y oigas **atentamente** sus **recomendaciones**.

Lilian: A veces me siento muy **débil**, con poca **fuerza**.

Roberto: Bueno, lo mejor es que hagas las tres comidas **diarias**: desayuno, comida y cena. También te aconsejo que cuando te levantes, hagas **gimnasia** y después desayunes **yogur** con **manzana** y **nueces**. Esto te dará **energía**.

Lilian: Pero a veces me siento muy **deprimida** antes de los exámenes y sin ganas.

Roberto: Antes de que empiece el examen lo mejor es que te des un paseo o veas una película **entretenida**. Es importante que te relajes.

Lilian: Gracias por tus **consejos**.

Notas
espalda 背中　ojo 目　cuidarte（←cuidarse）気をつける　cuanto antes 出来るだけ早く
atentamente 注意深く　recomendación 忠告　débil 弱い　fuerza 力　diario/a 毎日の，日々の
gimnasia 体操　yogur ヨーグルト　manzana りんご　nuez クルミ　energía エネルギー
deprimido/a 弱っている　entretenido/a 面白い　consejo 忠告

Unidad 66　次の対話文を読み，訳しましょう。　▶▶▶ CD154

(en el hotel)

Juan: ¿A qué hora salen tus familiares para Tokio?

Risa: A las 10:00 y llegan a Amsterdam a la 1:30 de la tarde. Allí tienen que hacer

trasbordo.

Juan: Sabrán hacerlo solos, ¿verdad?

Risa: Sí. No creo que tengan problemas. Aunque no sepan inglés, no **tendrán dificultad en** encontrar la puerta de **embarque** para Tokio.

Juan: Bueno, eso espero. Risa, **diles** que tengan un buen viaje y que quizás algún día vaya a Japón...

Risa: Juan, dicen que **te están** muy **agradecidos por** todo lo que has hecho por ellos y que, **sin falta**, los llames por teléfono cuando llegues a Tokio.

Juan: Gracias. Así lo haré.

Notas
trasbordo 乗り換え　tendrán dificultad en（← tener dificultad en...）…が困難だ　embarque 搭乗　diles（decirles …に言う，命令法2人称単数，70課参照）te están agradecidos por（← estar + 人 agradecido por）…に感謝している　sin falta 必ず

Unidad 67　次の対話文を読み，訳しましょう。　CD155

(en la cafetería)

Roberto: Hola Risa, ¿qué tal te fue por Andalucía?

Risa: **Me lo pasé bomba**. No creí que Andalucía fuera tan bonita.

Roberto: ¿Hizo calor?

Risa: No, me extrañó que no hiciera calor. **Aún más**, por la noche tuvimos que ponernos una chaqueta porque hacía fresco.

Roberto: ¡No puedo creer que en Andalucía hiciera frío en verano! ¿Fuisteis a la Costa del Sol?

Risa: Bueno, Juan nos dijo que la visitáramos, pero no pudimos. **En realidad** fue una pena que mis familiares se cansaran tan pronto. Tuvimos que volver a Madrid para que descansaran unos días en la **capital**.

Roberto: ¿Les gustó la comida?

Risa: Sí, fuimos a un restaurante que nos recomendó Juan porque yo quería que probaran el **gazpacho**. Les encantó.

Roberto: ¡Me alegro de que se lo pasaran tan bien!

Notas

me lo pasé bomba（← pasárselo bomba）とても楽しく過ごす　aún más まして　en realidad 実際に
capital 首都　gazpacho ガスパチョ（トマト，たまねぎ，にんにく，オリーブオイル，酢，塩などの入った冷たいスープ）

Unidad 68

次の対話文を読み，訳しましょう。　　▶▶▶ CD156

(en la universidad)

Roberto: Oye, Risa. ¿Dónde está Lilian? Ayer no la vi en la universidad.

Risa: Ayer me llamó por teléfono y me dijo que tenía 39 de **fiebre**. Me dijo también que iba a ir al médico y que me llamaría cuando hubiera terminado la **consulta**. Pero ya ha pasado un día y no me ha llamado. Voy a llamarla más tarde, a ver qué le ha dicho el médico.

Roberto: Yo, el otro día, la vi y le aconsejé descansar, pero parece ser que no **me hizo caso**. Si hubiera seguido mis consejos, no **se habría puesto enferma**. Y tú, ¿qué tal estás?

Risa: Bien, gracias, pero hay que tener cuidado porque ahora hay mucha gente con gripe.

Notas

fiebre 熱　consulta 診察　me hizo caso（← hacer a 人 caso）気に留める
se habría puesto enferma（← ponerse + 形容詞）病気になる

Unidad 69　次の対話文を読み，訳しましょう。　▶▶▶ CD157

*(en el **cajero automático**)*

Risa:　　　Oye, Roberto. ¿Podrías ayudarme a sacar dinero del cajero automático? Es que no entiendo bien las **instrucción**es.

Roberto:　¡No me digas! Venga, **si** es muy fácil.

Risa:　　　¿Qué significa "**seleccione** la **operación**"?

Roberto:　Quieres **sacar dinero**, ¿no? Pues selecciona la **tecla** "sacar dinero".

Risa:　　　Ah, sí, ya entiendo. Ahora pone: "**introduzca** la tarjeta".

Roberto:　Vale, introduce la tarjeta y **teclea** tu **número personal**.

Risa:　　　Sí, ahora pone: "teclee el **importe** y pulse la tecla continuar si la cantidad **solicitada** es **correcta**".

Roberto:　Venga, pulsa la tecla "continuar" y retira el dinero. Después **retira** la tarjeta con el **recibo**.

Risa:　　　¡Qué bien! Ya lo **he conseguido**. Muchas gracias, Roberto.

Roberto:　¡Ves como es muy fácil!

Notas

cajero automático ATM　instrucción 指示　si（強調）　seleccione（←seleccionar）選ぶ　operación 操作　sacar dinero お金を下ろす　tecla キー　introduzca（←introducir）入れる　teclea（←teclear）押す　número personal 暗証番号　importe 金額　solicitado/a（←solicitar）希望する　correcto/a 正しい　retira（←retirar）引き出す　recibo 明細　he conseguido（←conseguir）達成する

Unidad 70

次の対話文を読み，訳しましょう。　▶▶▶ CD158

(en el coche)

Risa: Juan, ¿nos puedes llevar en tu coche a Lilian y a mí? Es que queremos aprender el significado de las **señal**es **de tráfico** en español.

Juan: Sí, venga. Montad y **abrochaos** el **cinturón**.

Risa: ¿Qué significa esta primera señal?

Juan: "**Atención** a los **peaton**es, salga con cuidado."

Risa: La siguiente la sé yo. Significa "**gire** a la derecha", ¿no?

Juan: Sí, eso es. ¿Y esta?

Risa: "**Encienda** las luces".

Juan: Claro, es que entramos en un **túnel**. Al terminar el túnel verás la señal de ...

Risa: ... "**Apague** las luces". Esa que vemos delante, ¿qué significa?

Juan: Es muy importante: "no **tire colilla**s por la **ventanilla** del coche".

Risa: ¡Ah, claro! Se puede causar un **incendio**. ¿Y aquella de allá?

Juan: "No pase. **Finca particular**". Y la otra: "no aparque aquí".

Risa: ¡Qué bien! Hoy he aprendido muchas cosas nuevas.

Notas

señal de tráfico 交通標識　abrochaos（←abrocharse）諦める　cinturón ベルト　atención 注意
peatón 歩行者　gire（←girar）曲がる　encienda（←encender）消す　túnel トンネル
apague（←apagar）消す　tire（←tirar）投げる
colilla 吸殻　ventanilla 窓　incendio 火事　finca particular 私有地

70課までのまとめ (enfoque comunicativo)

解答は254ページです。

1. 下の文章は手紙文です。（　）内の不定詞を不定詞，直説法，接続法のいずれかの正しい形にして，下線部1)〜3)を埋め，和訳しましょう。

> Querida Lilian:
>
> Me da pena que 1)＿＿＿＿＿ (estar, tú) preocupada, por eso te 2)＿＿＿＿＿ (escribir, yo). Pienso que Felipe no 3)＿＿＿＿＿ (estar) enamorado de ti. Pero tengo que hacer algo porque yo quiero que tú 4)＿＿＿＿＿ (ser) feliz. Creo que lo mejor es que tú 5)＿＿＿＿＿ (tranquilizarse). Si él no quiere 6)＿＿＿＿＿ (hablar) contigo, te aconsejo que no lo 7)＿＿＿＿＿ (llamar, tú). En segundo lugar, tú no tienes que decir sí a todo lo que él te 8)＿＿＿＿＿ (pedir). Finalmente, te recomiendo que todavía no le 9)＿＿＿＿＿ (declarar, tú) tu amor por él. Pienso que él no 10)＿＿＿＿＿ (estar) preparado para comprender el amor que tú le 11)＿＿＿＿＿ (profesar).
> Bueno, lo que yo deseo es que tú 12)＿＿＿＿＿ (estar) bien y 13)＿＿＿＿＿ (volver) a sonreír de nuevo. Tu queridísima amiga.
>
> Risa

2. 母と子の対話です。子が母親に自分が何をしなければならないかを尋ねます。それに対して，母親が，例のように「～しなさい。ごめん，～しないで，後で私が～するでしょう」のように命令表現（肯定命令，否定命令）と未来形を用いて答の文を完成させ，和訳しましょう。

   Mamá, ¿qué tengo que hacer?　ママ，僕，何をしなくっちゃいけないの？

   例）... ¿tirar la basura?　<u>Sí, tírala; no, perdón, no la tires. Ya la tiraré yo.</u>
   （子）…ゴミ捨てる？　（母）ええ，それを捨てて。いやごめん，捨てないで。後ですぐ私が捨てるわ。

   1) ...¿comprar el periódico? _____

   2) ... ¿calentar la leche? _____

   3) ... ¿traer algo de postre? _____

   4) ... ¿sacar el perro a pasear? _____

   5) ... ¿hacer la comida? _____

   6) ... ¿poner la mesa? _____

   7) ... ¿encender la televisión? _____

   8) ... ¿ir al banco? _____

3. 未来完了形を用いて例のように，文を完成させ和訳しましょう。

   Sandra el año que viene por estas fechas...

   例）... (graduarse)　　　<u>ya se habrá graduado.</u>
   訳：サンドラは来年の今頃，もう卒業してしまっているでしょう。

   1) ... (volver) a Brasil　　　ya _____

   2) ... (casarse) con su novio.　　　ya _____

   3) ... (conseguir) un buen trabajo.　　　ya _____

4. 接続法過去を用いて（　）内の不定詞を正しい形にして1)〜9) の下線部を埋め，和訳しましょう。

> Me gustaría que mi casa 1) _____ (ser) de dos plantas y
> 2) _____ (tener) más de 200m² y 3) _____ (estar) en la costa, y
> sus ventanas 4) _____ (dar) al mar. Me gustaría que el salón
> 5) _____ (ser) muy grande y espacioso para que 6) _____
> (poder) invitar a todos los amigos de vez en cuando. También me gustaría
> que las habitaciones 7) _____ (disponer) de muchos armarios para
> guardar toda la ropa. Por último, me gustaría que el jardín de la casa
> 8) _____ (ser) muy grande y 9) _____ (estar) lleno de flores
> todo el año.

5. 下に4人の子供の対話があります。1)〜12) 内の不定詞を適切な過去未来の形にして，下線部を埋め，和訳しましょう。

Javi: Si yo fuera mayor, 1)_____ (ser) un periodista muy famoso y 2)_____ (dar) conferencias y 3)_____ (decir) cosas muy interesantes.

David: Si yo fuera mayor, 4)_____ (tener) muchos coches de carrera y me 5)_____ (pasar) todo el tiempo viajando y 6)_____ (hacer) todo lo que me gustara.

Luisito: Si yo fuera mayor, 7)_____ (saber) muchas lenguas y 8)_____ (tener) amigos en todo el mundo y me 9)_____ (hacer) rico.

Antoñito: Si yo fuera presidente de la nación, 10)_____ (desaparecer) la pobreza, las familias 11)_____ (tener) dinero suficiente para alimentar a sus hijos y todos los niños 12)_____ (poder) asistir a la escuela.

練習問題解答

Unidad 1

練習1 p.12 ▶▶▶ 003
① ca カ ② jo ホ ③ gui ギ ④ gi ヒ ⑤ ce セ
⑥ zu ス ⑦ que ケ ⑧ güe グェ ⑨ ju フ ⑩ ge ヘ ⑪ gue ゲ ⑫ za サ ⑬ qui キ ⑭ güi グィ ⑮ ci シィ

注）⑤セ，⑥ス，⑫サ，⑮シィ は，スペインでは英語の think の舌をかむ th の音で，中南米では舌をかまない「s」の音です。②ホ，④ヒ，⑨フ，⑩ヘは，のどの奥から息を出すハ行の音です。

練習2 p.12 ▶▶▶ 005
① pla_z_a ② co_l_or ③ fe_l_iz ④ má_qu_ina
⑤ uni_v_ersida_d_ ⑥ _z_umo ⑦ ban_d_era
⑧ a_z_ul ⑨ esta_ci_ón ⑩ ta_ri_fa

Unidad 2

練習 p.13 ▶▶▶ 007
① gra_ci_as ② n_ue_ve ③ _i_dea ④ _eu_ro
⑤ v_ei_nte ⑥ c_iu_dad ⑦ est_u_dio ⑧ n_eu_tro
⑨ ant_i_guo ⑩ farma_ci_a

Unidad 3

練習問題 p.19

1. ▶▶▶ 012
1) Japón ［ハポン］ 日本
2) China ［チナ］ 中国
3) Corea ［コレア］ 韓国
4) España ［エスパニャ］ スペイン
5) Italia ［イタリア］ イタリア
6) Inglaterra ［イングらテラ］ イギリス
7) Alemania ［アれマニア］ ドイツ
8) Francia ［フランシィア］ フランス
9) Portugal ［ポルトゥガる］ ポルトガル
10) México ［メヒコ］ メキシコ
11) Argentina ［アルヘンティナ］ アルゼンチン
12) Colombia ［コロンビア］ コロンビア
13) Bolivia ［ボリビア］ ボリビア
14) Panamá ［パナマ］ パナマ
15) Chile ［チれ］ チリ
16) Ecuador ［エクアドル］ エクアドル
17) Guatemala ［グアテマら］ ガテマラ
18) Uruguay ［ウルグアイ］ ウルグアイ
19) Venezuela ［ベネスエら］ ベネズエラ
20) Cuba ［クバ］ キューバ
21) Honduras ［オンドゥラス］ ホンジュラス
22) Nicaragua ［ニカラグア］ ニカラグア
23) El Salvador ［エる・サるバドル］ エル・サルバドル
24) Paraguay ［パラグアイ］ パラグアイ
25) Perú ［ペル］ ペルー
26) Costa Rica ［コスタ・リカ］ コスタ・リカ

2. ▶▶▶ 013
a) 四季
primavera ［プリマベラ］（春）　verano ［ベラノ］（夏）
otoño ［オトニョ］（秋）　invierno ［インビエルノ］（冬）

b) 曜日
lunes ［るネス］（月曜日）　martes ［マルテス］（火曜日）
miércoles ［ミエルコれス］（水曜日）
jueves ［フエベス］（木曜日）
viernes ［ビエルネス］（金曜日）
sábado ［サバド］（土曜日）
domingo ［ドミンゴ］（日曜日）

c) 月名
enero ［エネロ］（1月）　febrero ［フェブレロ］（2月）
marzo ［マルソ］（3月）　abril ［アブリる］（4月）
mayo ［マジョ］（5月）　junio ［フニオ］（6月）
julio ［フリオ］（7月）　agosto ［アゴスト］（8月）
septiembre ［セプティエンブレ］（9月）
octubre ［オクトゥブレ］（10月）
noviembre ［ノビエンブレ］（11月）
diciembre ［ディシィエンブレ］（12月）

3. ▶▶▶ 014
1) hospital ［オスピタる］　2) camarero ［カマレロ］
3) geografía ［ヘオグラフィア］
4) apellido ［アペジィド］　5) guitarra ［ギタラ］
6) zoo ［ソオ］　7) pingüino ［ピングィノ］
8) exposición ［エスポシィシィオン］
9) museo ［ムセオ］　10) violín ［ビオリン］
11) mañana ［マニャナ］
12) supermercado ［スペルメルカド］
13) yoga ［ジョガ］　14) pijama ［ピハマ］

219

15) quince [キンセ]　16) paella [パエジャ]
17) juguete [フゲテ]　18) agencia [アヘンシィア]
19) mexicano [メヒカノ]
20) diccionario [ディクシィオナリオ]

4. ▶▶▶ 🔊 015
1) español　2) agua　3) verano　4) deporte
5) girasol　6) centro　7) Japón
8) extranjero　9) ayer　10) corazón

Unidad 4
練習問題 p.21
1.

	文法上の性	意味
hija	f	娘
amigo	m	友人
casa	f	家
hombre	m	男性, 人
banco	m	銀行
coche	m	車
ciudad	f	都市, 町
estación	f	駅, 季節
día	m	日
foto	f	写真

2.

意味	男性	意味	女性
看護師(男)	enfermero	看護師(女)	enfermera
先生(男)	profesor	先生(女)	profesora
男優	actor	女優	actriz
ウエイター	camarero	ウエイトレス	camarera
ピアニスト(男)	pianista	ピアニスト(女)	pianista
秘書(男)	secretario	秘書(女)	secretaria
タクシー運転手(男)	taxista	タクシー運転手(女)	taxista
歌手(男)	cantante	歌手(女)	cantante

3. ▶▶▶ 🔊 017
Hola. [オラ] やあ。こんにちは。
Buenos días. [ブエノス ディアス] おはよう。
Buenas tardes. [ブエナス タルデス] こんにちは。
Buenas noches. [ブエナス ノチェス] こんばんは。おやすみなさい。

4. ▶▶▶ 🔊 018
0 cero [セロ]　1 uno [ウノ]　2 dos [ドス]
3 tres [トレス]　4 cuatro [クアトロ]
5 cinco [シィンコ]　6 seis [セイス]　7 siete [シィエテ]
8 ocho [オチョ]　9 nueve [ヌエベ]　10 diez [ディエス]

Unidad 5
練習問題 p.23
1.

単数形	複数形	意味
libro	libro**s**	本
hermana	hermana**s**	姉/妹
profesor	profesor**es**	先生
casa	casa**s**	家
vez	ve**ces**	回, 度
joven	jóven**es**	若者
estación	estaciones	駅, 季節
viernes	viernes	金曜日
mujer	mujer**es**	女性
estudiante	estudiante**s**	学生

（ 解　説 ）**vez** の複数形は最後の z を c に替えて es をつけます。**joven** の複数形は o にアクセント符号をつけます。**estación** の複数形は，逆にアクセント符号を削除します。

2.

複数形	単数形	意味
cantantes	cantante	歌手
hoteles	hotel	ホテル
bares	bar	バル
taxistas	taxista	タクシー運転手
lápices	lápi**z**	鉛筆
exámenes	examen	試験
cumpleaños	cumpleaños	誕生日
jóvenes	joven	若者
días	día	日
japoneses	japon**é**s	日本人

（ 解　説 ）**lápices** の単数形は es を取り，最後の c を z に戻します。**exámenes** の単数形は a のアクセント符号を削除します。**cumpleaños** は単複同形です。**jóvenes** の単数形は o のアクセント符号を削除します。**japoneses** の単数形は，es を取り e にアクセント符号をつけます。

3. ▶▶▶ 020
Adiós.［アディオス］さよなら。
Hasta mañana.［アスタ マニャナ］また明日。
Hasta luego.［アスタ るエゴ］また後で。
Hasta el lunes.［アスタ エる るネス］また月曜日に。

Unidad 6
練習問題 p.25
1.

定冠詞	意味	定冠詞	意味
la hermana	その姉/妹	los tíos	その叔父夫妻/その叔父たち
los hombres	その男達	la esposa	その妻
la casa	その家	las horas	それらの時間
las mesas	それらのテーブル	las ciudades	それらの町

2.

不定冠詞	意味	不定冠詞	意味
un café	1杯のコーヒー	unas mujeres	数名の女性
unos días	数日	una vez	1度、1回
unos libros	数冊の本	un coche	1台の車
una niña	1人の少女	unas hijas	数人の娘

3. ▶▶▶ 022
1) las universidades（それらの大学）
2) una hora（1時間）
3) unos estudiantes（何人かの学生たち）
4) los hermanos（その兄弟たち）
5) un café（1杯のコーヒー）
6) la chica（その女の子）
7) el niño（その少年）
8) unas mesas（いくつかのテーブル）
9) las casas（それらの家）
10) unos hoteles（数軒のホテル）

Unidad 7
練習問題 p.27
1.

日本語	スペイン語	日本語	スペイン語
君たちは（女性形）	vosotras	君は	tú
彼女は	ella	彼女たちは	ellas
私は	yo	あなたは	usted
私たちは（男性形）	nosotros	彼は	él
彼らは	ellos	君たちは（男性形）	vosotros

2.

日本語	スペイン語	日本語	スペイン語
スペイン語	español	日本人（男）	japonés
日本	Japón	フランス人（男）	francés
中国人（女）	china	メキシコ人（女）	mexicana
米国	Estados Unidos	ドイツ語	alemán
英語	inglés	韓国語	coreano

3. ▶▶▶ 024
1) japonesa（日本人の女性）
2) ustedes（あなた方）　3) México（メキシコ）
4) Alemania（ドイツ）
5) coreana（韓国人の女性）　6) Inglaterra（英国）
7) ella（彼女は）　8) española（スペイン人の女性）
9) Francia（フランス）　10) tú（君は）

Unidad 8
練習問題 p.29
1.
1) hablar　2) 勉強する　3) viajar　4) visitar

2.
1) cantas　2) visitan　3) compro
4) tomáis　5) llega　6) hablas　7) cenáis
8) enseño　9) bailamos　10) trabajas

3.
1) viaja ぺぺはスペインを旅行します。
2) trabajamos 私たちはその町で働いています。
3) estudio 私はフランス語を勉強しています。

4）habla　フアンは少しの日本語を話します。
5）llegan　彼らは授業に遅刻します。

Unidad 9
練習問題　p.31

1.
1）食べる　2）飲む　3）住む，生きる

2.
1）decides　2）venden　3）escribimos
4）aprendéis　5）leéis　6）subís　7）corro
8）vivimos

3.
1）Abro　A：窓を開けましょうか？　B：はい，お願い。
2）Corren / corremos　A：毎日，あなた方は走っていますか？　B：はい，毎朝，走ってます。
3）Escribís / escribimos　A：君達は友人に手紙を書いていますか？　B：いいえ，書いていません。
4）vivís / Vivimos　A：君達はどこに住んでるの？　B：米国に住んでます。
5）bebes / Bebo　A：君は何を飲むの？　B：ビールを飲みます。

Unidad 10
練習問題　p.33

1.
1）bueno　2）悪い　3）guapo　4）勤勉な
5）mucho　6）背が高い

2.
1）unas / nuevas　2）muchos　3）un / difícil
4）unos / grandes　5）los / pequeños

3.
1）unas chicas jóvenes　何人かの若い女の子
2）los hombres bajos　その背の低い男達
3）unos libros fáciles　数冊の簡単な本
4）las profesoras simpáticas　その感じがいい女性の先生達
5）unas universidades grandes　いくつかの大きな大学

Unidad 11
練習問題　p.35

1.
1）sois　君たちはメキシコの出身ですか？
2）somos　彼と私は兄弟です。
3）son　先生たちはどんな人ですか？
4）son　あなた方はどこの出身ですか？
5）es　そのご婦人は医者です。

2.
1）es / Es　アントニオはどんな人ですか？　背が低くて痩せています。
2）sois / Somos　君たちはどこの出身ですか？　アルゼンチン出身です。
3）Eres / soy　君は中国の出身ですか？　いいえ，日本の出身です。
4）son / Son　それらの本は誰のですか？　その先生のです。
5）Son / somos　あなた方はペルー人ですか？　はい，ペルー人です。

3.
1）A: ¿De dónde son ustedes?　B: Somos de Buenos Aires.
2）A: ¿Cómo es Margarita?　B: Es guapa y alegre.
3）A: ¿Eres estudiante?　B: No, yo trabajo.
4）A: ¿Quién es María?　B: Soy yo.
〔解説〕「それは私です」という語順は，英語の"It's me."のように yo を動詞 SER の後に置きます。
5）A: ¿De quién es la moto?　B: Es de Pepe.

Unidad 12
練習問題　p.37

1.
1）estáis　君たちは調子はどうですか？
2）está　そのスープはとても熱いです。
3）estamos　私たちは今日は忙しいです。
4）estás　今君はどこにいるの？
5）estoy　私は家にいます。

2.
1）está　2）Estáis　3）somos　4）es
5）está

3.
1) A: ¿Cómo está usted?　B: Muy bien, gracias.
2) A: ¿Cómo es Naomi?　B: Es muy simpática y amable.
3) A: ¿Dónde estás (tú) hoy?　B: Estoy en casa todo el día.
4) A: ¿Dónde está el restaurante?　B: Está cerca de la estación.
5) A: ¿Está Claudia?　B: No, no está ahora.

Unidad 13
練習問題 p.39
1.
1) Estos　2) Aquella　3) ese　4) aquel
5) esto

2.
1) aquellas puertas　2) estos periódicos
3) esas iglesias　4) aquellos coches
5) esos hombres

3.
1) A: ¿Quién es esta?　B: Es Naomi.
2) A: ¿Qué es esto?　B: Es un diccionario de español.
3) A: Él está ocupado y no estudia.　B: Sí, eso es un problema.
4) A: ¿Tomamos un café en esa cafetería?　B: Muy bien. (/ Vale. / De acuerdo. / Está bien.)
5) A: ¿Qué es aquel edificio?　B: Es una iglesia.

Unidad 14
練習問題 p.41
1.
1) mis　2) nuestra　3) sus　4) sus
5) nuestro　6) tu　7) sus　8) vuestras
9) vuestra　10) su

2.
1) estos, tus　2) Estas, sus
3) Aquella, nuestra　4) esa, vuestra
5) Esa, mi

3.
1) A: ¿Quién es aquella señora?　B: Es mi tía.
2) A: ¿Cómo son sus padres?　B: Mi padre es muy serio, pero mi madre es alegre.
3) A: ¿Qué es vuestra hija?　B: Es estudiante.
4) A: ¿Dónde está el restaurante de tu tío?　B: Está cerca de su casa.
5) A: ¿Con quién comes?　B: Como con mis amigos.

Unidad 15
練習問題 p.43
1.
1) Qué　2) Dónde　3) Cómo　4) Cuánto
5) Quién　6) Cuándo　7) Cuál　8) Por qué
9) Cuántos　10) Cuántas

2.
1) Cuándo 君のスペイン人の（女性の）友人はいつ日本に着くの？　日曜日に着きます。
2) Cuál そのレストランの電話番号は何番ですか？ 03-1234-5678です。
3) Cuántas その食堂には何人いますか？ 10人います。
4) Cómo 君の祖父母はどんな感じの人ですか？ とても感じがいいです。
5) Cuánto コーヒー1杯，いくらですか？ 1ユーロ50センティモです。
6) quién(es) 誰とスペインを旅行しますか？ 私の家族と旅行します。
7) Qué 大学で何を勉強しているの？ 商学を勉強しています。
8) Dónde その地下鉄の駅はどこですか？ あそこです。
9) Cuándo いつコーヒーを飲むの？ 食事の後にコーヒーを飲みます。

Unidad 16
練習問題 p.45
1.
1) hay このテーブル（机）の上には数冊の辞書があります。
2) hay ここにはたくさんのホテルがあります。

223

3) está カルメンはいますか？
4) hay その居間には何がありますか？
5) está バルセロナはスペインの東にあります。

2.
1) Hay, hay　2) es, Es　3) está, Estoy
4) hay, Hay　5) Hay, hay　6) está, Está
7) hay, Hay　8) Son, son

対話形式の練習にチャレンジ！〈1〉
〔4課～16課〕

Unidad 4　対話　▶▶▶ 034
（オフィスで）
García:　やあ，おはよう。ベラスケスさん。
Velázquez：やあ，おはよう。ガルシアさん。

Castillo:　こんにちは，ベラスケスさん。お久しぶり。
Velázquez:　こんにちは，カスティジョさん。
（家で）
Lucía:　おやすみなさい，パパ。
Luis:　おやすみ，ルシア。

Unidad 5　対話　▶▶▶ 035
（オフィスで）
Luis:　また後で，マリサ。
Marisa:　また後で，ルイス。
Castillo:　また後で，ベラスケスさん。
Velázquez:　それではまたのちほど，カスティジョさん。
Velázquez:　さよなら，ガルシアさん。
García:　また明日，ベラスケスさん。
Marisa:　さよなら。
Luis:　さよなら，また明日。

Unidad 6　対話　▶▶▶ 036
（写真を見ながらオフィスで）
Marisa:　ベラスケスさん，見て，ルイス家です。
Velázquez:　奥さんですね？
Marisa:　はい，奥さんのエレナと息子のパブロ。ルイスと娘のルシア。
Velázquez:　祖父母？
Marisa:　ええ，ルイスの両親のフランシスコとメルセデス。

Velázquez:　…とオス犬。
Marisa:　いえ，メス犬のバンビ。とっても愛嬌があるわ。
Velázquez:　何と素晴らしい！家族全員だ。

Unidad 7　対話　▶▶▶ 037
（喫茶店で）
Juan:　やあ，僕はフアンという名前です。で君は？
Cristina:　クリスティーナです。
Juan:　で，君達は？
Carla:　私たち？　えーと，彼がアントニオで，彼女がアスンシィオンで，私がカルラ。
Juan:　やあ，おはようございます。あなた方はなんという名前ですか？
Laura:　そうですね。彼がマヌエルで私がラウラよ。で，あなたは？
Juan:　フアンです。はじめまして。
Laura:　はじめまして。

Unidad 8　対話　▶▶▶ 038
（喫茶店で）
Cristina:　勉強してるの，それとも仕事してるの？
Juan:　仕事をしています。で君は？
Cristina:　勉強しています。でも，ときどきレストランでアルバイトをしています
Juan:　何を飲みますか？
Cristina:　カフェオレを1杯，お願いします。
Juan:　クリスティーナ，君はどんなことばを話すの？
Cristina:　ドイツ語を話します。今は英国を旅行するために英語を勉強しています。で，君は？
Juan:　私は英語を話します。最近は仕事で少しフランス語を使っています。

Unidad 9　対話　▶▶▶ 039
（バルで）
Juan:　少し生ハムはいかがですか？
Lilian:　いいえ，結構です。肉は食べません。菜食主義者です。
Juan:　少しトルティージャはいかがですか？
Lilian:　ああ，ありがとう。
Juan:　ビールは？
Lilian:　すみません。でもアルコールは飲まないのです。お水を1杯お願いします。
Juan:　ねえ，リリアン。この近くに住んでいるの？

Lilian: いいえ，アルカラ　デ　エナレスに住んでいます。とても美しい観光の町です。

Unidad 10　対話　▶▶▶ 040

（大学で）
Risa: ほら，フアン，スペイン語のクラスメイトの写真だよ。ルイスがスペイン語の先生…
Juan: とてもまじめでしょう？
Risa: いいえ，とても楽しく感じがいい人よ。リリアンはフランス人の女の子。かわいいでしょう？
Juan: うん，とてもかわいいし，その上，背が高くて品がある。
Risa: ジローロはイタリア人の男の子で，背が高くとてもハンサム。
Juan: とても陽気でしょう？
Risa: うん，その上，とても感じが良くて興味深いのよ。ドロシーは英国人で，とても優しい。

Unidad 11　対話　▶▶▶ 041

（バルで）
Roberto: こんにちは。ロベルトです。イギリス人で今スペイン語を勉強しています。はじめまして。
Risa: 私はリサです。日本人で横浜の出身です。君に会えてうれしいです，ロベルト。
Roberto: ねえ。リサ，横浜はどんな感じなの？
Risa: えーと。大きく，国際的で，とても美しい都市です。で，君は，どこの出身なの？
Roberto: 僕は学生の街，ケンブリッジの出身です。あまり大きくないけど，とても歴史があるよ。
Risa: 君はとても上手にスペイン語を話すわ，ロベルト。どこで勉強してるの。
Roberto: コンプルテンセ大学でだよ。で，君は？
Risa: 私も。
Roberto: それじゃ，また会えるといいんだが。

Unidad 12　対話　▶▶▶ 042

（電話で）
Risa: はい，もしもし
Roberto: こんにちは。僕はロベルトです。
Risa: こんにちは，ロベルト，今どこにいるの？
Roberto: バルセロナにいるんだ。友人たちの家に。
Risa: バルセロナはどうですか？
Roberto: 美しいよ。少し疲れているけど，ここでとても満足なんだ。明日，聖家族教会を訪れるよ。
Risa: 素晴らしいわ。楽しんでね，ロベルト。

Unidad 13　対話　▶▶▶ 043

（マンションで）
Risa: 見て，ロベルト，私はこの部屋で眠ったり勉強してるの。
Roberto: とてもかわいいよ。
Risa: この部屋はサンドラので，奥のあれがリリアンの部屋よ。
Roberto: とっても大きいマンションだね。
Risa: ええ，これが居間でここの横にテラスがあるの。
Roberto: とても広いよ。何て美しい眺めなんだ！あれは何？
Risa: プラド美術館よ。私たちは中心部のとても近くに住んでるの。
Roberto: 素晴らしいよ。ねえ，リサ。トイレ（浴室）はどこですか？
Risa: 見て，これがひとつで，もう一つ奥にあるの。

Unidad 14　対話　▶▶▶ 044

（マンションで）
Roberto: 君のクラスメイトたちはどこの出身なの？
Risa: えーとね，クラスメイトのリリアンがフランス人でサンドラがブラジル人。彼女のご両親もブラジル人だけど，彼女の祖母はイタリア人なの。
Roberto: 君たちの先生はスペイン人なの？
Risa: いいえ，私たちの先生のシルビアはメキシコ人で，ゴンサロ先生はアルゼンチン人です。でも彼の祖父母はスペイン人です。
Roberto: えーと，僕の先生はバレンシアの人です。

Unidad 15　対話　▶▶▶ 045

（喫茶店で）
Risa: ロベルト，何を勉強してるの？
Roberto: 19世紀と20世紀のスペイン文学を勉強しています。
Risa: 君のお気に入りの作家は誰ですか？
Roberto: ガルシア　ロルカです。
Risa: ねえ，ロベルト，一日に何時間勉強してるの？
Roberto: 普通5時間勉強してるよ。でも毎週火曜日と金曜日は2時間だけだよ。
Risa: 何で？
Roberto: それらの日は旅行代理店で働いているか

225

らだよ。で，君は？　なぜ，スペイン語を勉強しているの？
Risa: なぜなら，とても興味深いからです。その上，フラメンコが趣味なの。

Unidad 16　対話　▶▶▶ 046

(通りで)
Roberto: ねえ，リサ，このあたりに銀行はある？
Risa: ええ，その通りの反対側に (通りの対面歩道側に) たくさんあるわよ。でも歩いて5分くらいで，シベレス広場の方向に，スペイン銀行があります。
Roberto: もうひとつ (質問)。この辺にバスの停留所はありますか？
Risa: ええ，見て。約100メートルのところに，リッツホテルの前に，36番の停留所はあります。
Roberto: ありがとう，リサ。君はとても中心部に住んでいます。
Risa: ええ，全部あるわ。更に交通の便もとても良いです。

16課までのまとめ　p.54

1.
1) una → f) La
A：リリアンはある語学学校で勉強している。
B：その学校はガルシア　ロルカという名前です。
2) un → e) el
A：ロベルトはリサの友人です。　B：彼はその有名な英国人の友人ですか？
3) unos → a) Los
A：ここには空手の本が数冊あります。　B：それらの本は日本のですか？
4) un → b) El
A：クリスティナはグラナダのある村に住んでいます。　B：その村はロルカという名前です。
5) unas → d) Las
A：リリアンとサンドラはリサの友人です。　B：リサの友人たちは彼女と住んでいます。
6) una → c) La
A：サンドラはある喫茶店で働いています。　B：その喫茶店はアルカラにあります。

2.
1) vosotros
A：君たちはどこの出身ですか？　B：フランス人です。
2) ella
A：彼女はどこの出身ですか？　B：イタリア人です。
3) ustedes
A：あなた方はどこの出身ですか？　B：ドイツ人です。／ドイツの出身です。
4) ellos
A：彼らはどこの出身ですか？　B：スペイン人です。

3.
1) ingeniero　2) alto　3) serio
4) trabajador　5) ama de casa
6) simpática　7) baja　8) charlatana
9) altos　10) guapos　11) vagos

4.
1) es　2) Es　3) está　4) hay　5) está
6) está　7) hay　8) está　9) está
10) están　11) está　12) son　13) están

5.
1) llamo　2) llaman　3) vivimos
4) estudiamos　5) estudia　6) estudio
7) estudian　8) estudia　9) estudia
10) como　11) comen　12) trabajan
13) trabaja　14) trabajamos　15) practica
16) practican　17) practico　18) aprendo

やあ，私の名前はリサです。私のルームメイトはサンドラとリリアンという名前です。私たちはサラマンカ地区に住んでいます。ロベルトと私はコンプルテンセ大学で勉強しています。彼は文学を，私はスペイン語を勉強しています。サンドラとリリアンはカルロス三世大学で勉強しています。サンドラはジャーナリズムを，リリアンは芸術を勉強しています。私は家で昼食 (食事) を取りますが，サンドラとリリアンは学食で昼食を取ります。ロベルトとサンドラは週に二日働いています。ロベルトは旅行代理店で，サンドラは喫茶店で働いています。リリアンと私は働いていません。ロベルトはトレッキングをしています。リリアンとサンドラはテニスをしています。私はスポーツをしてませんが，フラメンコを週に3日習っています。

6.
1) ¿Qué escribes a tu amigo?
私は友人に手紙を1通書きます。—君は君の友人に何を書きますか？
2) ¿Cuánto es este libro?
この本は20ユーロです。—この本はいくらですか？
3) ¿Por qué estudias español?
楽しいのでスペイン語を勉強してます。—何故スペイン語を勉強してるの？
4) ¿Qué tal estáis vosotros? (¿Cómo están ustedes?)
私たちは（調子が）良いです。—君たちはどう？（あなた方はご機嫌いかがですか？）
5) ¿Cómo es María?
マリアは背が高くて細身です。—マリアはどんな人ですか？
6) ¿Quién enseña español a Hiroshi?
ミゲルがヒロシにスペイン語を教えています。—誰がヒロシにスペイン語を教えていますか？
7) ¿Dónde trabajan ellos?
銀行で働いています。
—彼らはどこで働いていますか？
8) ¿Cuál es tu diccionario?
私の辞書はそれです。—君の辞書はどれですか？
9) ¿Cuándo estudiáis (estudian)?
夜勉強しています。
—君たちは（あなた方は）いつ勉強していますか？
10) ¿Cuántas horas al día practica él el tenis?
日に3時間テニスをしています。
—彼は1日に何時間テニスをしていますか？

Unidad 17
練習問題 p.59
1.
1) 24: veinticuatro 2) 17: diecisiete 3) 15: quince 4) 31: treinta y uno 5) 12: doce

2. ▶▶▶ 048
1) 19 2) 26 3) 11 4) 30 5) 21 6) 18
7) 14 8) 25 9) 31 10) 13

3.
1) A: ¿Cuánto es este libro?
B: Son doce euros.
2) A: ¿Cuántas personas (/ cuántos hombres) trabajan en el restaurante? B: Trabajan unas (/ unos) veinte.
3) A: ¿Cuántas veces al mes practica el golf tu jefe? B: Practica el golf cuatro veces por lo menos.（28課で出てくる jugar al golf［ゴルフをする］も使用可）
4) A: ¿Cuántas horas a la semana estudiáis (el) español (/por semana)? B: Estudiamos diez horas.
5) A: ¿Cuántas veces al año viaja usted al extranjero? B: Viajo una o dos veces.

Unidad 18
練習問題 p.61
1.
1) Son las tres y veinte.
2) Son las siete menos cuarto.
3) Es la una y diez.
4) Son las doce y media.
5) Son las cinco menos tres de la tarde.
6) Son las ocho y cuarto de la mañana.
7) Son las nueve menos cinco.

2. ▶▶▶ 050
1) 11:30 2) 2:51 3) 5:25 4) 10:02
5) 12:00 6) 1:20 7) 9:15 8) 3:55
9) 7:30 10) 1:45

3.
1) A: ¿Qué hora es? B: Son las dos en punto.
2) A: ¿A qué hora llegas a la universidad? B: Llego a las nueve menos diez.
3) A: ¿A qué hora termina esta clase? B: Termina a las cuatro y cuarto.
4) A: ¿Desde qué hora hasta qué hora trabajas? B: Trabajo desde (/ de) las cinco de la tarde hasta (/ a) la una de la madrugada.
5) A: ¿A qué hora cenan tus padres? B: Cenan a las cinco y media más o menos.

Unidad 19
練習問題 p.63
1.
1) lo 僕はその本を売り，私の友人がそれを買います。
2) la 私の母がパエリャを作り，私たち皆がそれを食べます。
3) los 私はテニスとゴルフをし，私の友人もそれらをします。
4) las 私の姉はそれらの雑誌を買っていて，私はそれらを読んでいます。
5) lo 私のいとこたちは魚を食べませんし，私もそれを食べません。

2.
1) Sí, lo practican. A：彼らは毎日テニスをしているの？ B：はい，それをしています。
2) Sí, a veces la tomo. A：ビール飲んでいるの？ B：はい，ときどきそれを飲んでいます。
3) No, no los uso. A：君はこれらの辞書を使うの？ B：いいえ，それらを使いません。
4) Sí, la leo. A：君はその小説を読む？ B：はい，それを読みます。
5) No, no lo aprende. A：君の姉（妹）はピアノを習っているの？ B：いいえ，それを習っていません。

Unidad 20
練習問題 p.65
1.
1) Sí, se las regalo. A：君は君の恋人に花を贈りますか？ B：はい，彼女にそれらを贈ります。
2) No, no se la prepara. A：ペペは彼の娘たちに夕食を準備しますか？ B：いいえ，彼女たちにそれを準備しません。
3) Sí, mañana te las enseño. / Sí, te las enseño mañana.
A：私にパーティーの写真を見せてくれない？
B：はい，明日，それらを君に見せます。
4) No, no os la dejo porque la necesito yo.
A：私たちに君のデジカメを貸してくれる？
B：いいえ，私がそれを必要なので，君たちにそれを貸しません。
5) Sí, te la presto con mucho gusto.
A：今日の午後まで自転車を私に貸してくれる？
B：はい，喜んで君にそれを貸します。

2.
1) A: ¿A quién regalas las flores?   B: Se las regalo a mi esposa (/ mujer).
2) A: ¿Nos enseñan ustedes sus pasaportes?   B: Sí, se los enseñamos.
3) A: ¿Me dejas la novela?   B: No, te la compro.
4) A: ¿Me enseña usted (el) español?   B: Sí, te lo enseño con mucho gusto.
5) A: ¿Me escribes desde México?   B: No, te llamo.

Unidad 21
練習問題 p.67
1.
1) tiene, Tiene   2) Tienes, tengo
3) Tiene, tiene   4) Tenéis, tenemos
5) Tengo que, tienes que

2.
1) A: ¿Tienes hambre?   B: Sí, tengo mucha hambre.
2) A: ¿Tienes amigos españoles?   B: Sí, tengo cinco amigos españoles.
3) A: ¿Tiene José el pelo rubio? (/ ¿José tiene el pelo rubio?)   B: No, tiene el pelo negro. (/ No, lo tiene negro.)
4) A: ¿Cuántos años tienes?   B: Tengo veintidós años.
5) A: ¿Tienes que estudiar para el examen?   B: No, no tengo que estudiar.

Unidad 22
練習問題 p.69
1.
1) vais / Vamos   2) vas a / voy a
3) vamos de   4) Vamos a   5) va, va

2.
1) A: ¿Cuándo vas a España?   B: Voy a España esta primavera.
2) A: ¿Vais a clase?   B: No, vamos a la biblioteca.

3) A: ¿Vas a ir a Estados Unidos a practicar inglés?　B: No, voy a ir a Inglaterra.
4) Ellos toman café con leche. Nosotros también vamos a tomarlo. (/ lo vamos a tomar.)
5) A: ¿A dónde vas?
B: Voy a la universidad.

Unidad 23

練習問題　p.71
1.
1) Ves　2) da　3) das　4) Damos　5) ven

2.
1) A: ¿Me da usted estos libros?　B: Sí, se los doy con mucho gusto.
2) A: ¿Hoy veis al profesor?　B: No, lo vemos mañana.
3) A: ¿Cuántas horas ves la televisión?　B: La veo tres horas más o menos (/ unas tres horas).
4) A: Pepito, ¿me das esta revista?　B: Sí, te la doy.
5) A: ¿Das un paseo todos los días?　B: No, lo doy a veces.

Unidad 24

練習問題　p.73
1.
1) hacéis　2) Salgo　3) Pongo　4) traen　5) hace

2.
1) A: ¿Cuándo sales de Japón?　B: Salgo el domingo.
2) A: ¿Qué tiempo hace en verano en Andalucía?　B: Hace mucho calor.
3) A: ¿Qué hacéis?　B: Yo trabajo en un banco y él es estudiante.
4) A: ¿Vas a traer el diccionario a clase?　B: Sí, voy a traerlo (/ lo voy a traer).
5) A: ¿Dónde pongo tu maleta?　B: Aquí, por favor.

Unidad 25

練習問題　p.75
1.
1) ciento sesenta y un (euros)
2) novecientas cincuenta y tres (horas)
3) seiscientas setenta y siete (personas)
4) quinientas quince (páginas)
5) ochocientos cuatro (yenes)

2. ▶▶▶ 🎵058
1) 293　2) 754　3) 368　4) 511　5) 841
6) 914　7) 402　8) 617　9) 112　10) 576

3.
1) A: ¿Cuántos habitantes tiene este pueblo?　B: Tiene unos novecientos habitantes.
2) A: ¿Cuántas horas al año estudias español en la universidad?　B: Estudio ciento treinta y cinco horas.
3) A: ¿Cuántos empleados tiene esta compañía?　B: Tiene unos quinientos cincuenta.
4) A: ¿Cuánto es esta chaqueta?　B: Son trescientos noventa y ocho euros.
5) A: ¿Cuánto es una habitación individual por noche?　B: Son doscientos once euros.

Unidad 26

練習問題　p.77
1.
1) Conocéis　2) Sabes　3) conozco
4) sabe　5) sé

2.
1) A: ¿Sabes de dónde es ella?　B: No, no lo sé.
2) A: Conocéis España, ¿no (/ verdad)?　B: No, no la (/lo) conocemos.
3) A: ¿Conoce usted a mi jefe?　B: Sí, lo conozco.
4) A: ¿Sabes qué bebida es esta?　B: Sí, es una sangría.
5) A: ¿Sabes dónde vive Nanako?　B: Sí, lo sé.

Unidad 27
練習問題 p.79
1.
1) quiero　私は君が好きです。
2) comienza　その映画はいつ始まりますか？
3) sientes　寒くないですか？
4) pierde　ときどき彼女は忍耐を失くしてしまう。
5) entendemos　私達はそれがよく理解できます。
6) prefieren　彼らは肉より魚が好きです。
7) empezamos　どこから始めましょうか？
8) pienso　私は将来について考えています。
9) cierra　彼は夜中1時にバルを閉める。
10) Nieva　その国の北では雪が多く降る。

2.
1) A: ¿Qué queréis?　B: No queremos nada en especial.
2) A: ¿Cuándo empiezas (/ vas a empezar) el trabajo?　B: Lo empiezo (/ Lo voy a empezar) desde la próxima semana (/ la semana que viene).
3) A: ¿Qué prefieres, las matemáticas o el inglés?　B: Yo prefiero el inglés.
4) A: ¿En qué piensas?　B: Pienso en las vacaciones de verano.
5) A: ¿Cuándo va tu tío a cerrar su tienda?　B: Va a cerrarla (/ La va a cerrar) el próximo mes (/ el mes que viene).

Unidad 28
練習問題 p.81
1.
1) recuerda　その少女は私に彼女の母親を思い出させる。
2) cuentas　私にそのことを話してくれないかい？
3) cuestan　そ（れ）らのメガネはおいくらですか？
4) puede　彼は今日，運転できません。
5) juega　私の恋人はテニスが上手です。
6) duerme　母は少ししか眠りません。
7) llueve　日本は6月に雨がたくさん降ります。
8) muere　多くの人が戦争で亡くなります。
9) vuelve　毎金曜日，父はとても遅く帰る。
10) encuentro　私は鍵が見つからない。

2.
1) A: ¿Cuánto cuesta (/ es) tu ordenador?　B: Cuesta (/ Son) ochocientos euros.
2) A: ¿A qué hora vuelve tu hermano a casa?　B: Vuelve a las diez más o menos.
3) A: ¿Cuántas veces a la semana jugáis al tenis?　B: Jugamos dos o tres veces.
4) A: ¿Pueden ustedes empezar el trabajo?　B: Sí, en seguida lo empezamos.
5) A: ¿Cuántas horas al día duerme usted?　B: Duermo sólo cinco horas.

Unidad 29
練習問題 p.83
1. 語根母音変化動詞を適切な形にし，空欄を埋めましょう。

	pensar (e → ie)	poder (o → ue)	elegir (e → i)	seguir (e → i)
意味	考える	…できる	選ぶ	続ける
1人称単数	pienso	puedo	elijo	sigo
2人称単数	piensas	puedes	eliges	sigues
3人称単数	piensa	puede	elige	sigue
1人称複数	pensamos	podemos	elegimos	seguimos
2人称複数	pensáis	podéis	elegís	seguís
3人称複数	piensan	pueden	eligen	siguen

【解説】　elegir の1人称単数形は elijo と j に変わるので注意しましょう。–go だとガ行に変わってしまうので，同じ音（ハ行）を維持します。seguir の1人称単数形は sigo となり，–guo の u が無くなるので注意しましょう。これもグァ行でなく，ガ行を維持するためにそのようになります。

2.
1) sigue　この記事は2ページに続きます。
2) sirve　パンを少し出してくれますか？
3) repites　その質問を繰り返してくれる？
4) piden　その息子たちは両親にアドバイスを求めます。
5) elijo　私はデザートにチーズケーキを選びます。

3.
1) A: Señores, ¿les sirvo un café?　B: Sí, por favor.
2) A: ¿Qué pides de primero?　B: Pues, una sopa de ajo.
3) A: ¿Cuál de estos pasteles queréis?　B:

Yo elijo el de chocolate.
4) A: ¿Sigues con María?　B: Sí, sigo con ella.
5) A: Quiero conseguir una entrada para ese partido.　B: Eso es muy difícil.

Unidad 30
練習問題　p.85
1.
1) empezáis　A：君たちは何時に料理をし始めますか？　B：4時です。
2) Puedo　A：この辺であなたを (/ 彼女を) 待っていても良いですか？　B：はい，もちろん。
3) Quiere (/ Puede)　A：あなたは部屋にスーツケースをあげてくれますか？　B：はい，お嬢さん，喜んで。
4) sé, puedo　私は運転できますが，今日は無理です (/ できません)。
5) piensa (/ quiere)　私の友人はスペイン語を勉強するためにスペインに住もうと考えています (/ 住みたがっています)。

2.
1) A: ¿Puedes (/ Quieres) pasarme la sal?　B: Sí, claro.
2) A: ¿Dónde piensa usted vivir?　B: Esta vez quiero vivir cerca de la oficina.
3) A: Ella quiere aprender el flamenco, ¿no (/ verdad)?　B: Sí, lo piensa.
4) A: ¿Sabes hablar español?　B: Sí, lo sé un poco.
5) A: ¿Podemos invitarlo (/ invitarla) a cenar este domingo?　B: Sí, con mucho gusto.

Unidad 31
練習問題　p.87
1.
1) acaba de　2) Suele, debe, tiene que
3) hay que　4) deja, hace　5) suelen
解説　4) の初めの「…させてくれる」は放任なので "dejar" を用い，後者の「…させる」は強制なので使役の "hacer" を選びましょう。

2.
1) A: ¿A qué hora suele salir tu padre de casa?　B: Sale a las siete y media.
2) A: ¿Está tu hijo en casa?　B: Sí, acaba de llegar a casa de la oficina.
3) A: ¿Hoy tienes que preparar la cena?　B: No, hoy no tengo que prepararla (/ la tengo que preparar).
4) A: ¿Debo escribirle una carta de disculpa?　B: Sí, claro. Usted debe escribírsela (/ se la debe escribir).
5) Hay que traer el diccionario a clase.

Unidad 32
練習問題　p.89
1.
1) de, a　私の父は9時から6時まで働いています。
2) A, hacia (/ sobre)　A：君の姉 (/ 妹) は何時に戻りますか？　B：7時ごろに戻ります。
3) De, de　A：その雑誌は誰のですか？　B：私の友人のです。
4) En, desde (/ de), hasta (/ a)　この地方では10月から2月までたくさん雪が降ります。
5) Con, con　A：君は誰と一緒に飲みに出かけるの？　B：いつも私の友人たちと出かけています。
6) por　私の祖母はいつもラジオで音楽を聞いています。
7) durante　コンサート中はうるさくしてはだめだよ。
8) de (/ sobre)　それでは，この問題について話し始めましょう。
9) entre　バレンシアとバルセロナの間には何キロメートルありますか？
10) Según, en　新聞によると，その国には政治的問題がある。

2.
1) A: ¿Para qué estudias español?　B: Lo estudio para viajar por Eapaña.
2) A: ¿Con quién viaja usted?　B: Siempre viajo (/ Suelo viajar) con mis amigos (/ amigas).
3) A: ¿A quién espera él?　B: Espera a su novia.
4) A: ¿De qué habláis?　B: Hablamos del examen.
5) A: ¿Desde qué hora hasta qué hora

trabajas?　B: Trabajo desde (/ de) las nueve y media hasta (/ a) las siete.

解説　5）の desde A hasta B のときは las が必要ですが，de A a B の場合は，las はなくても構いません。

Unidad 33
練習問題　p.91

1.
1) de mí, de ti　2) conmigo
3) con vosotros　4) en, en ellas
5) para mí, para ti

2.
1) primer　2) primeras cinco　3) tercer
4) primera　5) cuarto

3.
1) A: ¿Para quién es este ramo de flores?
B: Es para ti.
2) A: Quiero salir de copas contigo.
B: Vale. (/ Está bien. / De acuerdo.) ¿El viernes por la noche?
3) A: Puedes dárselo a él, y no a mí.　B: Vale. No te lo doy a ti. Y se lo doy a él.
4) A: ¿Sois de segundo curso?　B: No, soy de tercero y ella es de primero.
5) A: ¿Puedo ir de compras contigo?　B: Sí, vamos.

Unidad 34
練習問題　p.93

1.
1) gusto → gusta　2) Carlos → A Carlos
3) nos no → no nos　4) gusta → gustan

2.
1) Os gusta / nos gusta
2) Te gusta / me gustan
3) le gusta / le gusta

3.
1) A:¿Qué te gusta?　B:Me gusta viajar.
2) A:Me gusta el cine americano, ¿y a ti?
B: A mí no.
3) A María no le gustan las verduras.
4) A mi hermano le gustan los deportes, pero a mí no.
5) Nos gusta comer y beber.

Unidad 35
練習問題　p.95

1.
1) le apetece　2) Te duele　3) me interesa
4) me encanta　5) les parece

2.
1) A: A mí me gusta leer el periódico.　B: A mí también.
2) A: (A nosotros) no nos interesa el fútbol.
B: A nosotros tampoco.
3) A mi abuela le duelen los ojos.
4) A: ¿Qué te parece esta película?　B: Me parece interesante.
5) Me encantan los dulces.

対話形式の練習にチャレンジ！〈2〉
〔17課〜35課〕

Unidad 17　対話　▶▶▶ MP3 069

（通りで）
Risa: ロベルト，バルで何か飲む？
Roberto: うん，いいよ。
（バルで）
Risa: 私はカフェオレひとつ。で，君，ロベルトは？
Roberto: チーズのサンドイッチとレモンジュース
Risa: ウェートレスさん，そのコーヒーおいくらですか？
Roberto: いいえ，リサ。今日は僕が払うよ。すみません，全部でいくらですか？
Camarera: かしこまりました。コーヒー，サンドイッチ，ジュースは7ユーロ30センティモです。
Roberto: はい，どうぞ。おつりは結構です。
Camarera: ありがとうございます，お客様。

Unidad 18　対話　▶▶▶ MP3 070

（大学で）
Risa: ロベルト，何時ですか？
Roberto: 午後2時です。どうして？
Risa: 最初の授業が2時半にあるから。

Roberto: 全部の授業は何時に終わるの？
Risa: 7時に終わります。
Roberto: それでは，授業の後でお酒を飲む約束をしましょうか？
Risa: いいですよ。
Roberto: じゃあ，放課後に7時15分までに。
Risa: また後で，ロベルト。

Unidad 19　対話　▶▶▶ 071
（大学で）
Roberto: リリアン，何かスポーツしてる？
Lilian: ええ，テニスをしてるわ。
Roberto: 週に何回それをしてるの？
Lilian: 放課後，毎週火曜日と木曜日にそれをしてるんです。で君は？
Roberto: ときどきウォーキングをしているよ。でもお気に入りの趣味は小説を読むことだよ。
Lilian: スペイン語で読んでるの？
Roberto: うん，もちろん。そのようにして練習してるのさ。
Lilian: で，全部理解できるの？
Roberto: まあね，ほとんど。
Lilian: そうね，とても難しい表現がたくさんあるもの。

Unidad 20　対話　▶▶▶ 072
（大学で）
Roberto: 日本から手紙を受け取るの？
Risa: ええまあ，家族は私に手紙を書いてくれますが，友人たちは手紙の代わりにEメール（電子メール）でメッセージを私に送ってくれます。
Roberto: 僕にもほとんど毎日友人たちがメールを送ってきてくれます。
Risa: 彼らに返信するの？
Roberto: うん，普通，彼らに返信するよ。更に書く時はいつも，マドリッドを訪ねるように誘うんだ。
Risa: もちろん。ロンドンはとても近いです。
Roberto: うん，航空券もそんなに高くないし。

Unidad 21　対話　▶▶▶ 073
（オフィスで）
Luis: 新しい担当者はどんな人？
Marisa: とても親切で若いの。35歳よ。結婚していて，子供が3人いるの。金髪で背がとても高いのよ。その上緑色の目をしているの。

Luis: いいね，昼ごはんの時間にそのことを話そう。今急いでいるんだ。12時までにこの報告書を仕上げないといけないから。
Marisa: オーケー，じゃあまた後で。

（喫茶店で）
Luis: マリサ，お腹がすいている？
Marisa: うん，とってもね。で君は？
Luis: 最近はあまり食欲がないんだ。
Marisa: 病気なの？
Luis: いいや，でも家族の問題があってね。
Marisa: ああ，なるほどね。

Unidad 22　対話　▶▶▶ 074
（オフィスで）
Marisa: ルイス，とても嬉しそうだね。どうしたの？
Luis: 今日から1か月休暇を取るからね。友人たちとサンタンデルへ行く予定なんだ。
Marisa: ホテルへ？
Luis: いいや，僕らはキャンプをするつもりなんだ。
Marisa: そこにどれくらいいる予定なの？
Luis: 1週間の予定だよ。
Marisa: じゃあ，レインコートが必要ね。きっと何日かは雨が降るだろうから。
Luis: ああ，そうだ。いずれにせよ大切なのは友達と行って彼らと数日楽しく過ごすことだよ。雨が降っても降らなくてもね。

Unidad 23　対話　▶▶▶ 075
（喫茶店で）
Roberto: サンドラ，しばしば君のブラジル人の友人たちに会ってるの？
Sandra: あまり会ってないわ。でもときどき私が電話して，グランビア（通り）を散歩してるの。
Roberto: そうだね，グランビアはとても美しい。ファッションのお店もたくさんあるしね。
Sandra: ええ，ときどき散歩の後で映画を見るわ。
Roberto: もちろん。あの辺にはとても良い映画館もあります。
Sandra: ロベルト，今散歩しましょうか？それとももっと後で？
Roberto: 僕はどちらでもいいよ。でも君は疲れてないの？
Sandra: いいえ，ロベルト。君と話すのがうれしいわ。

Roberto: じゃ，行こう。

Unidad 24　対話　▶▶▶ 076

（オフィスで）
Marisa: こんにちは，フアン。今日は何て悪い天気なんでしょうね？
Juan: はい，ひどく寒いです。角の喫茶店で熱々のカフェオレを飲みに出かけましょうか？
Marisa: いい考えです。
（喫茶店で）
Camarero: お客様，何をお出ししましょうか？
Juan: カフェオレ2杯お願いします。
Camerero: ただ今すぐ。ミルクは熱くして入れましょうか？
Marisa: はい，とても熱いので，お願いします。フアン，コーヒーに砂糖入れますか？
Juan: はい，普通は角砂糖2つ入れます。で，君は？
Marisa: いいえ，私は砂糖を入れないで飲みます。

Unidad 25　対話　▶▶▶ 077

（大学で）
Risa: ねえ，フアン，君のご両親はどこに住んでるの？
Juan: バジャドリー県のとても小さな村に住んでいるよ。
Risa: マドッリドから近いの？
Juan: だいたい250キロのところにあるよ。
Risa: その村には何人の住民がいるの？
Juan: そうですね。冬はとても少なくて300人以下だけど，夏には500人を超えます。
Risa: 病院はあるの。
Juan: いや，ないよ。でもとなりの村にあるよ。それは千人以上の住人がいるもっと大きな村なんだ。

Unidad 26　対話　▶▶▶ 078

（通りで）
Sandra: ロベルト，58番のバスはカスティジャ広場まで行くかどうか知ってる？
Roberto: ううん。行かないと思うよ。何故，地下鉄で行かないの？その方が時間がかからないよ。
Sandra: 本当だ。一番いい（方法）だわ。
Roberto: 何故，カスティジャ広場に行かなければならないの？
Sandra: 私の友人のイサベルを知ってる？

Roberto: はい，もちろん。君のクラスメイトさ。
Sandra: それで，彼女とご両親が今夜ブラジル料理のレストランに私を招待してくれているの…
Roberto: …で，そのレストランはそこの近くにあるんですよね？
Sandra: そう，そのとおりです。
Roberto: じゃあ，とても楽しいでしょう。僕はそれ（そのレストラン）を知らないけど，良い肉を出すと知ってるよ。

Unidad 27　対話　▶▶▶ 079

（レストランで）
Luis: マリサ，君は第一の皿にハム入りのエンダイヴのサラダが欲しいですか？
Marisa: いいえ，何か熱いものの方がいいです。分からないけど，少し寒いです。
Luis: それでは，ニンニクスープをお勧めします。
Marisa: はい，欲しいのはそれです。
Luis: 第二の皿として，野菜の付いたイベリコ豚の肉は？
Marisa: 素晴らしいわ。良い選択だと思うわ。
Luis: で，飲み物は，リベラ・デル・ドゥエロの赤ワイン。
Marisa: 完璧よ，ルイス。私の好みをよく知っているのが分かりました。

Unidad 28　対話　▶▶▶ 080

（大学で）
Juan: リリアン，そのラケットはとても良いです。いくらですか？
Lilian: よく覚えてないわ。でも，200ユーロ以上だと思います。
Juan: 君は毎日テニスをしてるの？
Lilian: いいえ，週に2日だけしてます。で，君は何かスポーツをするの？
Juan: そうですね。ときどきサッカーをしてるよ。
Lilian: 毎週土曜日にね，もちろん。
Juan: いや，毎週土曜日はとても遅くまで眠っていてその後，夜は飲みに出るんだ。ときどき，とても遅く家に戻ります。
Lilian: もちろん，次の日は二日酔いだわね。

Unidad 29　対話　▶▶▶ 081

（オフィスで）
Marisa: ルイス，君のおじいさんは病院にまだ居

るの？
Luis: いや，もう家にいるよ。今はとても調子がいいよ。
Marisa: 彼に時々会ってるの？
Luis: うん，月に１度は，一日中一緒に過ごしてるよ。
Marisa: 何をしてるの？
Luis: 散歩をしたり自分の青春時代について話してくれるんだよ。いつも同じ物語を繰り返すんだ。その後，すぐ喫茶店でコーヒーと一杯のアニス酒を注文するんだ。
Marisa: 本当に君のおじいさんはとっても健康を楽しんでいるわ。アルコールまで飲んじゃうし！

Unidad 30　対話　▶▶▶ 082

（大学で）
Roberto: リリアン，何か楽器弾ける？
Lilian: ええ，パラグアイ・ハープを少し弾けるわ。
Roberto: あーそう？それはすごい。
Llian: もうちょっと勉強したいわ。だから，いつかパラグアイへ旅行しようと思っているの。
Roberto: えーと，僕はケーナを少し吹けるんだ。
Lilian: ケーナを吹くのはとても難しいのでしょう？
Roberto: とんでもない！ 練習の問題だよ。学業が終わった後でペルーに旅行するつもりなんだ。
Lilian: 何て素晴らしいんでしょう！将来は私たちはラテンアメリカ音楽のバンドを作れるわ。

Unidad 31　対話　▶▶▶ 083

（オフィスで）
Juan: マリサ，来月，僕はニューヨークに行く予定です。
Marisa: そう？ 観光でいくの？
Juan: いや，その都市のセルバンテス協会で講演をしなければならないからなんだ。
Marisa: 米国に入国するためには特別な査証（ビザ）を取らなければならないのを知ってますか？
Juan: うん，問い合わせるためにアメリカ合衆国大使館に電話をしたばかりです。
Marisa: フアン，行くところを注意しないといけないわ。ときどき，少し危険です。特に夜は。
Juan: うん，注意しないといけないのはもうわかっているよ。心配しないで。それに，そこにはアメリカ人の友人がいます。
Marisa: ああ，それだったらそんなに心配することもないです。君を安全な場所に連れて行ってくれるでしょう。

Unidad 32　対話　▶▶▶ 084

（オフィスで）
Luis: マリサ，僕の家でパーティをしたいんだ。
Marisa: 何を祝いたいの？
Luis: ひとりの女の子の友人が米国に行ってしまうんだ。で，送別会を彼女のためにやってあげたいんだ。僕を手伝ってくれる？
Marisa: ねえ，ルイス，いくつか用事をしないといけないので，今出かけなくちゃいけないの。明日，土曜日に会ってこれについて話しましょうよ。
Luis: ああ，いいですね。それじゃあ，今夜君に電話するよ。明日の会う約束を決めよう。
Marisa: いいよ，ルイス。また後で。

Unidad 33　対話　▶▶▶ 085

（パーティで）
Milagros: ルイス，米国へ勉強しに行く女の友人は何という名前ですか。
Bibiana: こんにちは，ルイス。私のことを話してるの。
Luis: うん，君にことを話しているんだ。さあ，君に僕の友人たちを紹介しましょう。皆さん，注目！ここで君たちに私の友人のビビアナを紹介します。１年勉強するために，来週米国に出発する予定です。ビビアナ，見て，これは君への送別のプレゼントです。
Bibiana: 私のために？ ああ，どうもありがとう。ご親切に。君の事をよく覚えているわ。
Luis: それでは，今皆で一緒に歌いましょう。「心からさよなら，魂からは言えないけれど。君にさよならを言うと，別れの言葉をつげると，死ぬほど辛くなるの。…」

Unidad 34　対話　▶▶▶ 086

（喫茶店で）
Carlos: リサ，君はサッカーをするのは好き？
Risa: いいえ，私はスポーツは好きじゃないの。
Carlos: えーと，僕は水泳以外何でも好きだよ。
Risa: えーと，私はスポーツは大嫌い。映画へ行くか家にいる方がいいな。
Carlos: じゃあ毎週末何をしているの？
Risa: 私はすごく遅くまで寝ていてその後友達と買

い物へ行くのが大好き。
Carlos: 僕もとても遅くまで寝ているよ。でも買い物へ行くのは好きじゃないな。すごく退屈するよ。
Risa: えーと，私はとても楽しいな。カルロス，買い物へ行く？
Carlos: いや，勘弁して。

Unidad 35　対話　▶▶▶ 087

（喫茶店で）
Roberto: リサ，今度の土曜日に僕の家でするパーティに日本料理を作るのは構いませんか？
Risa: もちろん，喜んで。私は料理が大好き，で君は？
Roberto: いいや，僕はあまり好きじゃないよ。とても難しそうだ。何も作れないよ。でも私の友人たちは何か和食を習うのにすごく関心があります。
Risa: ええ，今，ヨーロッパで流行っているから。
Roberto: それに和食はとても健康的で美味しそうだ。
Risa: でも，お箸を使える？
Roberto: いいや，とても退屈そうだ。
Risa: ええ，ちょっと練習しないとね。

35課までのまとめ　p.109

1.
1) salgo　2) Tomo　3) voy　4) trabajo
5) estudio　6) ceno　7) vuelvo　8) juego
9) vuelvo　10) ceno　11) salgo
12) escucho　13) veo　14) doy　15) vamos
16) hago　17) estudio

普通私は7時半に家を出ます。仕事に行くのに電車とバスに乗ります。ときどき自転車で行きます。月曜日から金曜日まで，午前9時から午後5時まで市役所で働いています。仕事の後，毎週月曜日，水曜日，木曜日は学校で英語を勉強しています。この曜日は外食をして少し遅く家に帰ります。毎火曜日は仕事仲間とサッカーをしています。この日（火曜日）は7時に家に戻り家族と夕食をとります。毎金曜日は，しばしば友達と出かけますが，時々は家で音楽を聴くか，テレビを見たりします。毎週土曜日はしばしば，散歩をします。月に1度は私の友人たちと私は東京の近郊のどこかの場所に小旅行をします。毎週日曜日は1日中家にいて英語の宿題をし，少し勉強します。

2.
1) le encanta　2) no le gusta
3) le encantan　4) odia　5) le parecen
6) prefiere　7) le encanta　8) le interesan
9) no le gustan　10) le gusta　11) odia
12) prefiere　13) me encantan
14) me parecen　15) odio　16) prefiero
17) me parece

3.
1) A: Conocen, B: conocemos
A：あなた方はセビジャを知ってますか？
B：いいえ，スペインをまだ知りません
2) A: Sabes
A：君は何かイジェスカスへ電車があるかどうか知ってますか？　B：いいえ，電車はありません。
3) A: Conoces　B: Conozco
A：君は友人のパブロのご両親を知っていますか？
B：いいえ，彼らを知りません。
4) A: Sabéis
A：君たちは何時にコンサートが始まるか知っていますか？　B：5時です。
5) A: sabe
A：すみません。あなたはこのバスがアルカラ門を通るかどうか知ってますか？
B：いいえ，でも近くを通ります。

4.
1) → c) 電気がついています。君は眠たがっています。→電気を消してくれる？
2) → e) 君は時間を知らない（今，何時だか分からない）。→すみません。今何時ですか。
3) → a) 暑いです。窓は閉まっています。→窓を開けてくれますか？
4) → b) 先生はとても早く話していて，よく聞こえません。→繰り返してくれますか？　お願いします。
5) → d) バスの窓が開いていて，寒いです。
→窓を閉めてくれますか？

5.
1) no hace mucho frío
2) hace mucho calor　3) hace mucho calor
4) mucho frío,　5) nieva　6) llueve mucho
7) hace sol　8) nieva mucho
9) hace viento

Unidad 36

練習問題 p.113

1.

salir 出発する	salgo	sales	sale	salimos	salís	(salen)
(llegar) 到着する	(llego)	llegas	llega	llegamos	llegáis	llegan
ir 行く	voy	vas	va	(vamos)	vais	van
venir 来る	vengo	vienes	(viene)	venimos	venís	vienen

2.
1) A: ¿Cuándo viene tu hermano de China a Japón?   B: Viene el mes que viene.
2) A: ¿Venís en tren?
B: No, venimos en autobús.
3) A: ¿Te viene bien este plan? (/¿Este plan te viene bien?)   B: Sí, me viene bien.
4) A: ¿A qué hora venís Paco y tú a mi casa?   B: Vamos a las seis.
5) A: ¿Con quién va a venir ella a la fiesta?
B: Viene con su novio.

Unidad 37

練習問題 p.115

1.
1) dice   新聞は何と言っているの？
2) oyes, oigo   A: 君は私の言っていることが聞こえますか？　B: いいえ、君が言っていることが聞こえません。
3) decir, digo   A: 私に本当のことを言ってくれる？　B: はい、君に（それを）言います。
4) oigo   静かに、お願いします。友人と話しています。彼が言っていることが聞こえません。
5) dicen   彼らは雨が降るだろうと言っています。

2.
1) Los políticos no dicen la verdad.
2) ¿Qué quiere decir esto?
3) A: ¿Me dices (/ Puedes decirme) la hora, por favor? B: Son las siete.
4) El profesor (/La profesora) dice que da un examen mañana.
5) Silencio, por favor. Porque no oigo la pregunta.

Unidad 38

練習問題 p.117

1.
1) se llama, Se llama
2) te sientas, me siento
3) nos casamos
4) se acuestan
5) Tengo que levantarme (/ Me tengo que levantar)

2.
1) A: ¿Cómo te llamas?   B: Me llamo Pedro.
2) Me acuesto a las once. Es que mañana tengo que levantarme a las cinco. (/ Es que mañana me tengo que levantar a las cinco.)
3) A: ¿Los españoles se duchan por la mañana?
B: Sí, suelen ducharse por la mañana. (/ Sí, se suelen duchar por la mañana.)
4) A: ¿Nos sentamos aquí?
B: No, nos sentamos al lado de la ventana.
5) A: ¿Te maquillas todos los días?
B: No, solo a veces.

Unidad 39

練習問題 p.119

1.
1) ponerme   2) nos vemos   3) Me alegro
4) me siento (/ me encuentro)   5) se enfada
6) se quejan

2.
1) Vamos a ponernos el sombrero. Es que hace mucho sol. (/ Nos vamos a poner el

237

sombrero, es que hace mucho sol.)
2) ¿Nos tenemos que quitar los zapatos al entrar en casa? (/ ¿Tenemos que quitarnos los zapatos al entrar en casa?)
3) A: ¿Ya os vais?　B: Sí, nos vamos ya.
4) Nos morimos de sed con este calor.
5) A: ¿Te acuerdas de mí?　B: Sí, por supuesto me acuerdo de ti.

Unidad 40
練習問題　p.121
1.
1) incluido　2) Se dice　3) por
4) se le olvidan　5) se dice

2.
1) A: ¿Qué idioma (/ lengua) se habla en Brasil?　B: Se habla el portugués.
2) ¿Cómo se va a la oficina de Correos?
3) A: ¿Cuánto tiempo se tarda desde Madrid hasta Toledo en autobús?
B: Se tarda una hora.
4) Dicen que se come bien en ese restaurante.
5) Se me ocurre una buena idea.

Unidad 41
練習問題　p.123
1.
1) Los alumnos están leyendo una novela policíaca.
2) Ahora mismo estamos saliendo de casa.
3) Ellos están pensando cambiar de casa.
4) Mi hija está durmiendo en el sofá.
5) ¿Qué me estás diciendo? (/ ¿Qué estás diciéndome?)

2.
1) A: ¿Qué está usted haciendo?　B: Estoy oyendo (/ escuchando) la música tomando el sol.
2) A: ¿Sigue tu abuelo trabajando en esa compañía (/ la empresa)?　B: Sí, lo sigue.
3) A: ¿Cuántos años llevas saliendo con María?　B: Llevo saliendo cinco años.

4) A: ¿Qué estáis haciendo ahora?　B: Estamos pidiéndole (/ Le estamos pidiendo) un favor a ella.
5) Mi padre desayuna leyendo el periódico.

Unidad 42
練習問題　p.125
1.
1) alguien, nadie　2) alguno　3) algo, nada
4) tampoco　5) ni, ni

2.
1) A: ¿Esperas a alguien?　B: No, no espero a nadie.
2) A: ¿Queréis algún mueble para vuestra nueva casa?　B: No gracias. No necesitamos ninguno.
3) A: ¿Te parecen caros estos zapatos?
B: Sí, me paracen algo caros.
4) A: ¿No trabajas ni estudias?　B: No, pero ayudo a mi madre en casa.
5) A: ¿Quieres comer algo?　B: No, no quiero comer nada.

Unidad 43
練習問題　p.127
1.
1) tu, el mío　2) mías, mi　3) mi, la tuya
4) la suya, la mía
5) vuestra, sus, la nuestra

2.
1) A: ¿Sabes dónde está mi bicicleta?　B: La tuya está detrás de la casa.
2) A: Esta es su maleta y ¿dónde está la nuestra?　B: La suya (/ La de ustedes) está ahí (/ allí).
3) A: Va a venir un amigo español mío el próximo domingo.　B: ¿Es verdad?
4) A: ¿Son estos discos compactos tuyos?
B: No, no son míos. Son de mi hermana.
5) A: ¿De quién son estas revistas? ¿Son vuestras?　B: Sí, son nuestras.

Unidad 44
練習問題　p.129
1.
1) ciento veinticinco mil setecientos cincuenta y dos euros
2) trescientas setenta y ocho mil quinientas cincuenta y una horas
3) quince millones novecientas ochenta y dos mil doscientas cuarenta y seis personas
4) mil ciento doce páginas
5) doscientos nueve millones seiscientos setenta y tres mil un yenes.

2. ▶▶▶ 097
1) 492.311.765　2) 186.551.914
3) 807.610.230　4) 15.001.105
5) 513.490.778

3.
1) A: ¿Cuántos habitantes tiene China?　B: Creo que tiene unos mil trescientos millones de habitantes.
2) Este año la compañía piensa vender cinco millones de ordenadores.
3) A: ¿Cuánto es (/ cuesta) este piso?　B: Son (/ Cuesta) cuarenta y cinco millones de yenes.
4) A: ¿Cuántos estudiantes hay en esta universidad?　B: Hay veinticinco mil estudiantes.
5) Actualmente hay unos cuatrocientos millones de hispanoparlantes.

Unidad 45
練習問題　p.131
1.
1) más, que, menor　2) menos, que, más
3) más, que, mayor, menos, que
4) mejor, que, peor, que
5) tan, como, más, pequeña

2.
1) A: ¿Ya está bien su mujer (/ esposa / señora)?　B: Sí, está mucho mejor.
2) A: ¿Este coche es más caro que ese?　B: No, este es menos caro que ese.
3) A: ¿Quién es mayor, tú o tu mujer (/ esposa / señora)?　B: Yo soy tres años mayor.
4) A: ¿Este año hace más frío que el año pasado?　B: No, hace menos (frío).
5) A: ¿Cuántos hermanos tienes?　B: Tengo dos hermanas mayores y un hermano menor.

Unidad 46
練習問題　p.133
1.
1) tan, como　2) tantas, como
3) la, más, de　4) más, de　5) el mejor de

2.
1) A: ¿Cuál de estos tres postres es el mejor para ti?　B: Para mí es el flan.
2) A: ¿Este ordenador es más caro que ese?　B: Sí, es el más caro de todos.
3) A: ¿Quién es la mayor de las cinco chicas?　B: Pepa es la mayor y Emilia es la menor.
4) A: ¿Estudias tanto como tu hermana mayor?　B: No, no estudio tanto como ella.
5) A: ¿Tienes tantos discos compactos como tu hermana menor?　B: Sí, yo tengo mucho más discos compactos que ella.

Unidad 47
練習問題　p.135
1.
1) facilísimo, dificilísimo　2) lo, que
3) Lo　4) perfectamente
5) Normalmente, carísimos

2.
1) A: ¿Cuál es lo mejor?　B: Es pensarlo bien.
2) A: ¿Es este libro difícil?　B: Sí, es dificilísimo, pero interesante.
3) A: Generalmente trabajar es muy duro. B: Sí, pero es que hay que ganarse la vida.
4) A: ¿Quieres vivir tranquilamente en el

campo?　B: Sí, para mí es lo ideal.
5) A: ¿Qué es lo importante?　B: Ahora para mí lo importante es tener buena salud.

Unidad 48
練習問題　p.137
1.
1) pensado　2) salido　3) puesto
4) dormido　5) mirado　6) leído　7) escrito
8) roto　9) dicho　10) visto

2.
1) ha llovido　2) Has visto　3) ha salido
4) Habéis leído
5) hemos bebido（/ tomado）

3.
1) A: ¿Qué ha usted hecho esta semana?
B: He estudiado español mucho.
2) A: ¿Ya ha salido el autobús para Galicia?
B: No, no ha salido todavía (/ todavía no ha salido).
3) A: ¿Te gusta esa película?　B: En realidad, no la he visto todavía (/ todavía no la he visto).
4) A: ¿Ya te ha dicho tu padre algo?　B: No, no me ha dicho nada todavía.
5) A: ¿Habéis ido (/ estado) alguna vez a (/ en) México?　B: No, nunca he ido. (/ No, no he estado nunca.)

対話形式の練習にチャレンジ！〈3〉
〔36課〜48課〕

Unidad 36　対話　▶▶▶ MP3 102
（喫茶店で）
Luis: マリサ，ここに今日の午後の試合の入場券が2枚あるんだけど，僕と来る？
Marisa: ああ，ごめんね。行けないの。私はとても疲れています。それに明日パリから何人か友達が来るの。きっと彼らと丸一日いなければいけないわ。
Luis: マドリッドへ来るのは初めて？
Marisa: いいえ，でも街をあまり良く知らないの。
Luis: いいよ。フアンにそれを話してみよう。さあ，僕と来たがるかな？
Marisa: どのチームのゲームなの？
Luis: レアル・マドリッドとバルセロナだよ。
Marisa: とても盛り上がる試合になりそうじゃない？
Luis: うん，そう願うよ。

Unidad 37　対話　▶▶▶ MP3 103
（喫茶店で）
Marisa: ねえ，ルイス，君は今日の午後暇？
Luis: ごめん。でもこのうるささでは，君の言っていることが全然聞こえないよ。何て言ったの？
Marisa: 今日の午後暇かなって言ったの。
Luis: どうしてそんな事尋ねるの？
Marisa: だって映画へ行きたいの。私と一緒に来たいかなって。
Luis: 何の映画を見たいの？
Marisa: スペイン映画でマル・アデントロっていうタイトルよ。
Luis: ああ，そうね。近頃よく話しているのを耳にするよ。とてもおもしろいそうだね。でもごめんね。今日は君とは行けないよ。サンドラにそれを言ってみたら？　きっと彼女は行くよ。
Marisa: いいわ，彼女へ電話しよう。さあ，私に付き合ってくれるかな？

Unidad 38　対話　▶▶▶ MP3 104
（大学で）
Risa: ロベルト，君は普通何時に寝てるの？
Roberto: その時によるよ。ときどき夜中の1時か2時にね。
Risa: じゃあ，何時間眠るの？
Roberto: ええと，それもその時によるよ。いつも大体6時間眠るよ。でもときどき昼寝をするんだ。
Risa: 起きたらに何をするの？
Roberto: 始めにシャワーを浴びて髭をそるよ。こうすると目が覚めるんだ。そのあとコーヒーとトーストの朝食を取るんだ。
Risa: 夜は何をしているの？
Roberto: 歯を磨いて音楽を聴くんだ。時々ヨガをするよ。眠る前にリラックスするからね。

Unidad 39　対話　▶▶▶ MP3 105
（大学で）
Risa: フアン，君はとても変わったね。
Juan: うん，髪を切ったばかりなんだ。いつも夏の始めに髪を切るんだよ。

Risa: 君には短い髪の方がいいね。それにそうすると乾かすのにほとんど時間はかからないよ。
Juan: 僕は日に２回シャワーを浴びるんだ。でも髪を乾かしたことはないよ。この気候じゃ髪はすぐに乾くよ。
Risa: うん，そうだね。私は夜にお風呂に入るけど横になる前に髪は乾いているよ。
Juan: 君は毎日お風呂に入るの？
Risa: 日本ではね。でもここでは週に一度だけ。いつもは起きたらシャワーを浴びているよ。
Juan: ああ，そのとおりだ。スペインは水不足だからでしょう？

Unidad 40　対話　▶▶▶ MP3 106

（オフィスで）
Luis: マリサ，君はもう家へ帰ってしまうの？
Marisa: うん，私は少し疲れていて，頭が痛いの。それに家事が待っているの。洗濯，アイロンがけ，料理など。何もしないで田舎で数日すごしたいなあ。
Luis: うん，君は少し疲れきっているようだよ。君たち家族みんなで出かけたら？山で週末を過ごしに。ぼくはマドリッドからそう遠くないところである場所を知っているよ。
Marisa: そう？
Luis: ああ，車でだいたい45分かかるんだ。自然が一杯のところだよ。いろんなスポーツが出来るよ。プール，サッカー場などがあるんだ。子供たちは楽しく過ごすことが出来ると思うよ。
Marisa: で大人は？
Luis: ええと，ねえ，テニスコートがあるよ。もしリラックスするためにサイクリングしたかったら自転車を貸しているよ。スパもあるよ。
Marisa: じゃあ，どうやってその場所へ行くか言ってくれなくちゃ。

Unidad 41　対話　▶▶▶ MP3 107

（マンションで）
Roberto: こんにちは，リサ。何してるの？
Risa: 現在のフラメンコについて本を読んでいるところです。
Roberto: それを練習し続けているの？
Risa: ええ，もちろん。今は少し疲れていて，あまり練習できないけれど。
Roberto: 長い間踊り続けているの？

Risa: 6か月以上になるわ。この踊りはとても複雑なの！
Roberto: ねえ，サンドラを見ないけどどこにいるの？
Risa: 眠っているのよ。
Roberto: 知らないけど，君たちを訪ねるといつも，彼女は眠っていると思う。
Risa: ええ，彼女は良く眠る人だもの。その上，ネットサーフィンをしながら夜を過ごしとても遅くベットに入るの。
Roberto: ああ，なるほど。今わかったよ。

Unidad 42　対話　▶▶▶ MP3 108

（図書館で）
Risa: ドン・キホーテがどのように始まってるか見て。「ラ・マンチャのある場所に…」
Roberto: そう，とても興味深い本です。
Risa: 私はそれをスペイン語で読んでいるけど，全く理解できないわ。君は少し理解できる？
Roberto: うん，とても長い間それを勉強しているんだ。僕の専門なんだ。リサ，その本の中で関係のあるラ・マンチャの町のいくつかを訪れてみたら？それならもっとよく理解できるでしょう。
Risa: ここマドリッドでラ・マンチャ出身の方どなたかを知ってる？
Roberto: うん，僕の昔からのスペイン語の先生はトレドの出身なんだ。彼は君に彼の故郷の誰か友人を紹介してくれるよ。そうして，一緒にラ・マンチャを訪れられるよ。
Risa: どうもありがとう。その本に出ている場所のいくつかを旅行するのはとても楽しみだわ。

Unidad 43　対話　▶▶▶ MP3 109

（オフィスで）
Luis: 見て，マリサ，僕の家族の写真だよ。
Marisa: これは君たちの家？
Luis: いや，僕の両親の家で，僕たちのは後ろにあるよ。
Marisa: えーと，とても大きいし，その上，ガレージもあるわ。
Luis: 君のにはそれがないの？
Marisa: ええ，私のはガレージがないの。
Luis: それじゃ，どこに車を置いておくの？
Marisa: 私のは両親のガレージに置いておくの。彼らの（ガレージ）はとても大きいし，隣に住んでい

るんですもの。
Luis: で，君の夫の車は？
Marisa: そうですね。彼のは，家の近くの公共の駐車場に置いているの。

Unidad 44　対話　▶▶▶ 110
（図書館で）
Risa: 何してるの，ロベルト？
Roberto: 汎イスパニカ大百科事典を引いているところだよ。
Risa: メキシコの人口は何人ですか？
Roberto: 2005年の統計によれば，人口は104.812.817人で，面積は1.964.375平方キロメートルです。
Risa: メキシコ市の地域だけで2千3百万人以上いるんでしょう？
Roberto: そう，そのとおり。日本の人口は何人ですか。
Risa: 1億2千7百万人を超えていると思うけど，面積は378.000平方キロメートルだけです。
Roberto: 人口過密じゃない？
Risa: はい，1平方キロメートルに376人以上いるんです。

Unidad 45　対話　▶▶▶ 111
（通りで）
Roberto: リリアン，百貨店コルテ・イングレスに僕と一緒に行ってくれない？
Lilian: ええ，いいわよ。私も自分で服を買いたいわ。
（コルテ・イングレスで）
Roberto: リリアン，この茶色の靴好きかな？
Lilian: いいえ，黒の方が好きです。
Roberto: それは茶色のより高いんだ。
Lilian: でも，黒のは茶色のより質がいいわ。君はあまりお金を使いたくないことが分かったわ。それでは，婦人服の階へ行きましょう。
Roberto: さあ，行こう。
Lilian: ロベルト，どのスカートが私により似合う，白いのそれとも灰色の？
Roberto: そうだね。白いのも灰色のも同じくらい似合うよ。どう言っていいのかわからない。それらの値段は？
Lilian: 白いのは灰色のより高価です。

Unidad 46　対話　▶▶▶ 112
（オフィスで）
Luis: マリサ，何人兄弟がいるの？
Marisa: 3人います。長男の名前はアントニオで料理人です。彼は家族の中で一番責任感があり，まじめです。その上，とても勤勉です。彼は「エル・アブエロ」というレストランのオーナーです。
Luis: ああそう。（そのレストランは）とても有名です。でも少し高いですよね？
Marisa: ええ，高いです。でも町の中で最も良いものの一つです。
Luis: で，他の兄弟たちは？
Marisa: はい，2番目はフランシスコという名前で，公務員です。彼は家族の中で一番内気ですが，とても良い人です。最後に私の妹がいて，名前はアナで，大学生です。
Luis: 美人でしょう？
Marisa: はい，とても美しく，家族の中で最も知的です。でも一番怠け者でもあるんです。で，君には兄弟がいるの？
Luis: いや，一人息子だよ。

Unidad 47　対話　▶▶▶ 113
（喫茶店で）
Luis: マリサ，とてもかわいいセーターを着てるよ。普通，どこで服を買うの？
Marisa: 普通はZaraで買ってるわ。今ちょうど，服がとても安くなっているの。とてもいい値でスーツが見つかるかもよ。選べる型がたくさんあるので，一番いいのはできるだけ早く行くことです。
Luis: 僕は，普通，アドルフォ・ドミンゲスで服を買ってるんd。
Marisa: このブランドはとても高価です。
Luis: そう，でも質がとてもいいんだ。僕もバーゲンの時期に買うんだ。とにかく，僕にとって最も重要なことは快適な服を身につけることさ。

Unidad 48　対話　▶▶▶ 114
（喫茶店で）
Roberto: リサ，今週のスペイン語のクラスの宿題，もう終わった？
Risa: いいえ，まだ終わってないの。何故私にそれを質問するの？
Roberto: 君にひとつ計画を提案したいからだよ。
Risa: ああ，わかったわ。その宿題は構わないわ。

今週末にそれを終えるつもりなの。
Roberto: 今までティッセン美術館に行ったことがある？
Risa: いいえ，一度もないわ。でもとても行きたいの。
Roberto: わかったよ。19世紀の印象派の展覧会を見てもいいと思ったんだけど，君はどう思う。
Risa: ああ，素晴らしいと思うわ。今週は授業でとても忙しかったの。で今は少し疲れているわ。これは少し私がリラックスするのに役立つでしょう。
Roberto: 僕は一度それを見たことがあるんだ。でももう一度君とそれを見たいんだ。

48課までのまとめ　p.148

1.
1) me levanto　2) gusta　3) me ducho
4) juego　5) me lavo　6) me baño
7) me limpio　8) me acuesto

普通私は仕事のある日は，朝食の前にスポーツをするのが好きなので，とても早く，6時に起きます。静かに朝食を取り新聞を読みます。カフェオレとバターとマーマレードを付けたトーストを取ります。その後，シャワーを浴び，8時頃に家を出ます。地下鉄で仕事に行きます。通常9時から午後6時まで仕事をしています。毎週火曜日は2時間くらいテニスをします。その日は少し遅く家に戻ります。手を洗い家族と少しおしゃべりをします。8時半にみんな一緒に夕食を取ります。夕食の後，テレビを見るかネットサーフィンをします。10時頃にお風呂に入って歯を磨きます。ときどき音楽を聴くか本を読みます。12時頃に就寝します。

2.
1) Come pipas viendo la televisión. テレビを見ている間（⇒見ながら）ひまわりの種を食べます。
2) Oyen música cantando y llevando el ritmo con el pie. 歌ったり足でリズムを刻んだりしている間（⇒歌ったり足でリズムを刻んだりしながら），音楽を聴きます。
3) Espero el tren durmiendo en la sala de espera. 私は待合室で眠っている間（⇒眠りながら）電車を待っています。
4) Ahorrando 200.000 euros puedes comprarte una casa en España. もし20万ユーロ貯金すれば，スペインで家を1軒自分で買えます。
5) Pintando tu habitación te va a quedar una habitación muy bonita. もし部屋をペンキで塗れば，とても美しい部屋になるでしょう。
6) Practicando mucho con este libro vas a entender la gramática española. もしこの本で練習すれば，君はスペイン語の文法をとてもよく理解できるでしょう。

3.
2) pero　f) 私はスペイン語を勉強して2年になりますが，あまりうまく話しません。
3) y　b) 私はテレビでサッカーを見るのとサッカーをするのが好きです。
4) pero　a) 私はスペインに住んでいますが少しの町しか知りません。
5) pero　c) 私はスペイン語を勉強するのが好きですが，難しいです。
6) y　e) 私はとても遅く起床就寝します。

4.
1) son tan / como
ガルシア家はペレス家と同じくらい賢いです。
2) se levantan más / que
ガルシア家はペレス家より早く起きます。
3) se acuestan más / que
ペレス家はガルシア家より遅く就寝します。
4) son mejores / que
ペレス家はガルシア家より良く運動をしてます（良い運動選手です）。
5) gastan tanto / como
ガルシア家はペレス家と同じくらい多くお金を使っています。
6) conducen peor / que
ペレス家はガルシア家より運転が下手です。
7) trabajan menos que
ペレス家はガルシア家より働きません。

5.
対話1　1) alguna　2) ninguna　3) alguna
roberto: すみません。このあたりに本屋さんはあるかどうかご存じですか？
señora: いいえ，1軒もありません。おそらく，通りの突き当たりに何か（本屋を）見つけるられるでしょう。

対話2　4) algún　5) ninguno　6) alguno
roberto: こんにちは。ガルシア・ロルカについて何か本がありますか？
señorita: いいえ，1冊もありません。おそらく，正面にある本屋さんで何か見つかるでしょう。

6.
1) mío　2) suyo　3) nuestro　4) mío
5) suyas　6) mías　7) suyas

Roberto:	Risa:
ねえ，リサこのパソコンは誰のですか？ →	私のです。昨年からそれを持っています。
で，サンドラのは？ →	彼女のは彼女の部屋にあるわ。
この花瓶は誰の？ →	それは私たちの，（つまり）サンドラと，リリアンと私のです。
これら二つのサングラスはリリアンとサンドラの？ →	いいえ，彼女らのではなくて，私のです。彼女らのはテーブルの上にあるわ。

Unidad 49
練習問題　p.153
1.
1) se levantó　2) jugué　3) Dejé, me casé
4) Saqué　5) se cortó

2.
1) A: ¿Tocaste la guitarra en el concierto?
B: No, toqué el violín.
2) A: ¿Nadó usted el verano pasado?　B: No, pero jugué al tenis con mis amigos.
3) Ayer llamé por teléfono a mi amigo y comimos juntos en un restaurante español.
4) A: ¿A quién dejaste tu moto?　B: Se la dejé a mi hermano el sábado pasado.
5) A: ¿Cuántos años trabajasteis en España?　B: Trabajamos cinco años, desde el 2001 hasta el 2005.

Unidad 50
練習問題　p.155
1.
1) Cogiste, la cogí　2) volvieron, Volvieron
3) me atreví　4) recibió, lo recibió
5) subió

2.
1) A: ¿Dónde naciste?　B: Nací en Madrid.
2) A: ¿Cuánto tiempo vivieron tus tíos en España?　B: Vivieron allí cinco años.
3) A: ¿Oíste algo sobre el examen de mañana?　B: No, no oí nada.
4) A: ¿Cuántos idiomas aprendieron ustedes en la universidad?　B: Aprendimos tres idiomas.
5) A: ¿Cuántos libros leíste durante las vacaciones?　B: Leí tres libros.

Unidad 51
練習問題　p.157
1.
1) vino, vinieron　2) te pusiste, Me puse
3) hizo, Hizo　4) quise, pude
5) Hubo, tuvimos

2.
1) Recibí dos entradas para el concierto, pero no pude ir.
2) Ayer puse las gafas en el salón y ahora no sé dónde están.
3) Anoche tuvimos que estudiar para el examen hasta las tres de la madrugada.
4) Hace unos días hubo un gran terremoto en Chile.
5) A: ¿Qué hiciste anoche?
B: Después de terminar los deberes hice footing.

Unidad 52
練習問題　p.159
1.
1) disteis, llovió　2) eligió, Elegí
3) durmieron, la dormimos, fuimos

2.
1) A: ¿Os dijeron algo en casa anoche?
B: No, no nos dijeron nada.
2) Fuimos tres días a Alicante. Yo conduje

244

durante todo el viaje.
3) A mi hermano se le perdió el pasaporte el lunes pasado.
4) A: ¿Qué os pareció la película?　B: Nos pareció muy buena. Nos morimos de risa.
5) Ayer se sintió mal.

Unidad 53
練習問題　p.161
1.
1) sabíamos, tenía
2) se permitía, dejaron
3) pregunté, hacía
4) hacía, llegasteis, Estaba
5) tenía, pude, dolía

2.
1) Antes había tres cines en esta ciudad.
2) Me tomaban por un chino muchas veces cuando estaba en España.
3) Ayer me dijiste que no ibas a beber más.
4) Me preguntaron por qué estudiaba español.
5) A: ¿Qué quería?
B: Quería probarme estos zapatos.

Unidad 54
練習問題　p.163
1.
1) iba, di, llevaba　2) eras, era
3) dijo, se veían　4) dijo, quería
5) preguntó, íbamos

2.
1) Cuando iba a la estación, me encontré con mi (/el) profesor.
2) ¿Qué hora era cuando ocurrió el terremoto anteayer?
3) La semana pasada Jesús me preguntó cuándo era tu cumpleaños.
4) Mi abuelo me dijo que iba a nevar al día siguiente.
5) Le pregunté al novio de mi hija de dónde era.

Unidad 55
練習問題　p.165
1.
1) compré, había prometido
2) Sabía, habías estudiado, sabía, habías vivido
3) salí, se habían levantado

2.
1) Cuando llegué a casa, mi marido todavía no había vuelto.
2) El profesor (/ La profesora) nos preguntó si habíamos visto algún cuadro de Goya.
3) Los niños dijeron que les dolían los pies porque habían corrido mucho.
4) A: ¿Habían comido ustedes jamón serrano antes de visitar España?　B: No, no lo habíamos comido.
5) A: ¿Habías visto algunas películas españolas hasta entonces?　B: Sí, había visto algunas.

Unidad 56
練習問題　p.167
1.
1) que　2) Los que　3) donde　4) cuyas
5) cuando

2.
1) Los sábados los niños llevan a la excursión el bocadillo que les prepara su abuela.
2) En la cafetería está la chica (a la) que quieres.（▶関係詞 que の前には人の目的語の前につける a と定冠詞はつけない。）
3) Esta es la chica con la que (con quien) se va a casar mi hermano.
4) Este es el hospital donde (en el que) nací yo.
5) La (chica) que habla bien inglés es María.

Unidad 57
練習問題　p.169
1.
1) frito, hecho　2) conocidas　3) escrita

4) cerrado   5) sentada

2.
1) A: Este libro fue publicado por mi padre.
B: A ver, a ver.
2) A: ¿Es verdad que en España los restaurantes a las ocho de la tarde todavía no están abiertos?   B: Sí, es verdad.
3) Yo le regalé a mi padre un jersey hecho en Perú.
4) A: ¿Cómo volviste anoche?   B: Volví muy cansado/a después de hacer muchas horas extras.
5) A: Estoy invitado/a a la fiesta de cumpleaños de María.   B: Yo también estoy invitado.

Unidad 58
練習問題　p.171
1.
1) Qué, más (/ tan)   2) Cuánto
3) Qué, bien   4) Qué, más (/ tan)
5) Cuántos

2.
1) A: ¡Qué bien toca tu amiga el piano!
B: Es que toca el piano desde los tres años.
2) A: ¡Qué día más (/ tan) agradable!   B: Vamos a dar un paseo (/ pasear) por el parque.
3) A: ¡Cuánto trabajas!   B: Sí, es verdad. Tengo que descansar un poco.
4) A: ¡Qué libro más (/ tan) difícil!   B: Así es. Ese libro es muy difícil (/ dificilísimo).
5) A: ¡Cuántas novelas has escrito!   B: He escrito más de doscientas.

対話形式の練習にチャレンジ！〈4〉
〔49課〜58課〕

Unidad 49　対話　▶▶▶ 125
（図書館で）
Risa: ロベルト, 君はいつスペイン語を勉強し始めたの？
Roberto: 5年前に（それを）始めたんだ。そしてその後ある旅行代理店で（それを）練習する機会があったんだ。もっとたってから南米を旅したんだよ。
Risa: どの国を訪れたの？
Roberto: メキシコ, グアテマラ, エクアドル, ペルーだよ。
Risa: どの国が一番気に入った？
Roberto: どの国も気に入ったけれど, グアテマラはすごく気に入ったよ。この国は天国だよ。
Risa: いつか南米を訪れてみたいなあ。

Unidad 50　対話　▶▶▶ 126
（マンションで）
Roberto: サンドラ, 君はブラジル人でしょう？
Sandra: ええ, 私の両親もね。でも私の祖父母はイタリア生まれよ。
Roberto: で, どうして彼らはブラジルに住んだの？
Sandra: 昔祖父母はリオデジャネイロを訪れたの。とても気に入ったのでそこに残って働いたの。
Roberto: 君のご両親はどうやって知り合ったの？
Sandra: 大学で知り合って, 好きになって結婚したの。彼らははじめにブラジリアに住んで, 今はサンパウロに住んでいるの。

Unidad 51　対話　▶▶▶ 127
（オフィスで）
Luis: ねえ, マリサ, 去年の夏はどこで休暇を過ごしたの？
Marisa: 私の友達と私はガリシアに滞在したの, アロサ入り江。
Luis: ああ, そこには美しい村があって食べ物が素晴らしく美味しいよね。
Marisa: そう, 私たちはカンバドスに滞在してとてもおいしいカキをたべたの。
Luis: グロベ島を訪ねた？
Marisa: ええ, ラ・トハ温泉に2日滞在したの。
Luis: どこか小旅行した？
Marisa: 私の友人は私と来なかったの。でも私は一人でポンテベドラを訪れたの。私は街がすごく気に入ったわ。

Unidad 52　対話　▶▶▶ 128
（オフィスで）
Marisa: 君たちは昨日の日曜日何をしたの？
Luis: 妻と僕はレストラントレダノへ行ったんだ。

彼女は子牛のステーキを頼んで僕はウズラのシチューを頼んだんだ。
Marisa: うずらはどうだった？
Luis: 美味しかったよ。店の名物なんだ。
Marisa: ではデザートは？
Luis: ああ，とても香のいいお茶と素晴らしく美味しいデザートを出してくれたよ。
妻は気に入ってお茶をお代わりしたよ。
Marisa: ああ，良かったね。

Unidad 53　対話　▶▶▶ 129
（オフィスで）
Luis: で君は先週末何をしたの？
Marisa: ええと，そうね。私は浴室にいたの。突然誰かがベルを鳴らしたの。夫がドアを開けに行ったの。まあ！驚いたわ。私たちの友達のペレス夫妻だったの。
Luis: 彼らを待っていたんじゃなかったの？
Marisa: えーと，いいえ。その辺を通っていて私たちに挨拶に寄ってくれたと言ってたわ。
Luis: 不意だったね。
Marisa: そう，そのあと私たちは川辺を一緒に散歩したの。ずいぶん前からそのあたりを散歩していなかったわ。

Unidad 54　対話　▶▶▶ 130
（オフィスで）
Luis: マリサ，君が小さい時どこに住んでいたの？
Marisa: サンタンデル県の村に住んでいたの。
Luis: 君はどんな子だった？
Marisa: 痩せていてその歳にしてはとても背が高かったの。わたしの友人たちが私をひょろながって呼んでいたのを覚えているわ。
Luis: 学校へはどう通っていたの？
Marisa: 自転車で行っていたの。でも雨が降ると歩いて行っていたわ。
Luis: 友達とは何をして遊んでいたの？
Marisa: そうね。みんなみたいに，かくれんぼ。アニメの映画も見ていたよ。

Unidad 55　対話　▶▶▶ 131
（大学で）
Risa: ロベルト，昨日どうしたの？バス停で見かけなかったけど。
Roberto: えーと，家を出てから途中で定期券を忘れたのに気づいたんだ。結局バスを乗り過ごしたんだよ。
Risa: わかった，大学に着いたとき授業がもう始まってたんだね。
Roberto: そうなんだよ，リサ。君にはそういう事が起こったことはない？
Risa. あるよ。きのうリリアンと私がコンサートに着いたときもう終わっていたの。
Roberto: ああ，残念だったね。

Unidad 56　対話　▶▶▶ 132
（喫茶店で）
Sandra: ロベルト，セビージャで泊まったホテルはなんていう名前？
Roberto: ラメスキータでしょう？
Sandra: とんでもない。それはコルドバの。私たちがどこか安いホテルを知っているかどうか訪ねてそこまで連れて行ってくれたタクシーの運転手さんのこと覚えてない？
Roberto: ああ，そうだ。思い出したよ。サンタクルスホテルだ。
Sandra: 私たちがホテルで話した恋人のカップルはとても親切で英語がとてもうまかったよね。
Roberto: まさかちがうよ。それは，メスキータホテルで知り合ったカップルだ。

Unidad 57　対話　▶▶▶ 133
（パーティーで）
Roberto: リリアン，トルティジャはとってもおいしいです。どのように作ったの？
Lilian: ジャガイモ，赤ピーマン，ツナでできています。もう少しいかがですか？
Roberto: いえ，結構です。とてもお腹がいっぱいなので。
Sandra: ねえ，ロベルト，ギターで伴奏してくれないかな。
Roberto: 残念です。でもそのギターは壊れているからなんです。
Sandra: じゃあ，ケーナを吹くのはどう？
Roberto: いいでしょう。何の曲を君たちのために吹きましょうか？
Sandra: ペルーの曲を1曲，お願い。
Roberto: ペルーの歌は世界中でよく知られています。
Risa: ねえ，ロベルト，ケーナは何の素材でできて

るの。
Roberto: えーと，それは知らないよ。

Unidad 58 対話 ▶▶▶ 🎵 134

（グランビア通りで）
Marisa: あら，ロベルト。何てうれしい驚きでしょう！
Roberto: 僕も君に会えてうれしいよ。
Marisa: もう，君が試験に落ちちゃったのを聞いているわ。残念ね。何てかわいそう！
Roberto: とんでもない。構わないよ。もう一度試してみるよ。で，君たちはどこから来たの？
Marisa: 劇場からよ。とても良い芝居を見たの。
Roberto: 何て運がいいんだろう！僕は長い間劇場に行ってないんだ。
Marisa: 知ってる？よければ，来週もう一度劇場に行くかもしれないわ。
Roberto: 素晴らしい！とっても行きたいなあ。
Marisa: そうしましょう。君に電話します。私たちで会う約束を決めましょう。
Roberto: いいよ。誘ってくれてありがとう。

58課までのまとめ　p.178

1.
2) ねえ，君はどれくらいベルリンに住んだの？ → f) habían derribado
そこに住んだのはまだ壁が倒されていなかった時だよ。
3) 君は今までにトレドに行ったことはある？ → d) estuve
はい，5年前に居ました。
4) サンドイッチを作ります。君にひとつ作ろうか？ → e) he tomado
いいえ，結構です。少し前にすこしつまみを食べました。
5) 結局，君たちは土曜日に劇場に行ったの？ → a) hacía / estábamos
いいえ，寒かったし，その上，疲れていたからです。
6) 君はもう飛行機の切符を買いましたか？ → b) compré
ええ，先週買いました。

2.
1) 交通手段
¿En qué fueron de excursión a Toledo?
Fueron en el AVE.
何でトレドへ小旅行しましたか？
AVE（スペイン高速鉄道）で行きました。
2) トレドへの到着時刻
¿A qué hora llegaron a Toledo?　Llegaron a las 10 de la mañana.
何時にトレドへ到着しましたか？　午前10時に到着しました。
3) 午前中の訪問
¿Qué (lugares) visitaron por la mañana?
Visitaron la Catedral y el Alcázar.
午前中何を訪れましたか？　大聖堂とアル・カサル（王城）を訪れました。
4) 昼食の場所
¿Dónde comieron?
Comieron en el restaurante "Adolfo".
どこで昼食を取りましたか？　アドルフォというレストランで昼食を取りました。
5) 昼食の時間
¿A qué hora comieron?
Comieron a la una y media.
何時に昼食を取りましたか？　1時半に昼食を取りました。
6) 午後の訪問
¿Qué (lugares) visitaron por la tarde?
Visitaron la Sinagoga, el museo Victor Macho y el Parador.
午後はどの場所を訪れましたか？　シナゴーグ（ユダヤ教の礼拝堂），ビクトル・マチョ美術館，パラドール（国営宿舎）を訪れました。
7) 戻ってきた時間
¿A qué hora regresaron a Madrid?
Regresaron a las 8 de la noche.
何時にマドリッドに戻りましたか？　夜の8時に戻りました。

3.
1) fuimos　2) tomamos　3) era　4) estaba
5) estábamos　6) íbamos　7) llegamos
8) teníamos　9) nos levantamos
10) estábamos　11) dijo　12) podía
13) se sentía　14) insistí　15) se quedó

16) subí 17) esquié 18) se aburría
19) bajé 20) era 21) entré 22) pude
23) dijo 24) estaba 25) comprobé
26) estaba 27) quería 28) alegró
29) subimos

先月ロベルトと私はピレネー山脈にスキーをしに行きました。チャマルティン駅から電車に乗りました。列車からの景色はとても美しかったです。全てが雪で覆われてました。一緒にとても楽しむ予定だったので私たちふたりとも満足していました。とうとう駅に着きました。部屋は予約しておきました。

翌朝，私たちは一日中スキーをするため，かなり早く起きました。ロベルトは調子が良くないので私と一緒に行けないと言ったとき私たちは朝食を取っていました。私は（行こうと）言い張りましたが，結局ロベルトはホテルに残りました。私はロベルトがホテルで退屈にしている間，彼を伴わず山に登り，そこでスキーをしました。もう夜になり，私はホテルへ下りました。ホテルに入った時，ロベルトを見つけられませんでした。ボーイが彼はプールに居ると私におしえてくれました。彼は機嫌が良くなっており，夕食に出かけたがっていることを確認した。この知らせがうれしかった。私たちは夕食のため服を着替えるために私たちの部屋へとても満足気に上がったのです。

4.
1) donde ルイスは私が買い物に行っていたお店で働いていました。
2) cuyo 彼女は私がその名前を覚えてないとても感じが良い女の子です。
3) cuando 私たちが最後に彼女（あなた）に会ったのは1月でした。
4) la que これがトレドへ行く道です。
5) del que 私が君に話したその芸術家はこの夏結婚します。
6) que 私を手術してくれた外科医はとても有名です。
7) quien 私が仕事をしている企業家は外国人です。

Unidad 59
練習問題 p.183
1.
1) estará 2) llamaré 3) volverán
4) entenderás 5) Hablará

2.
1) ¿A qué hora llegará el próximo autobús?
2) Este diccionario te ayudará.
3) Tus padres se alegrarán al ver tus notas.
4) ¿Aquel señor será nuestro profesor de inglés de este año?
5) ¿Al terminar la carrera vivirás con tus padres?

Unidad 60
練習問題 p.185
1.
1) tendrá 2) Cabremos, intentaremos
3) Querréis 4) Pondrán 5) valdrá, dirá

2.
1) ¿Podrás terminar este trabajo para mañana?
2) A: ¿Cuándo vendrá el próximo taxi?
B: Creo que vendrá pronto.
3) ¿Tendrán hambre los niños a estas horas?
4) A: ¿Puedes ayudarnos? B: Sí, haré todo lo posible por ayudaros.
5) ¿Qué tiempo hará mañana? Si hace buen tiempo, haremos camping.

Unidad 61
練習問題 p.187
1.
1) Se vendió, valdría
2) Suponíamos, estarías, viniste
3) prometiste, harías
4) preguntó, querría 5) podría

2.
1) El entrenador de fútbol nos dijo que jugaríamos un partido la semana siguiente.
2) El periódico decía que vendría el presidente de Francia a Japón al mes siguiente.
3) Carlos me preguntó qué haría en las vacaciones de verano.

4) ¿Cuántos años tendría cuando se casó Carmen?
5) Yo que tú, no se lo diría.

Unidad 62
練習問題　p.189
1.
1) mandé, habrá llegado
2) Llegué, Suponía, habría terminado
3) dije, habría terminado
4) decían, se habrían casado
5) habría tenido

2.
1) Habremos terminado este trabajo para el fin de semana.
2) Son las once. Mis padres ya se habrán acostado.
3) Me dijiste que habrías vuelto de viaje tres días después.
4) Mi marido me dijo que no recordaba bien si habría visto esta película.
5) Yo en tu lugar, habría hecho lo mismo en ese momento.

Unidad 63
練習問題　p.191
1.
1) pases　2) guste
3) me duche, me acueste　4) vuelva
5) podamos (/ puedan)

2.
1) Quiero que mis hijos estudien en Estados Unidos.
2) Te recomiendo (/ aconsejo) que te pruebes estos pantalones. (/ Te recomiendo probarte estos pantalones.)
3) Me alegro de que os caséis por fin.
4) Temo que el tren llegue tarde.
5) Es mejor que mañana salgas de casa temprano.

Unidad 64
練習問題　p.193
1.
1) hayas llegado　2) haya dicho　3) [que] tenga　4) [que] sepa　5) [que] dé

2.
1) Dudo que lo haya hecho Lorenzo.
2) Ya es tarde. Temo que el examen haya empezado ya.
3) No creo que Miguel e Isabel ya hayan llegado a la estación.
4) Tienes que hacer lo que puedas hoy.
5) ¿Hay alguien que haya estudiado en el extranjero?

Unidad 65
練習問題　p.195
1.
1) [cuando] quieras　2) [antes de que] salga
3) [a no ser que / a menos que] pase
4) [con tal de que] digas
5) [a menos que / a no ser que] quieras

2.
1) Te recomiendo unos libros para que los leas.
2) Vamos a estudiar en la biblioteca hasta que vengan nuestros amigos.
3) Para mí es difícil salir de noche sin que lo sepan mis padres.
4) Aunque él no tenga dinero, me casaré con él.
（▶ Aunque no tiene dinero, me casaré con él. 彼にはお金は無いけれど私は彼と結婚する。）
5) Por muy cansado que esté, tengo que ir al trabajo.

Unidad 66
練習問題　p.197
1.
1) [Que] haga　2) Viva
3) [Tal vez / Quizá(s) / Acaso] sepa
4) Pase [lo que] pase
5) Sea [lo que] sea, tenga

2.
1）¡Que te vaya bien!
2）¡Que tengan ustedes buen viaje!
3）¡Ojalá (que) haya aprobado!
4）Quizás (/ Tal vez / Acaso) el tren ya haya salido.
5）Haga el tiempo que haga, iremos a la montaña.

Unidad 67
練習問題　p.199
1.
1) hubiera 2) estuviera 3) ［que］tuviera
4) ［para que］estudiara 5) Quisiera

2.
1) Nuestra profesora nos dijo que hiciéramos ejercicios para el día siguiente. (▶ Mi amigo me dijo que haría los ejercicios para el día siguiente. 友人は翌日までに練習問題をするだろうと言った。)
2) Mis padres deseaban que estudiara Derecho en la universidad.
(/ Mis padres esperaban que estudiara Derecho en la universidad.)
3) ¡Ojalá (que) fuera verdad esa noticia!
▶ ojalá (que) 接続法過去：現在の事実に反する願望
4) Ella canta bien como si fuera una cantante profesional.
5) Si yo fuera tú, estudiaría en España.

Unidad 68
練習問題　p.201
1.
1) hubieran llegado
2) ［Aunque］hubiera hecho, habríamos salido
3) ［Ojalá］hubiera comprado
4) hubieras estudiado, habrían suspendido
5) pasara ［cuando］hubiera leído

2.
1) Sentí mucho que se hubieran ido al extranjero. (▶ Sintieron mucho haber ido al extranjero. 彼らは自分たちが外国へ行ってしまったことを残念に思った。sentir + 不定詞：主節の主語と従属節の主語は同じ。)
2) En aquella época (/ Por aquel entonces) en España no había nadie que hubiera vivido en Japón.
3) Si hubieras salido de casa más pronto, no habrías llegado tarde a clase.
4) No creía que mi hija hubiera pasado (/ aprobado) el examen.
5) Me alegré de que ellos se hubieran casado.

Unidad 69
練習問題　p.203
1.
1) Oye 2) Oiga 3) Mira 4) Mire
5) Diga（電話をとる人） 6) Venga

2.
1) Seguid, girad 2) apaguen 3) hagáis 4) cierre 5) Escuchemos

3.
1) Haz deporte.
2) No aparquen coche aquí, por favor.
3) Señor (/Señora), pase por caja, por favor.
4) No olvides llamarme. 5) Venid rápido.

Unidad 70
練習問題　p.205
1.
1) abrigaos 2) date 3) Idos, vámonos
4) se duche 5) Déjame

2.
1) Levanta → Levántala.
2) Límpiate → Límpiatelos.
3) Déjame → Déjamelo.
4) digáis → No se las digáis.
5) ponga → No la ponga.

3.
1) No te enfades.
2) Pablo, no te preocupes.

3) Déjame en paz.
4) Divertios en la fiesta. (/ Pasáoslo bien en la fiesta.)
5) Pásemelo cuando lo haya leído.

対話形式の練習にチャレンジ！〈5〉
〔59課〜70課〕

Unidad 59　対話 ▶▶▶ 147
（家で）
Roberto: リサ，とても忙しそうだね。
Risa: うん，先生にラ・マンチャの町を巡る旅についてレポートを作成するように言われたからなの。
Roberto: ああ，でも今週末には終わるでしょう？
Risa: うん，土曜日に仕上げるつもり。
Roberto: 次の月曜日にアランフエスへ行く予定だからなんだよ。君も僕と一緒に来ないかい？
Risa: ごめんねロベルト，でもリリアンと行くつもりだったの。
Roborte: リリアン？彼女はそこに何回も行っているよ。
Risa: とにかく彼女は私と一緒にもう一度行っても構わないと思うよ。
Roberto: 何で行くの？
Risa: まだ分からない。リリアンとそのことを話してみるよ。

Unidad 60　対話 ▶▶▶ 148
（大学で）
Risa: リリアンとアランフエスへ行けないだろうと思う。
Roberto: どうして？
Risa: 今月末に親戚がスペインへ来る予定なの。彼らと一緒にいなければいけないと思う。
Roberto: 彼らをアランフエスへ連れて行ったら？
Risa: ううん，きっとアンダルシアへ行きたがるだろうから。
Roberto: ああ，もちろん。皆グラナダとセビージャへ行ってみたいから。どちらにしてもアンダルシアから戻ってきたら彼らをアランフエスへ連れて行けるんじゃない？
Risa: いいえ，彼らはバルセロナを訪れたいだろうから私たちはマドリッドにいる時間はあまりないと思う。
Roberto: じゃあ，いいよ，次の機会かな。

Unidad 61　対話 ▶▶▶ 149
（喫茶店で）
Roberto: リリアン，君は残れたらここスペインに残るの？
Lilian: そうね，状況に拠るだろうね。例えばスペイン人と結婚するとか。
Roberto: またフランスで暮らさないの？
Lilian: ああ，もちろん，いつかは帰るかもしれない。
Roberto: リサはスペインに住むのとても難しいだろうって言っていたよ。その場合とてつもなく家族が懐かしくなるだろうって。
Lilian: そうだね。日本はとても遠いから。でもフランスは隣だよ。君はどうするの？
Roberto: 僕としてはここに住むだろう。でも僕のスペイン人の恋人は出来たら将来はロンドンに住みたいと言っているんだ。

Unidad 62　対話 ▶▶▶ 150
（大学で）
Roberto: どうしてこの前リサは君たちと映画へ行かなかったの？
Lilian: 分からない。きっともう映画を見ていたんだろう。どちらにしても少し心配事がありそうだったよ。
Roberto: どうして？
Lilian: 彼女のカメラが見つからなかったからだよの。たぶん無くしてしまったんだよ。
Roberto: で，彼女はどうしたの？
Lilian: たぶん盗まれたんだって言ったんだ。
Roberto: 彼女は警察へは行ったの？
Lilian: ううん，別のを買ったんだよ。私が彼女だったら警察へ届け出ているんだけどな。
Roberto: もちろん，それが最も普通のことだよ。

Unidad 63　対話 ▶▶▶ 151
（通りで）
Risa: やあ，フアン，元気？
Juan: すごく元気ってわけじゃないね，でも何とかやってるよ。で君は？
Risa: すごく忙しいの。明日日本の親戚たちが何人か着くの。
Juan: 何時に着くの？
Risa: 飛行機は午後8時の到着だけど時間につくとは思わないな。

Juan: そうだね。国際線はいつも遅れるよ。どのあたりへ行こうと考えているの？
Risa: 私たちアンダルシアへ行く予定です。
Juan: 僕は AVE に乗ってはじめにコルドバ，セビージャ，グラナダとこの順番で回るように薦めるよ。最後の2日間はコスタ・デル・ソルで過ごせるよ。
Risa: ありがとう。そうしてみるね。
Juan: さよなら。たっぷり楽しんできてね。

Unidad 64 対話 ▶▶▶ MP3 152
（携帯電話で話しながら）

Juan: やあ，リサ，今どこにいるの？
Risa: 私たちもうマドリッドに帰ってきたの。今ホテルで休んでいるところ。
Juan: アンダルシアではどう過ごしたの？
Risa: 私の親戚たちは何もかも気に入ったわ。街やそこにいる人たち食事，スペイン高速鉄道など。
Juan: 君たちがそんなに楽しく過ごしただなんてとても嬉しいな。今日は何をする予定？
Risa: ええと，私たち王宮を訪れようと思っているの。でも誰か説明してくれる人が必要なの。
Juan: ああ，ええと，僕は今日の午後暇だよ。もし君がして欲しかったら（君が望むなら）僕は君たちと一緒に行けるよ。
Risa: そうしてくれるととてもありがたいな，フアン。

Unidad 65 対話 ▶▶▶ MP3 153
（喫茶店で）

Lilian: 何が起こっているのかわからない。でもインフルエンザになっていないときは背中が痛いか目が痛いの。私はいつも病気よ。
Roberto: 気を付けないといけないよ。インフルエンザのときは出来るだけ早くお医者さんへ行って忠告を注意して聴くように薦めるよ。
Lilian: 時々すごく体が弱くなっているような気がする。力がないの。
Roberto: ああ，一番いいのは日に3食とることだよ。朝食，昼食，夕食とね。起きたら体操してその後にヨーグルトとりんごとクルミを食べるのもお薦めだよ。力が付くよ。
Lilian: でも時々試験の前にとても落ち込むの。やる気が無くなるの。
Roberto: 一番良いのは試験が始まる前に散歩するとか楽しい映画を見ることだよ。リラックスするのが大事だよ。
Lilian: アドバイスしてくれてありがとう。

Unidad 66 対話 ▶▶▶ MP3 154
（ホテルで）

Juan: 君の親戚たちは何時に東京へ出発するの？
Risa: 10時よ。午後1時30分にアムステルダムに着くの。そこで乗り換えしなけばならないの。
Juan: 自分たちで乗り換えできるんだよね。
Risa: ええ，問題ないと思う。たとえ英語が分からなくても東京便の搭乗ゲートを簡単に見つけるのは難しくないでしょう。
Juan: ああ，そう願うよ。リサ，彼らに良い旅をと言ってくれ。多分いつか僕が日本へ行くだろうとも言ってよ。
Risa: フアン，彼らは君がしてくれたこと全てにとても感謝していて東京へ行ったら必ず彼らに電話してと言ってるよ。
Juan: ありがとう。そうするよ。

Unidad 67 対話 ▶▶▶ MP3 155
（喫茶店で）

Roberto: やあ，リサ，アンダルシアはどうだった？
Risa: すっごく楽しかった。アンダルシアがあんなに綺麗だなんて思わなかった。
Roberto: 暑かった？
Risa: いいえ，暑くないなんておかしく思った。それに夜は涼しくて上着を着なければならなかったの。
Roberto: 夏にアンダルシアが寒いだなんて信じられないよ。コスタ・デル・ソルへは行った？
Risa: ええと，フアンは私たちに行くようにいったんだけれど行けなかったの。実際に親戚達があんなにすぐ疲れてしまうだなんて残念だった。何日か首都で休めるようにマドリッドへ戻ってこなくてはならなかったの。
Roberto: 食事は気に入った？
Risa: ええ，私たちフアンが薦めてくれたレストランへ行ったの。私は彼らにガスパチョを食べてみて欲しかったから。とても気に入ったわ。
Roberto: 君たちがそんなに楽しんできて嬉しいよ。

Unidad 68　対話　▶▶▶ 🎵156

（大学で）

Roberto: ねえ，リサ，リリアンはどこにいるの？昨日大学で見なかったんだけれど。

Risa: 昨日私に電話してきたよ。39度の熱があるって言っていたの。お医者さんへ行くつもりだって。診察が終わったら電話するって言っていたよ。もう一日経ったんだけれどまだ電話がないの。後で電話してみるつもり。さあ，お医者さんは何て言ったかな？

Roberto: 僕はこの前彼女を見かけたよ。休むように薦めたんだ。でも僕のことは気にかけなかったみたいだね。もしも僕の忠告に従っていたら病気にならなかったのに。それで君はどう？

Risa: 元気だよ。ありがとう。でも今はインフルエンザにかかっている人が大勢いるから気をつけなくちゃいけないね。

Unidad 69　対話　▶▶▶ 🎵157

（ATMで）

Risa: ねえ，ロベルトATMからお金を引き出すのを手伝ってくれない？説明がよく分からないからなの。

Roberto: 本当に？さあ，いいとも。だってとても簡単だよ。

Risa: "操作を選べ"って何？

Roberto: お金を引き出したいんでしょう？じゃあ"お金を引き出す"のボタンを選んで。

Risa: ああ，今分かった。今度は"カードを入れなさい"って出ている。

Roberto: オーケー，カードを入れて。暗証番号を押して。

Risa: ええ，"金額を押して，希望の金額が正しければ続けるを押す"って出ている。

Roberto: さあ，続けるを押してお金を引き出して。それから明細とカードを取って。

Risa: すごい！できたわ。どうもありがとうロベルト。

Roberto: とても簡単だって分かったでしょう？

Unidad 70　対話　▶▶▶ 🎵158

（車で）

Risa: フアン，リリアンと私を君の車で連れて行ってくれる？ スペイン語の交通標識の意味を学びたいからなの。

Juan: ああ，さあ乗って，ベルトを締めて。

Risa: この初めの標識はどういう意味？

Juan: 「歩行者に気をつけて，注意して出てください」

Risa: 次の標識は知っているよ。「右に曲がれ」でしょう？

Juan: そう，じゃあこれは？

Risa: 「ライトをつけなさい」

Juan: そう。トンネル内に入るからだね。トンネルの出口で，さあ標識が見えるよ。

Risa: 「ライトを消して」。前に見えているそっちのはどういう意味？

Juan: とても大事だよ。「車の窓から吸殻を投げるな」

Risa: ああ，そうね。火事の原因になるかもしれないね。じゃあそっちのあれは？

Juan: 「私有地につき通行禁止」でもうひとつは「駐車禁止」

Risa: すごい！今日は沢山新しいことを学んだわ。

70課までのまとめ　p.215

1.
1) estés 2) escribo 3) está 4) seas
5) te tranquilices 6) hablar 7) llames
8) pida 9) declares 10) está
11) profesas 12) estés 13) vuelvas

親愛なるリリアンへ

君が思い悩んでいるのが私にはつらいので，君に手書きを書きます。私はフェリペが君の事を愛していないと思います。でも，君に幸せになって欲しいから，何か（アドバイスでも）しなければいけません。最良のことは君が落ち着くことだと思います。もし彼が君と話したくないのなら，君が彼に電話しないようにアドバイスします。第2に，彼が君に頼むこと全部に「いいわ」と言う必要はないです。最後に，まだ君は彼に愛を告白しないように勧めます。君が彼に抱く愛情を彼は理解する準備ができていないと思います。私が望むことは君が元気でいて再び微笑むようになることです。君の親愛なる友人，リサより。

2.

1) 新聞を買ってくる？
Sí, cómpralo; no, perdón no lo compres. Ya lo compraré yo.
ええ，それを買って。いやごめん，買わないで。後で私が買うわ。

2) ミルクを温める？
Sí, caliéntala; no, perdón no la calientes. Ya la calentaré yo.
ええ，それを温めて。いやごめん，温めないで。後で私が温めるわ。

3) 何かデザートを持ってくる？
Sí, tráelo; no, perdón no lo traigas. Ya lo traeré yo.
ええ，それを持ってきて。いやごめん，持ってこないで。後で私が持ってくるわ。

4) 犬を散歩に連れ出す？
Sí, sácalo; no, perdón no lo saques. Ya lo sacaré yo.
ええ，連れ出して。いやごめん，連れ出さないで。後で私が連れ出すわ。

5) 食事を作る？
Sí, hazla; no, perdón no la hagas. Ya la haré yo.
ええ，それを作って。いやごめん，作らないで。後で私が作るわ。

6) テーブル・セッティングをする？
Sí, ponla; no, perdón no la pongas. Ya la pondré yo.
ええ，それをセッティングして。いやごめん，セッティングしないで。後で私がセッティングするわ。

7) テレビをつける？
Sí, enciéndela; no, perdón no la enciendas. Ya la encenderé yo.
ええ，それをつけて。いやごめん，つけないで。後で私がつけるわ。

8) 銀行に行く？
Sí, ve al banco; no, perdón no vayas. Ya iré yo.
ええ，行って。いやごめん，行かないで。後で私が行くわ。

3.

1) habrá vuelto
（サンドラは来年の今頃，）もうブラジルに戻ってしまっているでしょう。

2) se habrá casado
（サンドラは来年の今頃，）もう彼女の恋人と結婚してしまっているでしょう。

3) habrá conseguido.
（サンドラは来年の今頃，）もう良い仕事を手に入れてしまっているでしょう。

4.

1) fuera 2) tuviera 3) estuviera 4) dieran
5) fuera 6) pudiera 7) dispusieran
8) fuera 9) estuviera

私は自分の家が2階建てで，200平方メートル以上あって，海岸にあって，その窓が海に面していたらいいなぁと思います。居間はときどき全ての友達を招待できるようにとても大きく広々としたのがいいです。また部屋には全ての衣服をしまうためのたくさんのタンスが備わっていて欲しいです。最後に，家の庭はとても大きく一年中花でいっぱいがいいなぁ。

5.

1) sería 2) daría 3) diría 4) tendría
5) pasaría 6) haría 7) sabría 8) tendría
9) haría 10) desaparecería 11) tendrían
12) podrían

Javi: もし僕が大人だったら，とても有名なジャーナリストになっていて，講演をしたり，とても興味深いことを言うだろう。

David: もし僕が大人だったら，何台もレーシング・カーを所有して，旅行しながら全ての時間を過ごし，自分がしたいことをするだろう。

Luisito: もし僕が大人だったら，多くのことばを知り，世界中に友達がいて，金持ちになるだろう。

Antoñito もし僕が国の大統領だったら，貧困をなくし，家族は子供を食べさせるのに十分なお金をもち，全ての子供たちは学校に通えるだろう。

補遺1　動詞時制まとめ（直説法）

時の副詞節
①点と点：Cuando **volví** a casa, Juan me **llamó**.
　　　　　僕が帰宅したとき，フアンが僕に電話をかけてきた。
②線と点：**Eran** las diez de la noche, cuando me **llamó** Juan.
　　　　　フアンが僕に電話をかけてきたのは夜の10時だった。
③線と線：Mientras Juan **preparaba** la cena, yo me **duchaba**.
　　　　　フアンが夕食を準備している間，僕はシャワーを浴びていた。

時制の一致
①点と線：Ayer Juan me **dijo** que **viajaba** por Europa este verano.
　　　　　昨日フアンはこの夏ヨーロッパを旅行すると僕に言った。
　Cf. Juan **dice** que **viaja** por Europa este verano.
　　　　フアンはこの夏ヨーロッパを旅行すると言っている。
②点と過去完了：Juan me **dijo** que **había ido** a París.
　　　　　　　　フアンはパリへ行ったことがあると僕に言った。
　Cf. Juan **dice** que **ha ido** a París.
　　　　フアンはパリへ行ったことがあると言っている。
③点と過去未来：Ayer Juan me **dijo** que **viajaría** por Europa este verano.
　　　　　　　　昨日フアンはこの夏ヨーロッパを旅行する予定だと僕に言った。
　Cf. Juan **dice** que **viajará** por Europa este verano.
　　　　フアンはこの夏ヨーロッパを旅行する予定だと言っている。

補遺2　条件文，譲歩文まとめ

条件文
1) **現実的条件文**
　　si + 直説法，帰結節：現在の仮定（条件）と現実（帰結）
　　Si **vuelves** tarde, **llámame**.　もし帰宅が遅くなるなら電話して。
2) **半現実的条件文**
　　si + 接続法過去，帰結節：現在の非現実（条件）と現実（帰結）
　　Si **pudieras**, **llámame**. もし仮にできるなら，電話して。▶ si + 接続法現在は使えない。
3) **非現実的条件文**
　　① **si + 接続法過去（-ra形，-se形），直説法過去未来**：現在の非現実（条件）と現在の非現実
　　（帰結）

Si yo **fuera** hombre, **sería** torero.　もし仮に私が男なら，闘牛士になるのになあ。

② **si + 接続法過去**（-ra 形, -se 形），**直説法過去未来完了**：現在の非現実（条件）と過去の非現実（帰結）

Si yo **fuera** hombre, **habría sido** torero.　もし仮に私が男なら，闘牛士になっていただろうになあ。

③ **si + 接続法過去完了**（-ra 形, -se 形），**直説法過去未来**：過去の非現実（条件）と現在の非現実（帰結）

Si yo no **hubiera sido** futbolista, **sería** torero.　もし仮に僕がサッカー選手になっていなければ，闘牛士になるのになあ。

④ **si + 接続法過去完了**（-ra 形, -se 形），**直説法過去未来完了**：過去の非現実（条件）と過去の非現実（帰結）

Si yo no **hubiera sido** futbolista, **habría sido** torero.　もし仮に僕がサッカー選手になっていなければ，闘牛士になっていたのになあ。

譲歩文

1) **現実的譲歩文**

   aunque + 直説法

   Aunque **tengo** dinero, no **soy** feliz.　お金はあるが幸せではない。

2) **仮定的譲歩文**

   aunque + 接続法現在：現在の仮定

   Aunque **tenga** dinero, no **seré** feliz.　たとえお金があるとしても幸せではないだろう。

3) **非現実的譲歩文**

   ① **aunque + 接続法過去**（-ra 形, -se 形）**, 直説法過去未来**：現在の非現実

   Aunque **tuviera** dinero, no **sería** feliz.　たとえお金があるとしても幸せではないだろうに。

   ② **aunque + 接続法過去完了 , 直説法過去未来完了**：過去の非現実

   Aunque **hubiera tenido** dinero, no **habría sido** feliz.　たとえお金があったとしても幸せではなかっただろうに。

動詞活用表

規則動詞

-ar 動詞

		直説法			
1	不定詞	現在	点過去	線過去	未来
	hablar 現在分詞 hablando 過去分詞 hablado	hablo hablas habla hablamos habláis hablan	hablé hablaste habló hablamos hablasteis hablaron	hablaba hablabas hablaba hablábamos hablabais hablaban	hablaré hablarás hablará hablaremos hablaréis hablarán
		現在完了	過去完了		未来完了
		he hablado has hablado ha hablado hemos hablado habéis hablado han hablado	había hablado habías hablado había hablado habíamos hablado habíais hablado habían hablado		habré hablado habrás hablado habrá hablado habremos hablado habréis hablado habrán hablado

-er 動詞

		直説法			
2	不定詞	現在	点過去	線過去	未来
	comer 現在分詞 comiendo 過去分詞 comido	como comes come comemos coméis comen	comí comiste comió comimos comisteis comieron	comía comías comía comíamos comíais comían	comeré comerás comerá comeremos comeréis comerán
		現在完了	過去完了		未来完了
		he comido has comido ha comido hemos comido habéis comido han comido	había comido habías comido había comido habíamos comido habíais comido habían comido		habré comido habrás comido habrá comido habremos comido habréis comido habrán comido

	接続法		命令法
過去未来	現在	過去	
hablaría	hable	hablara (-se)	-
hablarías	hables	hablaras (-ses)	habla
hablaría	hable	hablara (-se)	-
hablaríamos	hablemos	habláramos(-semos)	-
hablaríais	habléis	hablarais (-seis)	hablad
hablarían	hablen	hablaran (-sen)	-
過去未来完了	現在完了	過去完了	
habría hablado	haya hablado	hubiera (-se) hablado	
habrías hablado	hayas hablado	hubieras (-ses) hablado	
habría hablado	haya hablado	hubiera (-se) hablado	
habríamos hablado	hayamos hablado	hubiéramos (-semos) hablado	
habríais hablado	hayáis hablado	hubierais (-seis) hablado	
habrían hablado	hayan hablado	hubieran (-sen) hablado	

	接続法		命令法
過去未来	現在	過去	
comería	coma	comiera (-se)	-
comerías	comas	comieras (-ses)	come
comería	coma	comiera (-se)	-
comeríamos	comamos	comiéramos(-semos)	-
comeríais	comáis	comierais (-seis)	comed
comerían	coman	comieran (-sen)	-
過去未来完了	現在完了	過去完了	
habría comido	haya comido	hubiera (-se) comido	
habrías comido	hayas comido	hubieras (-ses) comido	
habría comido	haya comido	hubiera (-se) comido	
habríamos comido	hayamos comido	hubiéramos (-semos) comido	
habríais comido	hayáis comido	hubierais (-seis) comido	
habrían comido	hayan comido	hubieran (-sen) comido	

-ir 動詞

		直説法			
		現在	点過去	線過去	未来
3	不定詞 **vivir** 現在分詞 viviendo 過去分詞 vivido	vivo vives vive vivimos vivís viven	viví viviste vivió vivimos vivisteis vivieron	vivía vivías vivía vivíamos vivíais vivían	viviré vivirás vivirá viviremos viviréis vivirán

	現在完了	過去完了	未来完了
	he vivido has vivido ha vivido hemos vivido habéis vivido han vivido	había vivido habías vivido había vivido habíamos vivido habíais vivido habían vivido	habré vivido habrás vivido habrá vivido habremos vivido habréis vivido habrán vivido

不規則活用動詞

	不定詞／現在分詞 過去分詞	直説法			
		現在	点過去	線過去	未来
4	**abrir** abriendo abierto	abro abres abre abrimos abrís abren	abrí abriste abrió abrimos abristeis abrieron	abría abrías abría abríamos abríais abrían	abriré abrirás abrirá abriremos abriréis abrirán
5	**aprobar** aprobando aprobado	apruebo apruebas aprueba aprobamos aprobáis aprueban	aprobé aprobaste aprobó aprobamos aprobasteis aprobaron	aprobaba aprobabas aprobaba aprobábamos aprobabais aprobaban	aprobaré aprobarás aprobará aprobaremos aprobaréis aprobarán
6	**caber** cabiendo cabido	quepo cabes cabe cabemos cabéis caben	cupe cupiste cupo cupimos cupisteis cupieron	cabía cabías cabía cabíamos cabíais cabían	cabré cabrás cabrá cabremos cabréis cabrán
7	**caer** cayendo caído	caigo caes cae caemos caéis caen	caí caíste cayó caímos caísteis cayeron	caía caías caía caíamos caíais caían	caeré caerás caerá caeremos caeréis caerán

	接続法		命令法
過去未来	現在	過去	
viviría	viva	viviera (-se)	-
vivirías	vivas	vivieras (-ses)	vive
viviría	viva	viviera (-se)	-
viviríamos	vivamos	viviéramos (-semos)	-
viviríais	viváis	vivierais (-seis)	vivid
vivirían	vivan	vivieran (-sen)	-
過去未来完了	現在完了	過去完了	
habría vivido	haya vivido	hubiera (-se) vivido	
habrías vivido	hayas vivido	hubieras (-ses) vivido	
habría vivido	haya vivido	hubiera (-se) vivido	
habríamos vivido	hayamos vivido	hubiéramos (-semos) vivido	
habríais vivido	hayáis vivido	hubierais (-seis) vivido	
habrían vivido	hayan vivido	hubieran (-sen) vivido	

	接続法		命令法	同類の動詞
過去未来	現在	過去		
abriría	abra	abriera (-se)		
abrirías	abras	abrieras (-ses)	abre	
abriría	abra	abriera (-se)		
abriríamos	abramos	abriéramos (-semos)		
abriríais	abráis	abrierais (-seis)	abrid	
abrirían	abran	abrieran (-sen)		
aprobaría	apruebe	aprobara (-se)		acordarse
aprobarías	apruebes	aprobaras (-ses)	aprueba	acostarse
aprobaría	apruebe	aprobara (-se)		contar
aprobaríamos	aprobemos	aprobáramos (-semos)		costar
aprobaríais	aprobéis	aprobarais (-seis)	aprobad	encontrar
aprobarían	aprueben	aprobaran (-sen)		recordar
cabría	quepa	cupiera (-se)		
cabrías	quepas	cupieras (-ses)	cabe	
cabría	quepa	cupiera (-se)		
cabríamos	quepamos	cupiéramos (-semos)		
cabríais	quepáis	cupierais (-seis)	cabed	
cabrían	quepan	cupieran (-sen)		
caería	caiga	cayera (-se)		
caerías	caigas	cayeras (-ses)	cae	
caería	caiga	cayera (-se)		
caeríamos	caigamos	cayéramos (-semos)		
caeríais	caigáis	cayerais (-seis)	caed	
caerían	caigan	cayeran (-sen)		

不定詞／現在分詞 過去分詞	直説法			
	現在	点過去	線過去	未来
8 **coger** cogiendo cogido	cojo coges coge cogemos cogéis cogen	cogí cogiste cogió cogimos cogisteis cogieron	cogía cogías cogía cogíamos cogíais cogían	cogeré cogerás cogerá cogeremos cogeréis cogerán
9 **conducir** conduciendo conducido	conduzco conduces conduce conducimos conducís conducen	conduje condujiste condujo condujimos condujisteis condujeron	conducía conducías conducía conducíamos conducíais conducían	conduciré conducirás conducirá conduciremos conduciréis conducirán
10 **conocer** conociendo conocido	conozco conoces conoce conocemos conocéis conocen	conocí conociste conoció conocimos conocisteis conocieron	conocía conocías conocía conocíamos conocíais conocían	conoceré conocerás conocerá conoceremos conoceréis conocerán
11 **construir** construyendo construido	construyo construyes construye construimos construís construyen	construí construiste construyó construimos construisteis construyeron	construía construías construía construíamos construíais construían	construiré construirás construirá construiremos construiréis construirán
12 **dar** dando dado	doy das da damos dais dan	di diste dio dimos disteis dieron	daba dabas daba dábamos dabais daban	daré darás dará daremos daréis darán
13 **decir** diciendo dicho	digo dices dice decimos decís dicen	dije dijiste dijo dijimos dijisteis dijeron	decía decías decía decíamos decíais decían	diré dirás dirá diremos diréis dirán
14 **dormir** durmiendo dormido	duermo duermes duerme dormimos dormís duermen	dormí dormiste durmió dormimos dormisteis durmieron	dormía dormías dormía dormíamos dormíais dormían	dormiré dormirás dormirá dormiremos dormiréis dormirán
15 **empezar** empezando empezado	empiezo empiezas empieza empezamos empezáis empiezan	empecé empezaste empezó empezamos empezasteis empezaron	empezaba empezabas empezaba empezábamos empezabais empezaban	empezaré empezarás empezará empezaremos empezaréis empezarán

動詞活用表

	接続法		命令法	同類の動詞
過去未来	現在	過去		
cogería	coja	cogiera (-se)		
cogerías	cojas	cogieras (-ses)	coge	
cogería	coja	cogiera (-se)		
cogeríamos	cojamos	cogiéramos (-semos)		
cogeríais	cojáis	cogierais (-seis)	coged	
cogerían	cojan	cogieran (-sen)		
conduciría	conduzca	condujera (-se)		traducir
conducirías	conduzcas	condujeras (-ses)	conduce	
conduciría	conduzca	condujera (-se)		
conduciríamos	conduzcamos	condujéramos (-semos)		
conduciríais	conduzcáis	condujerais (-seis)	conducid	
conducirían	conduzcan	condujeran (-sen)		
conocería	conozca	conociera (-se)		agradecer
conocerías	conozcas	conocieras (-ses)	conoce	
conocería	conozca	conociera (-se)		
conoceríamos	conozcamos	conociéramos (-semos)		
conoceríais	conozcáis	conocierais (-seis)	conoced	
conocerían	conozcan	conocieran (-sen)		
construiría	construya	construyera (-se)		destruir
construirías	construyas	construyeras (-ses)	construye	huir
construiría	construya	construyera (-se)		
construiríamos	construyamos	construyéramos (-semos)		
construiríais	construyáis	construyerais (-seis)	construid	
construirían	construyan	construyeran (-sen)		
daría	dé	diera (-se)		
darías	des	dieras (-ses)	da	
daría	dé	diera (-se)		
daríamos	demos	diéramos (-semos)		
daríais	deis	dierais (-seis)	dad	
darían	den	dieran (-sen)		
diría	diga	dijera (-se)		
dirías	digas	dijeras (-ses)	di	
diría	diga	dijera (-se)		
diríamos	digamos	dijéramos (-semos)		
diríais	digáis	dijerais (-seis)	decid	
dirían	digan	dijeran (-sen)		
dormiría	duerma	durmiera (-se)		
dormirías	duermas	durmieras (-ses)	duerme	
dormiría	duerma	durmiera (-se)		
dormiríamos	durmamos	durmiéramos (-semos)		
dormiríais	durmáis	durmierais (-seis)	dormid	
dormirían	duerman	durmieran (-sen)		
empezaría	empiece	empezara (-se)		comenzar
empezarías	empieces	empezaras (-ses)	empieza	
empezaría	empiece	empezara (-se)		
empezaríamos	empecemos	empezáramos (-semos)		
empezaríais	empecéis	empezarais (-seis)	empezad	
empezarían	empiecen	empezaran (-sen)		

263

不定詞／現在分詞 過去分詞	直説法			
	現在	点過去	線過去	未来
16 **entender** entendiendo entendido	entiendo entiendes entiende entendemos entendéis entienden	entendí entendiste entendió entendimos entendisteis entendieron	entendía entendías entendía entendíamos entendíais entendían	entenderé entenderás entenderá entenderemos entenderéis entenderán
17 **enviar** enviando enviado	envío envías envía enviamos enviáis envían	envié enviaste envió enviamos enviasteis enviaron	enviaba enviabas enviaba enviábamos enviabais enviaban	enviaré enviarás enviará enviaremos enviaréis enviarán
18 **estar** estando estado	estoy estás está estamos estáis están	estuve estuviste estuvo estuvimos estuvisteis estuvieron	estaba estabas estaba estábamos estabais estaban	estaré estarás estará estaremos estaréis estarán
19 **escribir** escribiendo escrito	escribo escribes escribe escribimos escribís escriben	escribí escribiste escribió escribimos escribisteis escribieron	escribía escribías escribía escribíamos escribíais escribían	escribiré escribirás escribirá escribiremos escribiréis escribirán
20 **haber** habiendo habido	he has ha hemos habéis han	hube hubiste hubo hubimos hubisteis hubieron	había habías había habíamos habíais habían	habré habrás habrá habremos habréis habrán
21 **hacer** haciendo hecho	hago haces hace hacemos hacéis hacen	hice hiciste hizo hicimos hicisteis hicieron	hacía hacías hacía hacíamos hacíais hacían	haré harás hará haremos haréis harán
22 **ir** yendo ido	voy vas va vamos vais van	fui fuiste fue fuimos fuisteis fueron	iba ibas iba íbamos ibais iban	iré irás irá iremos iréis irán
23 **jugar** jugando jugado	juego juegas juega jugamos jugáis juegan	jugué jugaste jugó jugamos jugasteis jugaron	jugaba jugabas jugaba jugábamos jugabais jugaban	jugaré jugarás jugará jugaremos jugaréis jugarán

動詞活用表

	接続法		命令法	同類の動詞
過去未来	現在	過去		
entendería entenderías entendería entenderíamos entenderíais entenderían	entienda entiendas entienda entendamos entendáis entiendan	entendiera (-se) entendieras (-ses) entendiera (-se) entendiéramos (-semos) entendierais (-seis) entendieran (-sen)	entiende entended	
enviaría enviarías enviaría enviaríamos enviaríais enviarían	envíe envíes envíe enviemos enviéis envíen	enviara (-se) enviaras (-ses) enviara (-se) enviáramos (-semos) enviarais (-seis) enviaran (-sen)	envía enviad	confiar
estaría estarías estaría estaríamos estaríais estarían	esté estés esté estemos estéis estén	estuviera (-se) estuvieras (-ses) estuviera (-se) estuviéramos (-semos) estuvierais (-seis) estuvieran (-sen)	está estad	
escribiría escribirías escribiría escribiríamos escribiríais escribirían	escriba escribas escriba escribamos escribáis escriban	escribiera (-se) escribieras (-ses) escribiera (-se) escribiéramos (-semos) escribierais (-seis) escribieran (-sen)	escribe escribid	
habría habrías habría habríamos habríais habrían	haya hayas haya hayamos hayáis hayan	hubiera (-se) hubieras (-ses) hubiera (-se) hubiéramos (-semos) hubierais (-seis) hubieran (-sen)	表記せず	
haría harías haría haríamos haríais harían	haga hagas haga hagamos hagáis hagan	hiciera (-se) hicieras (-ses) hiciera (-se) hiciéramos (-semos) hicierais (-seis) hicieran (-sen)	haz haced	
iría irías iría iríamos iríais irían	vaya vayas vaya vayamos vayáis vayan	fuera (-se) fueras (-ses) fuera (-se) fuéramos (-semos) fuerais (-seis) fueran (-sen)	ve id	
jugaría jugarías jugaría jugaríamos jugaríais jugarían	juegue juegues juegue juguemos juguéis jueguen	jugara (-se) jugaras (-ses) jugara (-se) jugáramos (-semos) jugarais (-seis) jugaran (-sen)	juega jugad	

不定詞／現在分詞 過去分詞	直説法			
	現在	点過去	線過去	未来
24 **leer** leyendo leído	leo lees lee leemos leéis leen	leí leíste leyó leímos leísteis leyeron	leía leías leía leíamos leíais leían	leeré leerás leerá leeremos leeréis leerán
25 **llegar** llegando llegado	llego llegas llega llegamos llegáis llegan	llegué llegaste llegó llegamos llegasteis llegaron	llegaba llegabas llegaba llegábamos llegabais llegaban	llegaré llegarás llegará llegaremos llegaréis llegarán
26 **morir** muriendo muerto	muero mueres muere morimos morís mueren	morí moriste murió morimos moristeis murieron	moría morías moría moríamos moríais morían	moriré morirás morirá moriremos moriréis morirán
27 **oír** oyendo oído	oigo oyes oye oímos oís oyen	oí oíste oyó oímos oísteis oyeron	oía oías oía oíamos oíais oían	oiré oirás oirá oiremos oiréis oirán
28 **pensar** pensando pensado	pienso piensas piensa pensamos pensáis piensan	pensé pensaste pensó pensamos pensasteis pensaron	pensaba pensabas pensaba pensábamos pensabais pensaban	pensaré pensarás pensará pensaremos pensaréis pensarán
29 **poder** pudiendo podido	puedo puedes puede podemos podéis pueden	pude pudiste pudo pudimos pudisteis pudieron	podía podías podía podíamos podíais podían	podré podrás podrá podremos podréis podrán
30 **poner** poniendo puesto	pongo pones pone ponemos ponéis ponen	puse pusiste puso pusimos pusisteis pusieron	ponía ponías ponía poníamos poníais ponían	pondré pondrás pondrá pondremos pondréis pondrán
31 **prohibir** prohibiendo prohibido	prohíbo prohíbes prohíbe prohibimos prohibís prohíben	prohibí prohibiste prohibió prohibimos prohibisteis prohibieron	prohibía prohibías prohibía prohibíamos prohibíais prohibían	prohibiré prohibirás prohibirá prohibiremos prohibiréis prohibirán

	接続法		命令法	同類の動詞
過去未来	現在	過去		
leería	lea	leyera (-se)		
leerías	leas	leyeras (-ses)	lee	
leería	lea	leyera (-se)		
leeríamos	leamos	leyéramos (-semos)		
leeríais	leáis	leyerais (-seis)	leed	
leerían	lean	leyeran (-sen)		
llegaría	llegue	llegara (-se)		
llegarías	llegues	llegaras (-ses)	llega	
llegaría	llegue	llegara (-se)		
llegaríamos	lleguemos	llegáramos (-semos)		
llegaríais	lleguéis	llegarais (-seis)	llegad	
llegarían	lleguen	llegaran (-sen)		
moriría	muera	muriera (-se)		
morirías	mueras	murieras (-ses)	muere	
moriría	muera	muriera (-se)		
moriríamos	muramos	muriéramos (-semos)		
moriríais	muráis	murierais (-seis)	morid	
morirían	mueran	murieran (-sen)		
oiría	oiga	oyera (-se)		
oirías	oigas	oyeras (-ses)	oye	
oiría	oiga	oyera (-se)		
oiríamos	oigamos	oyéramos (-semos)		
oiríais	oigáis	oyerais (-seis)	oíd	
oirían	oigan	oyeran (-sen)		
pensaría	piense	pensara (-se)		cerrar
pensarías	pienses	pensaras (-ses)	piensa	nevar
pensaría	piense	pensara (-se)		sentarse
pensaríamos	pensemos	pensáramos (-semos)		
pensaríais	penséis	pensarais (-seis)	pensad	
pensarían	piensen	pensaran (-sen)		
podría	pueda	pudiera (-se)	表記せず	
podrías	puedas	pudieras (-ses)		
podría	pueda	pudiera (-se)		
podríamos	podamos	pudiéramos (-semos)		
podríais	podáis	pudierais (-seis)		
podrían	puedan	pudieran (-sen)		
pondría	ponga	pusiera (-se)		
pondrías	pongas	pusieras (-ses)	pon	
pondría	ponga	pusiera (-se)		
pondríamos	pongamos	pusiéramos (-semos)		
pondríais	pongáis	pusierais (-seis)	poned	
pondrían	pongan	pusieran (-sen)		
prohibiría	prohíba	prohibiera (-se)		
prohibirías	prohíbas	prohibieras (-ses)	prohíbe	
prohibiría	prohíba	prohibiera (-se)		
prohibiríamos	prohibamos	prohibiéramos (-semos)		
prohibiríais	prohibáis	prohibierais (-seis)	prohibid	
prohibirían	prohíban	prohibieran (-sen)		

不定詞／現在分詞 過去分詞	直説法			
	現在	点過去	線過去	未来
32 **querer** queriendo querido	quiero quieres quiere queremos queréis quieren	quise quisiste quiso quisimos quisisteis quisieron	quería querías quería queríamos queríais querían	querré querrás querrá querremos querréis querrán
33 **repetir** repitiendo repetido	repito repites repite repetimos repetís repiten	repetí repetiste repitió repetimos repetisteis repitieron	repetía repetías repetía repetíamos repetíais repetían	repetiré repetirás repetirá repetiremos repetiréis repetirán
34 **reunir** reuniendo reunido	reúno reúnes reúne reunimos reunís reúnen	reuní reuniste reunió reunimos reunisteis reunieron	reunía reunías reunía reuníamos reuníais reunían	reuniré reunirás reunirá reuniremos reuniréis reunirán
35 **saber** sabiendo sabido	sé sabes sabe sabemos sabéis saben	supe supiste supo supimos supisteis supieron	sabía sabías sabía sabíamos sabíais sabían	sabré sabrás sabrá sabremos sabréis sabrán
36 **salir** saliendo salido	salgo sales sale salimos salís salen	salí saliste salió salimos salisteis salieron	salía salías salía salíamos salíais salían	saldré saldrás saldrá saldremos saldréis saldrán
37 **seguir** siguiendo seguido	sigo sigues sigue seguimos seguís siguen	seguí seguiste siguió seguimos seguisteis siguieron	seguía seguías seguía seguíamos seguíais seguían	seguiré seguirás seguirá seguiremos seguiréis seguirán
38 **ser** siendo sido	soy eres es somos sois son	fui fuiste fue fuimos fuisteis fueron	era eras era éramos erais eran	seré serás será seremos seréis serán
39 **tener** teniendo tenido	tengo tienes tiene tenemos tenéis tienen	tuve tuviste tuvo tuvimos tuvisteis tuvieron	tenía tenías tenía teníamos teníais tenían	tendré tendrás tendrá tendremos tendréis tendrán

	接続法		命令法	同類の動詞
過去未来	現在	過去		
querría	quiera	qusiera (-se)		
querrías	quieras	qusieras (-ses)	quiere	
querría	quiera	qusiera (-se)		
querríamos	queramos	quisiéramos (-semos)		
querríais	queráis	quisierais (-seis)	quered	
querrían	quieran	quisieran (-sen)		
repetiría	repita	repitiera (-se)		pedir
repetirías	repitas	repitieras (-ses)	repite	servir
repetiría	repita	repitiera (-se)		vestirse
repetiríamos	repitamos	repitiéramos (-semos)		
repetiríais	repitáis	repitierais (-seis)	repetid	
repetirían	repitan	repitieran (-sen)		
reuniría	reúna	reuniera (-se)		
reunirías	reúnas	reunieras (-ses)	reúne	
reuniría	reúna	reuniera (-se)		
reuniríamos	reunamos	reuniéramos (-semos)		
reuniríais	reunáis	reunierais (-seis)	reunid	
reunirían	reúnan	reunieran (-sen)		
sabría	sepa	supiera (-se)		
sabrías	sepas	supieras (-ses)	sabe	
sabría	sepa	supiera (-se)		
sabríamos	sepamos	supiéramos (-semos)		
sabríais	sepáis	supierais (-seis)	sabed	
sabrían	sepan	supieran (-sen)		
saldría	salga	saliera (-se)		
saldrías	salgas	salieras (-ses)	sal	
saldría	salga	saliera (-se)		
saldríamos	salgamos	saliéramos (-semos)		
saldríais	salgáis	salierais (-seis)	salid	
saldrían	salgan	salieran (-sen)		
seguiría	siga	siguiera (-se)		
seguirías	sigas	siguieras (-ses)	siga	
seguiría	siga	siguiera (-se)		
seguiríamos	sigamos	siguiéramos (-semos)		
seguiríais	sigáis	siguierais (-seis)	seguid	
seguirían	sigan	siguieran (-sen)		
sería	sea	fuera (-se)		
serías	seas	fueras (-ses)	sé	
sería	sea	fuera (-se)		
seríamos	seamos	fuéramos (-semos)		
seríais	seáis	fuerais (-seis)	sed	
serían	sean	fueran (-sen)		
tendría	tenga	tuviera (-se)		
tendrías	tengas	tuvieras (-ses)	ten	
tendría	tenga	tuviera (-se)		
tendríamos	tengamos	tuviéramos (-semos)		
tendríais	tengáis	tuvierais (-seis)	tened	
tendrían	tengan	tuvieran (-sen)		

不定詞／現在分詞 過去分詞	直説法			
	現在	点過去	線過去	未来
40 **tocar** tocando tocado	toco tocas toca tocamos tocáis tocan	toqué tocaste tocó tocamos tocasteis tocaron	tocaba tocabas tocaba tocábamos tocabais tocaban	tocaré tocarás tocará tocaremos tocaréis tocarán
41 **traer** trayendo traído	traigo traes trae traemos traéis traen	traje trajiste trajo trajimos trajisteis trajeron	traía traías traía traíamos traíais traían	traeré traerás traerá traeremos traeréis traerán
42 **venir** viniendo venido	vengo vienes viene venimos venís vienen	vine viniste vino vinimos vinisteis vinieron	venía venías venía veníamos veníais venían	vendré vendrás vendrá vendremos vendréis vendrán
43 **ver** viendo visto	veo ves ve vemos veis ven	vi viste vio vimos visteis vieron	veía veías veía veíamos veíais veían	veré verás verá veremos veréis verán
44 **volver** volviendo vuelto	vuelvo vuelves vuelve volvemos volvéis vuelven	volví volviste volvió volvimos volvisteis volvieron	volvía volvías volvía volvíamos volvíais volvían	volveré volverás volverá volveremos volveréis volverán

| | 接続法 | | 命令法 | 同類の動詞 |
過去未来	現在	過去		
tocaría	toque	tocara (-se)		buscar
tocarías	toques	tocaras (-ses)	toca	explicar
tocaría	toque	tocara (-se)		sacar
tocaríamos	toquemos	tocáramos (-semos)		
tocaríais	toquéis	tocarais (-seis)	tocad	
tocarían	toquen	tocaran (-sen)		
traería	traiga	trajera (-se)		
traerías	traigas	trajeras (-ses)	trae	
traería	traiga	trajera (-se)		
traeríamos	traigamos	trajéramos (-semos)		
traeríais	traigáis	trajerais (-seis)	traed	
traerían	traigan	trajeran (-sen)		
vendría	venga	viniera (-se)		
vendrías	vengas	vinieras (-ses)	ven	
vendría	venga	viniera (-se)		
vendríamos	vengamos	viniéramos (-semos)		
vendríais	vengáis	vinierais (-seis)	venid	
vendrían	vengan	vinieran (-sen)		
vería	vea	viera (-se)		
verías	veas	vieras (-ses)	ve	
vería	vea	viera (-se)		
veríamos	veamos	viéramos (-semos)		
veríais	veáis	vierais (-seis)	ved	
verían	vean	vieran (-sen)		
volvería	vuelva	volviera (-se)		
volverías	vuelvas	volvieras (-ses)	vuelve	
volvería	vuelva	volviera (-se)		
volveríamos	volvamos	volviéramos (-semos)		
volveríais	volváis	volvierais (-seis)	volved	
volverían	vuelvan	volvieran (-sen)		

〈著者〉

Eugenio del Prado（エウヘニオ　デル　プラド）早稲田大学，明治学院大学講師。専門はスペイン文学，言語教育学（スペイン語）。

髙橋　睦（たかはし　むつみ）獨協大学，神奈川大学，明治学院大学講師。専門は言語学，西語学，文法論。

仲道　慎治（なかみち　しんじ）上智大学，早稲田大学，慶応義塾大学講師。専門は応用言語学（スペイン語教育，スペイン語習得）。

書き込み式
スペイン語文法ノートブック

2015年5月20日　第1刷発行
2025年7月20日　第6刷発行

著者	Eugenio del Prado／髙橋睦／仲道慎治
発行者	前田俊秀
発行所	株式会社　三修社
	〒150-0001 東京都渋谷区神宮前2-2-22
	TEL 03-3405-4511　FAX 03-3405-4522
	振替 00190-9-72758
	https://www.sanshusha.co.jp
	編集担当　松居奈都・三井るり子
印刷所	広研印刷株式会社

©2015 Printed in Japan　ISBN978-4-384-05774-4 C1087

本文 DTP ················ 大熊　肇（有限会社トナン）
カバーデザイン ······· やぶはなあきお
CD 録音・制作 ······· 高速録音株式会社

|JCOPY| 〈出版者著作権管理機構　委託出版物〉
本書の無断複製は著作権法上での例外を除き禁じられています。複製される場合は，そのつど事前に，出版者著作権管理機構（電話 03-5244-5088 FAX 03-5244-5089 e-mail: info@jcopy.or.jp）の許諾を得てください。